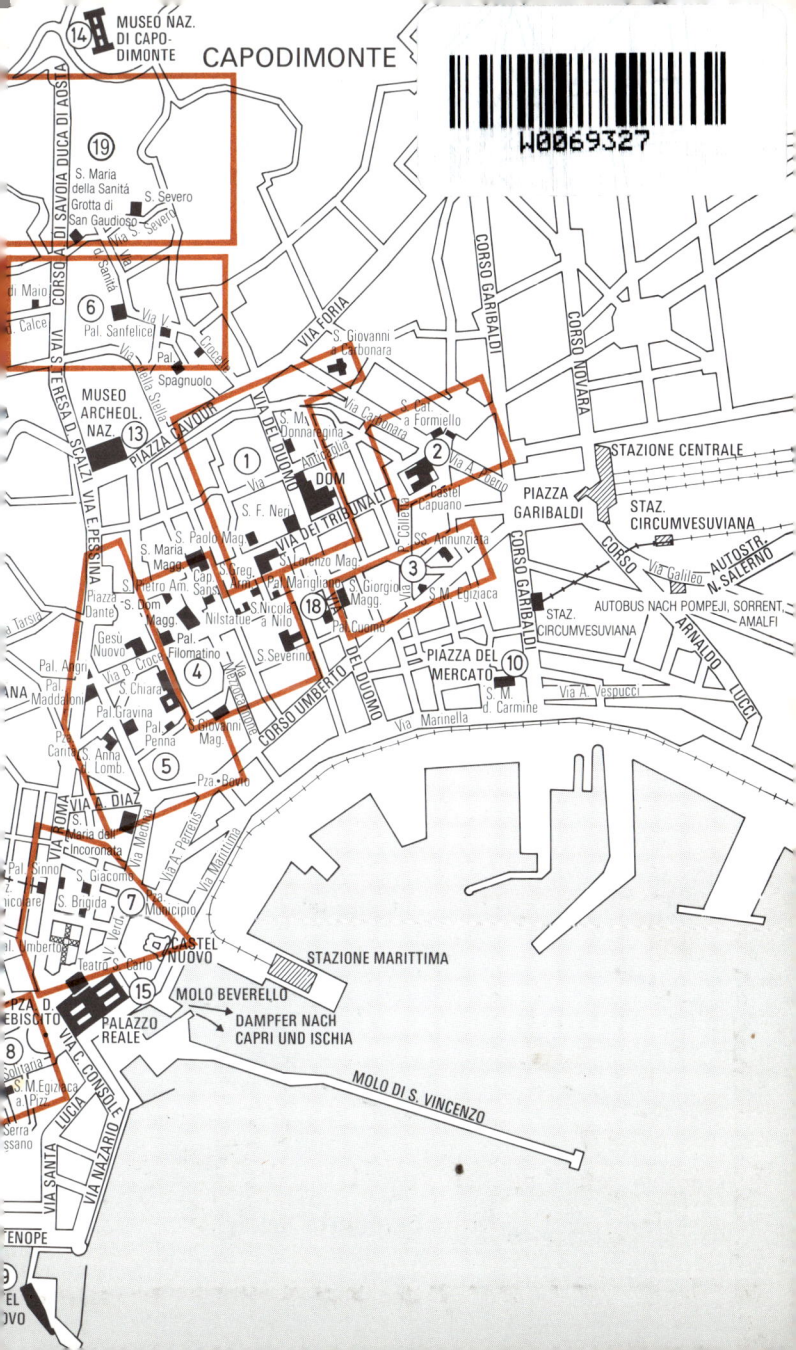

CAPODIMONTE

W0069327

14 MUSEO NAZ.
DI CAPO-
DIMONTE

19 S. Maria
della Sanità
Grotta di
San Gaudioso
S. Severo

6 Pal. Sanfelice

MUSEO
ARCHEOL.
NAZ.
13 PIAZZA CAVOUR

1 DOM

S. F. Neri

S. Maria
Magg.
S. Pietro Am.
Gesù
Nuovo
S. Dom.
Magg.
S. Chiara

Pal. Angri
Pal.
Maddaloni
Pal. Gravina

Pal.
Carità S. Anna
Lomb.

4

5 Pza • Barb.

VIA A. DIAZ

S. Maria della
Incoronata
S. Giacomo
S. Brigida

7

CASTEL
NUOVO

15

PALAZZO
REALE

8

S.M. Egiziaca
a Pizzi

STAZIONE CENTRALE

PIAZZA
GARIBALDI

STAZ.
CIRCUMVESUVIANA

AUTOBUS NACH POMPEJI, SORRENT,
AMALFI

2

Castel
Capuano

SS. Annunziata

3 S. M. Egiziaca

18

PIAZZA DEL
MERCATO

10

S. M.
d. Carmine

Via A. Vespucci

STAZIONE MARITTIMA

MOLO BEVERELLO

DAMPFER NACH
CAPRI UND ISCHIA

MOLO DI S. VINCENZO

Artemis-Cicerone · Kunst- und Reiseführer

Artemis Verlag München und Zürich

NEAPEL

Mit Caserta, Capua, Phlegräischen
Feldern, Pompeji, Herculaneum,
Benevent, Ischia, Capri und der
Küste von Sorrent bis Paestum

Von Ehrenfried Kluckert

Zweite, überarbeitete und erweiterte Auflage

Artemis Verlag München und Zürich

Mit 95 Abbildungen, 66 Plänen und Zeichnungen.
Die Pläne auf dem vorderen und hinteren Vorsatz sowie auf den Seiten 117,
141, 178/79, 182, 198 wurden von Achim Norweg, München, gezeichnet;
alle übrigen Karten, Pläne und Rekonstruktionen, wenn nicht anders an-
gegeben, von Dieter Weber, München. Reproduktionsrechte: Artemis Verlag, München.

Umschlagfoto: Blick von Vico Equense auf Vesuv und Golf von Neapel.

Alle Angaben entsprechen dem Stand vom Frühjahr 1989.

CIP-Titelaufnahme der Deutschen Bibliothek

Kluckert, Ehrenfried
Neapel : mit Caserta, Capua, Phlegräischen Feldern,
Pompeji, Herculaneum, Benevent, Ischia, Capri
und der Küste von Sorrent bis Paestum
von Ehrenfried Kluckert
2., überarb. u. erw. Aufl.
München ; Zürich : Artemis-Verlag, 1989
    (Artemis-Cicerone)
    ISBN 3-7608-0757-7

2., überarbeitete und erweiterte Auflage

INHALTSVERZEICHNIS

A. HISTORISCHER ÜBERBLICK

Kurzer Überblick über die Geschichte Neapels

Der griechische Gelehrte *Strabon* (63 v. Chr.–23 n. Chr.) berichtet, daß die *Sirene Parthenope*, gleich ihren Schwestern, nach der geglückten Durchfahrt des Odysseus den Tod in den Wellen suchte. Ihr Leichnam trieb an den Strand des Golfes. Siedler aus *Rhodos* sollen ihr ein Grabmal errichtet haben, das den Eingang des Hafens bewachte. Der Wirklichkeitsgehalt dieses Mythos ist nicht nachzuweisen – auch nicht die Behauptung, daß Neapel auf das im 7. Jh. v. Chr. von *Cumae (Kyme)* aus gegründete *Palaiopolis* zurückgehe. Dagegen machen Gräberfunde aus frühgriechischer Zeit im Tal zwischen dem Pizzofalcone und dem Vomero eine erste Siedlung glaubhaft.

Im Jahre 474 v. Chr. haben die Griechen in einer Seeschlacht die Etrusker besiegt. Sie gründeten, auf der östlich des Vomero angrenzenden Ebene, die Neustadt – *Neapolis. Hippodamos von Milet*, der Baumeister des klassischen Griechenland, hat die Stadt schachbrettartig angelegt. Ihre Struktur ist noch heute in der Altstadt zu erkennen (vgl. Plan S. 7). Die Lage der Stadt war gut gewählt. Ein durch Bergzüge abgesichertes Plateau öffnet sich dem Meer. Das Regenwasser kann durch die Gassen leicht abfließen und schwemmt gleichzeitig den Schmutz der Stadt mit sich fort.

Im Gegensatz zu Sizilien geriet Neapel in der 2. Hälfte des 5. Jh. unter starken Einfluß von *Athen*. Doch dieser Einfluß wurde allmählich durch Zuwanderungen zersetzt: Zunächst kamen Flüchtlinge aus *Kyme (Cumae)* und aus *Dikaiarchia (Pozzuoli)* nach Neapel. Im 4. Jh. mußte es *oskischen Samniten*, die schon umliegende Städte erobert hatten, die Tore öffnen. 326 eroberten die *Römer* Neapel und sicherten den Oberbeamten (Archontes) entscheidenden Einfluß gegenüber den oskischen Stämmen. Gegen *Pyrrhus* (280 n. Chr.) und in den *Punischen Kriegen* stand diese herrschende Schicht treu zu Rom.

Die engen politischen Verflechtungen mit der »Beschützerin Rom« wirkten sich in wirtschaftlicher Hinsicht nachteilig für Neapel aus. Im Konkurrenzkampf mit Rom unterlag die Stadt am Golf. Dieser Prozess wurde noch durch die Gründung der *römischen Kolonie Puteoli (Pozzuoli)* im Jahre 194 v. Chr. beschleunigt. Neapel wurde in ein *Municipium* umgewandelt: Im Jahre 90 v. Chr. wurde ihr volles römisches Bürgerrecht verliehen.

Man kann sagen, daß Neapel in der Folgezeit zur Kurstadt römischer Kaiser degenerierte. Westlich des Pizzofalcone – auf einem Küstenstreifen, der bis zum Posillip reichte – entstand eine nicht geringe Anzahl von *römischen Lustvillen*. Die berühmteste ist zweifellos die des *Lucullus*. Ausgestattet mit Garten und Fischteichen, erstreckte sie sich von der Megaris (Castel dell'Ovo) über Chiatamone und S. Lucia bis zum Palazzo Reale.

Der wirtschaftliche Niedergang schlug um in einen kulturellen Aufschwung. In den, zeitlich nicht sehr bedeutenden, *Philosophenschulen* konnten die Römer griechisches Wesen studieren. Ferner wurden hier die *Olympischen Spiele* nachgeahmt. Die Stadt stand bald in hohem Ansehen von Dichtern und Kaisern. *Augustus* tauschte Capri gegen die Insel Ischia, und *Titus* brachte riesige Geldbeträge auf, um beim Wiederaufbau der Stadt nach dem Vesuvausbruch (79 n. Chr.) zu helfen.

Am Ende des 2. Jh. n. Chr. hat dann die *Romanisierung* immer größere Fortschritte gemacht. Neben die griechischen Inschriften traten nun auch lateinische Hinweise auf die zunehmende Verbesserung der wirtschaftlichen Lage. Darauf deuten auch die Bemühungen, den Hafen ausbauen zu lassen. *Septimius Severus* und *Caracalla* haben im Jahre 202 die Kai-Anlagen am neuen römischen Hafen (vgl. Plan S. 7) verbessert. Im Jahre 303 wurde Neapel *römische Stadt*.

Das Straßennetz des antiken Neapolis ist eigentlich intakt geblieben. Die leichte Abweichung der Straßenzüge vom System der Windrose ist sicherlich witterungsbedingt gewesen: Man wollte die »schlechte Luft« (Malaria) der im Osten liegenden sumpfigen Sebeto-Ebene nicht durch die Straßen wehen lassen.

Die *hellenistische* Stadtfläche umfaßte ca. 19 qkm innerhalb einer Mauer von 2500 – 3000 m Länge. In der Römerzeit kamen dann Vorstädte in der Gegend des Archäologischen Museums und des Hafens hinzu. Das Gebiet im Osten, dort, wo heute das Castel Nuovo liegt, war im Altertum noch Meeresbucht.

Im antiken Neapel, so erfährt man aus Berichten der Spätantike und des Mittelalters, wurden breite und schmale Straßen angelegt *(Plateiai* und *Stenopoi)*. Die *Stenopoi:* heute *Vicoli*, also Gassen genannt, entsprechen den *Cardines* römischer Stadtpläne. Es handelte sich um Achsen der Feldvermessung und Lagererrichtung. Die *Plateiai,* die breiten Straßen, decken sich mit den *Decumani* (Decumae = Abstand, von ›decem actus‹ = Furchen, von je 33,5 m). Heute heißen sie von Norden nach Süden: *Via Pisanelli Anticaglia – SS. Apostoli, Via dei Tribunali, Via San Biagio – Via Vicaria Vecchia, Via B. Capasso.* Diese wurden von ca. 20 *Cardines* (je 3 m breit) gekreuzt. Auf diese Weise entstanden die typischen hellenistischen Wohnblöcke: langgestreckt und schmal – im Gegensatz zu den späteren römischen Rechtecken, die breiter waren.

Rundgang durch das antike Neapel

Vom *antiken Neapel* ist heute nicht mehr allzuviel zu sehen. Nicht weit vom *Nationalmuseum* (Nr. 13) entfernt, kann man noch Reste der antiken Stadt finden. Wenn man die *Via dei Tribunali* betritt und sie bis zur *Via del Duomo* entlang geht, hat man die Hauptachse der antiken Stadt durchmessen. Diese lag natürlich auf einem niedrigeren Niveau – ca. 3–4 m unter dem heutigen Pflaster.

Während die alten Straßenzüge lediglich zu erahnen sind, wird man nicht weit entfernt noch Reste der *antiken Stadtmauer* besichtigen können, und zwar an drei Stellen: auf der Kreuzung *Via P. Colletta/ Via Egiziaca* (vgl. Plan S. 7), bei dem Haus Nr. 109 auf der *Via Mezzacannone* unterhalb der Westfront des Universitätskomplexes und auf der *Piazza Bellini*.

Man nimmt im allgemeinen an, daß die Mauer zu Beginn des 4. Jh. v. Chr. entstanden ist. Darauf deuten große Quaderblöcke, die am *Corso Umberto* freigelegt wurden. An der *Via M. Longa* (Ecke des Ospedale degli Innocenti) hat man kürzlich ein Tor gefunden. Hier muß es sich um eine Bastion gehandelt haben, da die Nordmauer südwärts eingebuchtet war. Ein *Nolaner Tor* und ein *Capuaner Tor* (überbaut durch das Castel Capuano, vgl. Nr. 2) darf man ebenfalls vermuten. Die von ihnen möglicherweise ausgehenden Straßen nach *Nola* und *Capua* sind durch Straßenzeichen festgestellt, die die Straßen säumten. Den Zugang zum Hafen hat ein *Südtor* ermöglicht, das auf dem Sattel der *Chiaia* (Nr. 11) gestanden haben dürfte. Auf der Westseite der Stadt befand sich, nicht weit vom Südtor entfernt, das *Cumaner Tor*, das zur Mutterstadt *Kyme* (*Cumae*, Nr. 21) führte.

Vom *Südtor* führte eine antike Straße zur *Mergellina*. Ihre Entstehung ist in die Zeit des Augustus datiert. Sie verband die Stadt mit *Puteoli (Pozzuoli,* vgl. Nr. 21). Den *Tunnel durch den Posillip* beschrieb *Strabon* als *die* Sehenswürdigkeit seiner Zeit. Der Philosoph *Seneca,* Erzieher des Kaisers Nero, erwähnt im 57. Brief eine *Crypta Neapolitana.* Seit 1925 wird für die Fahrt zu den Phlegräischen Feldern ein neuer Tunnel benutzt. Links neben seiner Zufahrt liegt nördlich der Eisenbahnunterführung der *Parco di Virgilio* mit dem Grab *Vergils* (vgl. Nr. 12).

Neben den schon erwähnten Resten der antiken Stadtmauer und dem Grab Vergils sind nur noch die *Statue des Nils,* der *Dioskurentempel* und das *Theater* sehenswert. Die *Statue des Nils* oder *Corpo di Napoli,* wie das Denkmal auch genannt wird, gilt als Wahrzeichen des alten Neapel. Sphinx und Füllhorn deuten darauf hin, daß die

Das antike Neapel (Palaiopolis)

A Die antike Stadtmauer
  (A₁ Kreuzung Via
  Coletta/Via Egiziaca.
  A₂ Via Mezzacannone.
  A₃ Piazza Bellini)
B Grab des Vergil
C Statue des Nil
D Dioskurentempel
E Antikes Theater
  Verlauf der antiken
  Stadtmauer
  Stadttore: a Nordtor.
  b Capuaner Tor.
  c Nolaner Tor.
  d Südtor

Figur ein Kultbild der alexandrinischen Gemeinde des alten Neapel gewesen war. Später verschwand sie und wurde erst im Mittelalter wieder entdeckt. Im Jahre 1657 erhielt sie ihren Sockel und einen neuen Kopf.

Vom *Dioskurentempel* steht heute nur noch ein kleiner Rest: Man kann ihn auf der *Piazza San Gaetano* (vor der Kreuzung mit dem Vico Cinquesanti) begutachten (vgl. auch Nr. 1). Aus der Fassade der Kirche *San Paolo Maggiore* springt das Gebälk der einstigen Vorhalle. Zu erkennen sind ferner noch Säulen mit korinthischen Kapitellen und ionischer Basis. Ein altes Gewölbe unter der Kirche deutet darauf hin, daß der Tempel ein Untergeschoß gehabt haben muß. Von seinem tatsächlichen Aussehen erfährt man aus der Zeichnung eines portugiesischen Reisenden (Escorial, 1540): Kurz vor dem Neubau der Kirche im Jahre 1581 war der vollständige Tempel noch integrierender Bestandteil der im Jahre 778 gegründeten Vorgänger-kirche.

Am Berghang der *Akropolis* befand sich, wie bei den alten griechischen Städten, ein *Theater*. Dieses wurde nach dem Vesuvausbruch erneuert, also römisch modifiziert: Aus dem griechischen Dreiviertelskreis des Orchesters wurde ein Halbrund. Die Mauer auf der Süd-seite der *Via Anticaglia* weist noch Reste der damals für die oberen

Ränge angelegten Unterbauten auf. Reste der dreigeschossigen Arkadenreihe kann man noch in der eben genannten Straße und in der *Via S. Paolo* finden.

Das byzantinische Neapel

Auf seinem Weg von Antiochia nach Rom soll *Petrus* den ersten Bischof von Neapel in sein Amt eingeführt haben: *Asprenas,* der seit dem 9. Jh. als Heiliger verehrt wurde. Mit dieser Legende beginnt die Geschichte des *Christentums* in Neapel. *Kaiser Konstantin* hat im Jahre 314 die erste *Basilika* in Neapel bauen lassen und *Bischof Severus* (362–408) die ersten *Klöster* gegründet.

Der vom Gotenkönig *Theoderich II.* eingesetzte *Valentinianus III.* (450–455) hat den antiken Mauerring nach Südwesten erweitert. Dieser wurde von weiteren byzantinischen Statthaltern in der nachfolgenden Zeit verstärkt. Unter der *Herrschaft der Ostgoten* beginnt dann auch eine neue Periode von Kirchenbauten, die heute allerdings nur noch in spärlichen Resten erhalten sind. Der Einfluß von *Konstantinopel* wird im 8. Jh. noch einmal besonders stark, nachdem *Kaiser Leo III.* (717–741) ab 726 die Verehrung der Bilder Christi und der Heiligen in den Kirchen verboten hatte *(Bilderstreit!)*: Unteritalien sollte unter einem Erzbischof von Neapel gegen den Papst, der sich gegen Leos Edikt auflehnte, vereint werden. Doch der Frankenkönig *Pippin* stärkte die Macht des Papsttums, so daß der *Erzbischof Calvus* (750–763) auf seinen Titel und seine Funktion verzichtete.

Rundgang durch das byzantinische Neapel

Das *frühmittelalterliche* oder *byzantinische* Neapel unterscheidet sich erheblich von der Stadtstruktur anderer italienischer Städte. Das mittelalterliche Zentrum mit Stadtpalast und kommunalem Platz fehlt. Das liegt sicherlich am Bewahren der antiken Stadtanlage, die in dem ersten nachchristlichen Jahrhundert durch Mauern und Türme befestigt wurde. Hinzu kommt, daß im 12. Jh. – die Zeit der mittelalterlichen Städtegründungen – Neapel in fremde Hände fällt. Die Stadt wird von den Normannen erobert. So verteilen sich auch die frühchristlichen Bauten gleichmäßig über das Stadtbild. Unmittelbar an das linke Seitenschiff des Doms grenzt die älteste Kirche Neapels: Die im 4. Jh. gegründete *S. Restituta* (vgl. Nr. 1). *S. Giorgio Maggiore* (vgl. Nr. 3) und *San Giovanni Maggiore* (vgl. Nr. 4) sind ebenfalls während der regen Bautätigkeit zwischen dem 4. und dem 6. Jh. entstanden; desgleichen die *Katakomben* (vgl. Nr. 19). Da von

Das byzantinische Neapel
A Dom
B S. Giorgio Maggiore
C S. Giovanni Maggiore
D Katakomben
  (D₁ S. Gennaro.
  D₂ S. Maria della Sanità.
  D₃ S. Severo)
E S. Pietro ad Aram
F S. Aspreno al Porto
G S. Agostino della Zecca
  (Maggiore)

diesen Bauten noch ausführlich gehandelt wird, beschränke ich mich
hier auf *S. Pietro ad Aram, S. Aspreno al Porto* und *S. Agostino della
Zecca.*

Die Krypta der im 17. Jh. umgebauten Kirche *S. Pietro ad Aram* war
eine dreiteilige Basilika. Man betritt sie vom Corso Umberto I. Nr.
292 her. Die 8 monolithischen Säulen (verschiedene Marmorsorten)
stammen sicherlich von antiken Bauten. In unmittelbarer Nähe sind
noch Reste von *Katakomben* zu sehen. Diese und die Lage vor dem
antiken Nolaner Tor deuten auf eine ehemalige *Friedhofskirche.*

Während der *hl. Asprenas* in S. Pietro ad Aram zum Christentum
bekehrt wurde, hat man später ihm zu Ehren *S. Aspreno al Porto*
gegründet. Sie befindet sich heute im Untergeschoß der *Börse.* Die
Säulen ihrer Vorhalle stammen aus dem Kreuzgang von S. Pietro ad
Aram (unter der Kapelle befinden sich noch Reste einer antiken
Badeanlage).

Sant' Agostino della Zecca (Münze): Die aus normannischer Zeit
stammende und im 15. Jh. umgebaute Kirche zeigt noch byzantinische Reste: zwei antike Marmorsäulen, die auf umgekehrten dorischen Kapitellen (als Basen verwendet) stehen, und die Decke im
gotischen Kapitelsaal des Klosters, das von griechisch-orthodoxen
Mönchen gegründet wurde.

›Tavola Strozzi‹
Sie zeigt eine Ansicht von Neapel aus dem Jahre 1464. Links das Castel Nuovo.
Im Hintergrund, auf dem damals noch bewaldeten Vomero, das Kartäuserkloster

Das Mittelalter

Mit dem Einfluß der *fränkisch-deutschen Geschichte* auf Unteritalien (Stärkung des Papsttums durch Pippin im 8. Jh.) wurde der Druck aus Konstantinopel immer schwächer. Der *Papst* und *Ostrom* verbündeten sich aber noch einmal gegen die *Sarazenen.* Ihr Auftreten war zunächst erwünscht, da sich die ständigen Feinde, die *Langobarden,* von der Küste Kampaniens fernhielten. Mit dem Fall der letzten Sarazenen-Bastion kamen dann die Langobarden. Nahezu kampflos übergab man dem *Langobarden-Herzog Pandolf IV.* die Stadt (1027 bis 1029). Gegen die Langobarden setzte *Herzog Sergius IV.* normannische Söldner ein. Sie drängten die Langobarden zurück und errichteten Bastionen, so daß Neapel 100 Jahre später *normannisch* wurde. *Roger II.* regierte nur kurz. Im Jahre 1140 folgte auf die normannische Herrschaft die *staufische.* Es kam zu einer Koalition zwischen Konrad III. und dem Papst gegen Roger II., der Anlehnung bei Frankreich und den Widersachern der Staufer, den Welfen, suchte. Durch die Vermählung Heinrichs VI. mit Konstanze, Tochter Rogers II. (1184 in Mailand), wurde der staufische Einfluß in Unteritalien intensiviert. *Friedrich II.* (1194–1250), Sohn Heinrichs VI., war der erste Herrscher, der die wirtschaftlichen und kulturellen Verhältnisse in Neapel änderte. Nach einer umfassenden Erneuerung

S. Martino. Im Hafen die Rückkehr der Flotte Ferrantes I. nach dem Seesieg über die Franzosen bei Ischia. Das Bild hängt heute im Museo Naz. di S. Martino.

der von seinem Vater geschleiften Stadtmauer gründete er im Jahre 1224 nach dem Muster Bolognas die *Universität Neapel,* die erste europäische Staatsuniversität. Ihre Hauptaufgabe bestand in der Ausbildung einer Verwaltungselite. In der Stiftungsurkunde heißt es: »*Gelehrte Männer fordern wir zum Dienste heraus, um ihnen – gebildet durch den Eifer des Studiums von Jus und Justitia – ohne Sorge die Staatsverwaltung anvertrauen zu können*«. Ein Schreiben *Friedrichs* anläßlich der Eröffnung der Universität schildert die Vorzüge der »*lieblichen Stadt Neapel*«. Friedrich legte großen Wert auf die soziale Versorgung der Studenten. Ihnen wurden großzügige Stipendien gewährt; zur Schätzung der Zimmermiete wurden zwei Bürger und zwei Studenten bestellt. Dort, wo *Friedrich II.* seinen Staatsschatz verborgen hielt, im Castel dell'Ovo (Nr. 9), wurde später sein Sohn Konradin bis zu seinem Tode gefangengehalten. Auf Befehl Karls I. von Anjou wurde der 16-jährige Konradin am 29. April 1268 auf dem Mercato unweit S. Maria del Carmine (Nr. 10) enthauptet.

In jenem Jahr wurde *Karl von Anjou* Erbe des Stauferbesitzes. Seine Hauptstadt Neapel (von ganz Süditalien) wurde fortan von *Franzosen* verwaltet. Nach der ›Sizilianischen Vesper‹ am 31. März 1282 (Aufstand gegen die Franzosen in Palermo) regierten die *Aragonesen* in *Sizilien* und die *Anjou* in Neapel. Im 13. und 14. Jh. entstanden unter

*Simone Martini: ›Der hl. Ludwig krönt Robert den Weisen‹
(etwa 1317; Museo Naz. di Capodimonte)*

ihrer Herrschaft die großen gotischen Kirchenbauten (*Dom*, Nr. 1; *SS. Annunziata*, Nr. 3; *S. Domenico Maggiore*, Nr. 4; *S. Chiara*, Nr. 5). Nach 1279 entstand ferner das *Castel Nuovo* am Hafen, neben den Normannenburgen *Castel dell'Ovo* und *Castel Capuano* (Nr. 2) der dritte Befestigungspunkt in der Stadt.

Renaissance

Das *Haus Anjou* herrschte bis 1435 in Neapel. Dann eroberte *König Alfons V. von Aragon* die Stadt, die nach seinem Tod ohne Sizilien an seinen Sohn Ferdinand I. und dessen Nachkommen fiel. Die spanische Herrschaft in Neapel währte bis 1773, ein Zeitraum, der durch lange Kämpfe mit den Franzosen markiert ist, die ihren Erbanspruch in Neapel durchsetzen wollten. Unter den *Aragonesen* begann eine intensive Bautätigkeit. Zunächst wurde der mit 22 Rundtürmen bewehrte Mauerzug (z.T. noch erhalten) von *S.M. del Carmine* über die *Piazza Umberto* und *Porta Capuana* bis zur *Porta S. Gennaro* errichtet (1484). Ein weiterer Mauerabschnitt entstand am Westrand der Stadt *(Piazza Dante – Via Roma – S. Brigida – Castel Nuovo)* 1499–1501.

Herzog Alfonso, Enkel Alfons V. und ältester Sohn Ferrantes I., plante ein größeres Sanierungsprogramm, um das griechische Straßenmuster wieder neu strukturieren zu lassen. Neapel sollte, gleich vielen humanistischen Stadtphantasien, zur *Idealstadt* umgebaut werden. Erst unter der Herrschaft der *spanischen Vizekönige* im 16. Jh. wandelte sich das Stadtbild grundlegend. Die Hügel im Westen der Stadt wurden bebaut. So bildeten sich auch in den anderen Gebieten um das Zentrum, allen Verboten zum Trotz, ›sobborghi‹ (Vorstädte). *Don Pedro Alvarez de Toledo* (1532–53) ist wohl der bekannteste Stadtplaner gewesen: Die Altstadtquartiere wurden bereinigt und begradigt. In den neu entstandenen Vierteln wurden prächtige Alleen angelegt *(Via S. Lucia, Via Chiaia)*. Diese ergänzten das antike Straßennetz, so daß sich riesige Straßenschluchten bildeten, die im Volksmund *Spaccanapoli* (spaccare = spalten) heißen.

Barock und 19. Jahrhundert

Das 17. Jh. war für Neapel das Jahrhundert *sozialer Erschütterungen* und *Naturkatastrophen*. Im Jahre 1624 raffte eine Hungersnot viele Einwohner dahin. 1631 brach der *Vesuv* aus, 1656 wütete die *Pest* in der Stadt, und 1688 wurden beträchtliche Teile durch ein *Erdbeben* verwüstet; letzteres mag wohl auch ein Grund für das nun unorganische Wachsen der Stadt gewesen sein. Westlich der Via Roma entstanden *Massenquartiere* für die Obdachlosen. Die Straßenfronten enthielten zu ebener Erde fensterlose Einzimmerwohnungen *(bassi)*.

Im Zuge dieser hektischen Bautätigkeit – Symptom für wachsenden Wohlstand des Bürgertums – entwickelte sich der Sinn für das Dekorative, die Geburtsstunde des *neapolitanischen Barock.*

Im Frieden von Utrecht 1713 (Die Kronen Frankreichs und Spaniens sollen niemals bei einem Herrscher vereinigt werden) wurde Neapel dem *Hause Habsburg* (Karl VI.) zugesprochen. In der Auseinandersetzung um die polnische Thronfolge verlor Österreich Neapel an die Franzosen. Im Jahre 1734 begann mit dem *Infanten Karl von Bourbon* die *Bourbonen-Herrschaft.*

Zu dieser Zeit entstanden in Neapel – mittlerweile zählte die Stadt mehrere hunderttausend Einwohner – moderne öffentliche Gebäude. Nahe dem königlichen Palast wurde das *Teatro San Carlo* (Nr. 7) gebaut. Es sollte dem Weltruhm der *neapolitanischen Oper* Rechnung tragen *(Vinci, Leo, Pergolesi, Cimarosa).* Unter *Joseph Bonaparte* und *Joachim Murat* wurden zu Beginn des 19. Jh. kühne Konstruktionen entworfen, um die Valle della Sanità zu überbrücken. So konnte eine Verbindungsstraße vom Stadtzentrum zum Schloß Capodimonte gebaut werden.

Das 19. Jh. – Jahrhundert durchgreifender städteplanerischer Aktivitäten in Europa – ging auch nicht spurlos an Neapel vorüber. Die Voraussetzungen waren schon im 18. Jh. geschaffen worden und gingen ihrerseits auf das antike griechische Straßennetz zurück. Zur Zeit der *bourbonischen Restauration* wurden die ersten *Höhen- und Aussichtsstraßen* an den Hängen Neapels gebaut – u. a. der kurvenreiche Corso Maria Teresa (heute Vittorio Emanuele).

Die *napoleonische Zeit* hat in Italien zu *Freiheitsbewegungen* geführt. Die *Carbonari* (Köhler) in Neapel riefen 1820 die *erste italienische Revolution* gegen die Franzosen aus; sie wurde niedergeschlagen. Erst im Jahre 1860 mit dem Einzug *Garibaldis* in die Stadt mußte Franz II., der letzte König von Neapel, fliehen. Die Geschichte Neapels lief nun mit der des *Königreiches Italien* parallel.

Das 20. Jahrhundert

Durch die *Industrialisierung* im 19. Jh. wurde die Expansionsbewegung intensiviert: Es wurden immer weitere *Vororte* gebildet, so daß Neapel im Laufe des Jahrhunderts mit den Orten des Golfes zusammengewachsen ist. Die industrielle Großstadtstruktur hat das auf Handwerk und Kleinhandel gegründete Wirtschaftssystem der Stadtbevölkerung weitgehend zerstört, so daß der Altstadtbereich und viele Vorstädte zu Elendsquartieren herabgesunken sind.

Gegen Ende des *Zweiten Weltkrieges* wurden weite Teile Neapels durch alliierte Bombenangriffe zerstört. Der *Wiederaufbau der Nachkriegszeit* hat das ›moderne Neapel‹ geschaffen. Durch kaum mehr zu überbietende Bodenspekulationen wurde das neapolitanische Panorama zerstört. Hochhäuser und Wolkenkratzer ragen im Stadtbild auf, unterdrücken die Konturen der sanft gewellten Hügel und lassen die Kirchtürme und Kuppeln im Stadtbild verschwinden. Die einstigen Lobeshymnen auf Neapel sind schon längst im Lärm der chaotischen Verkehrsverhältnisse und im Dunst der Luftverschmutzung verstummt. Dagegen sollte man aber die Bemühungen der Denkmalpflege würdigen, die sich gerade in jüngster Zeit verstärkt für die Erhaltung und Pflege der Kunstschätze einsetzt.

Die Könige von Neapel

Normannen	1130	Roger (1097–1154). 1154 Wilhelm I. (1120–1166).
	1166	Wilhelm II. (1152–1189). Tankred (?–1194)
Staufer	1194	Heinrich VI. (1165–1197).
	1198	Friedrich II. (1194–1250).
	1250	Konrad IV. (1228–1254).
	1254	Manfred (1231–1266).
Anjou	1265	Karl I. (1226–1285). 1285 Karl II. (1248–1309).
	1309	Robert d. Weise (1275–1343).
	1343	Johanna I. (1326–1382).
Anjou-Durazzo	1381	Karl III. (1345–1386). 1386 Ladislaus (1376–1414).
	1414	Johanna II. (1371–1435).
Aragon	1442	Alfons I. (1385–1458). 1458 Ferdinand I. (1423–1494)
	1494	Alfons II. (1448–1495). 1495 Ferdinand II. (1469–1496)
	1496	Federico (1452–1504)
Spanien	1503	Ferdinand III. (1452–1516)
Habsburg	1516	Karl V. (1500–1558). 1556 Philipp II. (1527–1598)
	1598	Philipp III. (1578–1621). 1621 Philipp IV. (1605–1665)
	1665	Karl II. (1661–1700)
Bourbon	1700	Philipp V. (1683–1746)
Habsburg	1713	Karl III./VI. (1685–1740)
Bourbon	1735	Karl I. (1716–1788). 1759 Ferdinand IV. (1751–1825)
	1806	Joseph Bonaparte (1768–1844)
	1808	Joachim Murat (1771–1815)
	1825	Franz I. (1777–1830). 1830 Ferdinand II. (1810–1859).
	1859	Franz II. (1836–1894)

B. DIE NEAPOLITANISCHE MALERSCHULE DES BAROCK

Die Tradition der italienischen Renaissance-Malerei spaltete sich in zwei Richtungen auf: Die eine versuchte, die im Spätwerk *Michelangelos* angelegten Deformationen und Torsionen aufzugreifen, während sich eine andere Gruppe von Künstlern dem eher strengen Klassizismus *Raffaels* zuwandte. Zu den letzteren gehörte *Caravaggio* (Michelangelo Merisi, gen. Caravaggio, 1573–1610), dessen Helldunkelmalerei die barocke Farbpalette vorbereitete. Die sogenannten *Manieristen*, die ›*Michelangelo-Nachahmer*‹, prägten dann die Dynamik und Kompositionsmuster der Malerei des 16. und 17. Jh.

Im Jahre 1607 kam der 1573 bei Bergamo geborene *Caravaggio* nach Neapel. Blutige Händel zwangen ihn zur Flucht aus Rom. In Neapel blieb er nicht lange. Schon im darauffolgenden Jahr zog er weiter nach Malta und Sizilien. Während dieses kurzen Aufenthalts entstanden drei Altarstücke, von denen die ›Geißelung‹ am bedeutendsten ist (Nr. 4). Die klare und ruhige Komposition erhält ihre Dramatik durch das Licht, das grell auf den Körper des gemarterten Christus fällt. Eine solche Inszenierung ›dramatischer Ruhe‹ und die meisterliche Modellierung des Körpers haben den Geschmack einer ganzen Malergeneration geprägt. Einer der ersten Nachfolger Caravaggios in Neapel – und damit der eigentliche Begründer des neapolitanischen Barock – war *Battistello (Giovanni Battista Caracciolo,* 1578–1637). Der ›Kreuztragende Christus‹ und das Fragment einer ›Taufe Christi‹ in der *Quadreria* von San Filippo Neri (Nr. 1) zeigen noch deutlich den Einfluß von Caravaggio. In seiner ›Fußwaschung Petri‹ aus dem Jahre 1622 (S. Martino, Nr. 16) hat er sich schon weitgehend von Caravaggios Einfluß befreit. Man kann annehmen, daß er sich damals zu einem Studienaufenthalt in Rom aufgehalten hat.

Neben Caravaggio war es der Spanier *Jusepe Ribera* (1591–1652), der nachhaltig die neapolitanische Malerschule beeinflußt hat. 1616 ließ sich der ganz in der Manier Caravaggios malende Künstler in Neapel nieder. Er sorgte auch für eine Neubelebung der Bildthematik. Der ›Trunkene Silen‹ von 1626 (Mus. Naz. di Capodimonte, Nr. 14) hat viele heimische Künstler zu ähnlichen Themen angeregt.

Ribera, der nicht nur das strenge klassische Ideal Caravaggios verfolgte, sondern mehr Anregungen von *Rubens* und *Michelangelo* verarbeitete – letztere z.B. in dem ›Propheten‹ (um 1640) in der Kirche von S. Martino (Nr. 16) – stand den neapolitanischen Künstlern wahrscheinlich näher als der Lombarde. *Francesco Fracanzano*

›Der Triumph der Judith‹ (1704). Deckengemälde von Luca Giordano in der Cappella del Tesoro von S. Martino

(1612–1656) hat sich am intensivsten mit dem Spanier auseinandergesetzt. In einer Szene aus dem Leben des hl. Gregor (der Heilige wird in einen Brunnen geworfen, 1635, S. Gregorio Armeno, Nr. 4) verspürt man noch etwas von der durch Ribera vermittelten Dramatik des Rubens. Der Einfluß des großen Flamen ist jedoch nicht aus zweiter Hand nachzuweisen. Rubens' große ›Salome‹ (heute Edinburgh) wurde von Gaspar de Roomer, einem flämischen Kaufmann in Neapel, ca. 1640 erworben.

Eine große Ausnahme unter den neapolitanischen Barockkünstlern bildet *Bernardo Cavallino* (1616–1656). Als Schüler von *Massimo Stanzione* (neben Battistello einer der Gründer des neapolitanischen Barock) pflegte er einen zarten, fast lyrischen Stil, der schon unmittelbar an die Grenzen des Rokoko reicht; lediglich seine Helldunkelmalerei erinnert noch an Caravaggio. Einige seiner Arbeiten sind in S. Filippo Neri (Nr. 1) und im Mus. Naz. di Capodimonte (Nr. 14) zu sehen.

Ein weiterer Individualist ist *Salvatore Rosa* (1615–1673). Er hat die letzte Hälfte seines Lebens in Rom verbracht. Seine Thematik und seine Palette sind aber ohne neapolitanisches Ambiente nicht zu ver-

17

stehen. In Rosa darf man den ersten Maler der heroischen romantischen Landschaften sehen. Seine See- und Waldstücke sind in ein so zartes Licht getaucht, daß man schon an die Landschaftsmaler des frühen 19. Jh. denken möchte. In der Tat wird er auch oft – zusammen mit *Claude Lorrain* und *Nicolas Poussin* – als ihr Gewährsmann zitiert. Das kann man an einigen Beispielen in S. Martino (Nr. 16) nachprüfen. In Rosas Schlachtenbildern (Mus. Naz. di Capodimonte, Nr. 14) wogen zwar die Menschenmassen im flackernden Licht dramatisch hin und her, doch der Gesamteindruck bleibt lyrisch.

Salvatore Rosa und *Luca Giordano* (1634–1705) beschrieben das gesamte Spektrum der neapolitanischen Barockmalerei. Während *Rosa* auch in Kompositionen mit höchster Dramatik *lyrisch* formuliert, schildert *Luca Giordano episch.* Der Romantiker steht dem Klassiker gegenüber. Luca Giordano war ein eifriger Nachahmer Riberas. Viele Frühwerke Giordanos werden sogar heute noch unter dem Namen seines Lehrers gehandelt. Doch bald zog er nach Rom und Venedig, wo er Pietro da Cortona und Veronese studiert hat. Von Pietro erhielt er die Kompositionsprinzipien des Hochbarock: schwelgerische Dynamik und steile Verkürzungen. Von Veronese lernte er die Strukturen dramatischer Aktionen kennen. Die Synthese dieser Anregungen lernt man am ehesten vor den 3 großen Schlachtenbildern (1690) im Mus. Naz. di Capodimonte kennen (Nr. 14). Eine Vorstellung von seiner ganzen Freskotechnik bekommt man unter der Decke von S. Martino (Nr. 16). Die im Jahre 1703 entstandene *Apotheose der hl. Judith* (vgl. Abb. S. 17) demonstriert eindrucksvoll seine Fähigkeit, die Illusion eines nach oben geöffneten Raumes zu erzeugen. Engelsfiguren schweben in einem luftigen Raum auf und nieder und lassen somit die natürliche Begrenzung der Deckenarchitektur vergessen. *Luca Giordano* ist in Neapel unter seinen Malerkollegen am stärksten vertreten. Seine Produktion ging so schnell voran, daß er schon zu Lebzeiten ›*Luca fa presto‹ (Luca der Schnellmaler)* genannt wurde.

Mattia Preti und *Francesco Solimena* zählen mit Giordano und Rosa zu den Hauptvertretern des neapolitanischen Barock. Preti (1613–1699), der in Cosenza (Kalabrien) geborene Kunstler, kam erst spät nach Neapel. Ab 1630 hielt er sich in Rom und später auch in Venedig und Modena auf. Er dürfte auch von den Künstlern gelernt haben, die Giordano inspiriert haben: Pietro da Cortona und Veronese. Einflüsse von Guercino und Domenichino sind ebenfalls nachzuweisen. Kurz nachdem er in Neapel angekommen war, malte er zwei große Fresken in Erinnerung an die Pest (1656, heute verloren). Überliefert sind lediglich zwei Modelle (Mus. Naz. di Capodimonte, Nr. 14), die noch eine sehr genaue Vorstellung von ihnen vermitteln. Gegenüber

Salvatore Rosa: ›Hafenlandschaft‹ (ca. 1660; Museo Naz. di Capodimonte)

Giordanos Figuren wirken die von Preti schwer und ernst. Sein Duktus zeugt auch nicht von der fast impressionistisch zu nennenden Hand Giordanos. Dafür wirken seine Gruppenkompositionen kompakt und konzentriert. Das trifft auch für die Menschenmassen in Solimenas Fresken zu. Francesco Solimena (1687–1747) darf als natürlicher Nachfolger Luca Giordanos gelten. Obwohl man auch bei ihm den luftigen Pinselstrich vermißt, brilliert er jedoch im Aufbau seiner Figurengruppen. Im ›Fall des Simon‹ von 1689/90 (S. Paolo Maggiore, Nr. 1) läßt er die Personen, in wechselnder Rücken- und Frontansicht, um eine imaginäre Raumachse torsieren. Auf diese Weise wird der Betrachter mit in das Geschehen einbezogen – eine Wirkung, auf die es besonders Luca Giordano angekommen ist (z.B. ›Christus vertreibt die Händler aus dem Tempel‹, S. Filippo Neri, 1684, Nr. 1) – Solimenas Einzelfigur wirkt ruhig. Jede ihrer Bewegungen ist ruhig und ausgewogen. Darin darf man eine Tendenz zum Neo-Klassizismus erkennen – zu einer Zeit, als man in Frankreich eine weitere Übersteigerung der Formen pflegte: im Rokoko.

C. DIE KUNSTDENKMÄLER IN NEAPEL

I Dom San Gennaro

Mit S. Filippo Neri, S. Lorenzo Maggiore, S. Paolo Maggiore, S. Maria di Donna-regina, S. Giovanni a Carbonara

Dom San Gennaro

Lage: Von der Via dei Tribunali kommend, biegt man hinter San Lorenzo Maggiore links ab. Nach wenigen Metern erblickt man rechts die Fassade des Doms.

Geschichte: Der *hl. Januarius (S. Gennaro)*, Titelheiliger des Doms, wurde 304 unter Kaiser Diocletian in Pozzuoli enthauptet. Kurz vor seinem Tode soll er die Feuerprobe – er überlebte unverletzt einen glühenden Ofen – bestanden haben. Wilde Tiere, die man eben-falls auf ihn gehetzt hatte, legten sich ihm zahm zu Füßen. Seine Reliquien wurden 835 von Neapel nach Benevent überführt und 1491 nach Neapel zurückgebracht. Teile seiner Reliquien kamen 838 nach Mittelzell/Reichenau. Sie werden in einem Reliquienschrein aus dem 12. Jh. aufbewahrt.

An der Stelle, wo heute der Dom aufragt, befand sich zur Zeit der römischen Antike der westliche Teil des Forums. Schriftquellen und Überreste lassen an eine Doppelbasilika denken, wie sie in Trier, Aquileia und Pavia überliefert ist. Die westliche dieser Basiliken wurde im 7. Jh. mit den Reliquien der *hl. Restituta* ausgestattet. Resti-tuta, eine afrikanische Christin, wurde in ein Becken mit glühenden Kohlen gesetzt und mit diesem zusammen auf einem Boot im Meer ausgesetzt. Auch sie bestand diese Feuerprobe: Nach dem Verlö-schen der Kohle landete sie unversehrt auf der Insel Ischia. Über den Ursprung der Basilika läßt sich nichts Genaues sagen. Es ist durchaus möglich, daß der erste Bau identisch mit der Basilika ist, die Konstan-tin d. Gr. *»in civitatem Neapoli«* (wie das römische ›Liber Pontifica-lis‹ berichtet) im 4. Jh. hat errichten lassen.

Der zweite Zwillingsbau, etwas weiter östlich, im Bereich der heuti-gen Querschiffe gelegen, zu Beginn des 6. Jh. von *Bischof Stephan I.* gegründet. Dreihundert Jahre später zerstörte ein Brand den Bau, so daß Stephan II. einen Neubau veranlaßte. Seit *Athanasius I.* (809–872) führt die Stefanskirche den Titel des *hl. Januarius.*

Karl I. von Anjou soll den neuen, west-östlich gerichteten Dom im Jahre 1294 gegründet haben – eine Behauptung, die sich nicht bele-gen läßt. Die Bautätigkeit ging bis 1323. Aus dieser Zeit stammt nur noch die *Tino da Camaino* zugeschriebene Sitzmadonna *(Fassade-*

Dom San Gennaro: Grundriß

A   Ursprüngliche Basilika (?)
A₁ Zwillingsbau (?)
B   Santa Restituta
C   Baptisterium
D   Krypta
E   Cappella del Tesoro

a Grab Karl I. v. Anjou (16. Jh.)
b Taufbecken (17. Jh.)
c Perugino-Schule (16. Jh.)
d Tino da Camaino (13. Jh.)
e Vasari-Bilder (16. Jh.)
f Cappella Minutolo
g Cavallino-Schule (14. Jh.)
h Cappella della Madonna del Principio

Dom San Gennaro: Tympanon über dem Eingangsportal

Tympanon des Mittelportals). Wiederholte Erdbeben und laufende Reparaturen haben die Kirche im Laufe der Jahrhunderte stark verändert. Wiederherstellungsarbeiten sind aus den Jahren 1500, 1680, 1870 und 1843/44 überliefert. Die *Fassade* wurde im 19. Jh. im neogotischen Stil neu gebaut (Enrico Alvino). Die drei *Portale* von A. *Babocci* stammen noch aus dem beginnenden 15. Jh. Der wichtigste Eingriff in die älteste Bausubstanz erfolgte im 16. Jh., als die Strebepfeiler der Hauptkapelle durch Querbogen verbunden wurden.

Fassade

Die ins 14. Jh. datierte *Sitzmadonna* wird von den *hll. Petrus* und *Januarius* flankiert. Die beiden Heiligen empfehlen den knienden Stifter Kardinal Enrico Minutolo. Die Archivolten sind mit Büsten der Apostelfiguren versehen. In der Spitze des Wimpergs fällt ein kreisrundes Mittelfeld auf, in dem die Marienkrönung dargestellt ist. Auf der Sichelspitze steht der Erzengel Michael.

Gegen Ende des Krieges (1943) wurde die Fassade von Bomben schwer getroffen. 1951 begann man mit den Reparaturarbeiten und stellte die Portaldekoration in dem Zustand wieder her, wie er vom beginnenden 15. Jh. überliefert war.

Architektur und Ausstattung des Innenraumes

Der Innenraum wird durch *drei Längsschiffe* gegliedert. Die schweren gotischen Bögen werden durch 16 Pilaster aus antiken orientalischen Granitsäulen gestützt.

Dom San Gennaro: Längsschiff und Chorapsis

Die *vergoldete Holzdecke* ist eine Stiftung des Kardinals Decio Carafa (1621). Sie enthält drei große Bilder: F. Santafede ›Anbetung der Könige‹, G. Imparato ›Darstellung im Tempel‹, G. V. Forlì ›Verkündigung‹. Zwischen den Fenstern am oberen Teil der Seitenwände (Obergaden) sind von Luca Giordano (1687) Apostel, Kirchenlehrer und Schutzheilige der Stadt gemalt worden. Im Querschiff (Decke und Wand) werden die Themen der Langhausdecke und des Obergadens fortgeführt: F. Santafede ›Auferstehung, Himmelfahrt und Pfingstwunder‹, G. Imparato ›Erscheinung Christi vor den Aposteln und vor Maria‹.

Über dem Hauptportal (Eingangswand, a) fällt das *Grabmal Karls I. von Anjou* auf. Er sitzt zwischen seinem Enkel Karl Martell und seiner Gemahlin Clemenza. Es handelt sich hier um ein Werk D. Fontanas (1599). Die Originalgräber wurden im 16. Jh. zerstört. Unter der 2. Arkade links ein *altes Taufbecken* (1618; b). In der letzten Kapelle des linken Seitenschiffs (c) eine ›Himmelfahrt Mariens‹ aus der Schule des Perugino. In der 2. Kapelle des rechten Seitenschiffs (d) eine ›Justitia‹ von Tino da Camaino (rechts Grab der Familie Caracciolo). An der linken Schmalwand des Querschiffs (e) zwei große Tafelbilder von Giorgio Vasari, ›Geburt Christi‹ und ›Papst Paul III.‹. Weiter rechts das Grabmal des in Neapel gestorbenen Papstes Innozenz IV. (13. Jh.). Die Grabinschrift berichtet vom Kampf gegen Friedrich II., dem ›Feind Christi‹. Rechts neben dem Chor die *Cappella Minutolo* (f) mit einem prächtigen Triptychon des Sienesers Giovanni di Paolo (Ausgang 15. Jh.).

Die Krypta   Nr. 1

In der Vierung, unmittelbar vor dem Chor führen zwei Treppen hinunter in die Krypta. Zwischen 1431 und 1511 hat man auf Wunsch des Kardinals Oliviero Carafa die Krypta angelegt, um dem hl. Januarius eine würdige Ruhestätte zu schaffen. Bemerkenswert sind die manieristisch anmutenden Gewände und Pilaster. Der Mittelabschnitt wird durch einen Kuppelraum mit Apsis und Bischofsthron abgeschlossen. Davor – im vorletzten Joch – steht der Januarius-Altar, dessen modernistische Gestalt seinem Ambiente widerspricht.

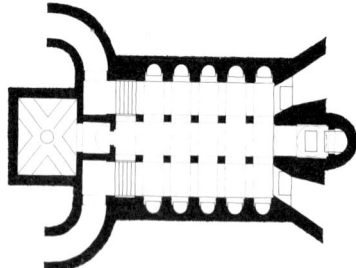

Krypta: Grundriß

Die dreiteilige Säulenhalle (9 x 12 m) darf als Miniatur-Renaissance-Kirche gelten. Obwohl die verhältnismäßig schlanken Säulen ein niedriges Gewölbe tragen, entsteht nicht der Eindruck von Enge. Dem kleinen Raum paßt sich formal die Architektur an, so daß die Krypta – im begrenzten Rahmen – weitläufig wirkt.

Nach Verlassen der Krypta wende man sich dem Ausgang zu. Das vierte Joch auf der hinteren Seite führt zur Januariuskapelle *(Cappella del Tesoro)*. Obwohl künstlerisch nicht weiter bemerkenswert, ist sie für Neapolitaner *das Heiligtum*. Die Kapelle wurde während der Pest zwischen 1526 und 1529 gelobt. Der Bau begann 1608 (Pläne von Grimaldi) unter der Leitung Grimaldis. Auf dem Hochaltar steht die Silberbüste mit dem Schädel des Heiligen. In einem Schrein werden Ampullen mit reinem Blut aufbewahrt, das sich alljährlich im Mai und September verflüssigen soll.

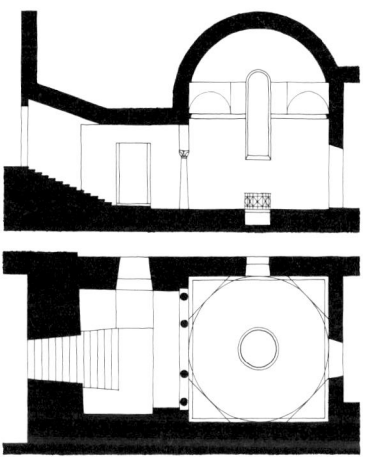

Baptisterium: Schnitt und Grundriß

Baptisterium *(San Giovanni in Fonte)*   **Nr. 1**

(362–408). Gegenüber der Januariuskapelle ist der Zugang zu S. Restituta; dort, am Ende des rechten Seitenschiffes, Zugang zum Baptisterium.

Über einem quadratischen Grundriß erhebt sich das Gewölbe mit einer Flachkuppel. Diese setzt auf einem Oktogon auf, das seinerseits durch die Aufreihung der oberen Quadratecken in sphärische Dreiecke (Trompen) entstanden ist (wahrscheinlich hat man es hier mit einer ersten über einem Quadrat aufsteigenden Kuppel zu tun). Das Taufbecken beschreibt eine Übergangsform von *Taufbad* (Piscina = Täufling, bis zu den Knien im Wasser) zum *Taufstein.*

Die *Mosaikdekorationen* zählen zweifellos zu den *Höhepunkten des Domes* (4. Jh.). Der gestirnte Himmel mit der Hand Gottes (einen edelsteingeschmückten Kranz haltend), die Rahmenbordüren mit Pflanzen, Fruchtkörben, Pfauen, Tauben und Perlhühnern sowie die von Bändern durchflochtenen Fruchtgirlanden erinnern an die

Mosaiken von Ravenna. Ihnen am nächsten dürften diejenigen aus dem Mausoleum der Galla Placidia stehen. Das gilt vielleicht nicht so sehr für die Figurendarstellungen. Die Gestalten des jugendlichen Christus (Wunder auf dem See Genezareth) und des Petrus (wunderbarer Fischzug) sind weicher und gefälliger geformt als die aus Ravenna. Das gesamte Bildprogramm dürfte ehemals die Thematik der *Heiligen-Taufe* veranschaulicht haben.

An der Nord- und Südwand kann man noch Freskenreste erkennen. Es handelt sich um Büsten Christi und Marias, die aus dem Umkreis Cavallinis (frühes 14. Jh.) stammen.

Santa Restituta   Nr. 1

Man tritt aus dem Baptisterium und befindet sich im rechten Seitenschiff der *ältesten Basilika Neapels*. An der Wand (g) Fresken aus der Schule Cavallinis (14. Jh.), das ›Jüngste Gericht‹ darstellend. Im Mittelschiff (Richtung Chor blickend) erkennt man den Triumph- oder Chorbogen, der (nach einer Beschreibung aus dem 17. Jh.) mit einem thronenden Christus und den 24 Ältesten der Apokalypse versehen war. Der Triumphbogen und die antiken Säulen stammen noch vom Vorbau. Die Eingangsfront, das Gewölbe, die Mittelschiffarkaden und die Obermauer wurden neu errichtet. Beim Erdbeben 1688 stürzte wieder ein Teil des Gebäudes in sich zusammen. Die *spätbarocke Wiederherstellung* wurde von Guglielmelli vorgenommen.

Das *Deckengemälde* (Luca Giordano) stellt die ›Wunderbare Seefahrt der hl. Restituta‹ dar. Die Märtyrerin wird begleitet vom hl. Januarius und von der im Wasser singenden Sirene Parthenope.

Am Ende des linken Seitenschiffs befindet sich die *Cappella della Madonna del Principio*. Das Apsismosaik (1322) mit der Himmelskönigin und den hll. Januarius und Restituta weist Merkmale der Cavallini-Schule auf. In den benachbarten Kapellenräumen gibt es noch zwei sehenswerte marmorne *Reliefplatten* (Kampanische Plastik, 12./13. Jh.), deren byzantinischer Einfluß auffällt (Addition der Figuren und Szenen, Isokephalie: gleiche Höhe der Köpfe). Auf der linken Reliefplatte sind Szenen aus der Josephs-Vita dargestellt und auf der rechten Szenen aus dem Leben des hl. Januarius (oben), die Geschichte Simsons (mitte) und verschiedene Heilige (unten).

San Filippo Neri *(Chiesa dei Gerolomini)*   Nr. 1

Lage: In der Via dei Tribunali, gegenüber der Westfassade des Domes. *Geschichte:* Der Bau wurde im Jahre 1592 von den *Padri dell'Oratorio di S. Filippo* gegründet. (Der Zuname ›Gerolomini‹ deutet auf eine Priestergemeinschaft, der auch Filippo Neri angehörte).

G.A. Dosio hat die Kirche entworfen. Nach seinem Tode (1609) übernahm D. di Bartolomeo die Bauleitung. 10 Jahre später konnte er den Bau bis auf die Kuppel und die Eingangsfassade, die 100 Jahre später von Lazzari hinzugefügt wurde, abschließen.

Die *Fassade* an der Piazza dei Gerolomini hat 1780 Ferdinando Fuga in einem strengen klassizistischen Stil umgestaltet. Der barocke Schwung und die schwere Fülle der Details sind getilgt. Es herrschen grazile und nüchterne Formen vor, die auf die Zeit des Empire verweisen. Der Raumeindruck innen wird durch das flach gedeckte Längsschiff geprägt, wo noch Renaissance-Motive anklingen: Die Hochschiffwände, in Arkaden und Lichtgaden unterteilt, ruhen auf 6 Säulen. Die einzigen barocken Anklänge finden sich im Chor und im Querraum, deren Flachdecke prächtig kannelierte Formen zeigt.

Ausstattung: Die Eingangswand trägt ein Hauptwerk Luca Giordanos, ›Vertreibung der Wechsler aus dem Tempel‹ (1684). In der 3. Kapelle des linken Seitenschiffs ein weiteres Gemälde von Luca Giordano ›Begegnung des hl. Filippo Neri mit dem Kirchenreformer Carlo Borromeo‹. In der 1. Kapelle des rechten Seitenschiffs ein Tafelbild vom Hauptmeister des römischen Barock: Pietro da Cortona ›Tod des hl. Alexius‹ (1638).

Von der linken Nebenchorkapelle (dem Titelheiligen geweiht) führt ein schmaler Gang zur *Sakristei* (reines neapolitanisches Rokoko) und von dort zur *Quadreria* (Gemäldesammlung aus dem Besitz der Kirche): Es fallen zwei Bilder von Guido Reni (ca. 1720) und eines von Lodovico Cavacci auf: ›Ekstase des hl. Franz‹. Die neapolitanische Schule ist mit Caracciolo (›Taufe Christi‹, 1608), Fracanzano (›Immacolata‹ und ›Geißelung Christi‹), Vaccaro und einem frühen Giordano (deutlicher Ribera-Einfluß) sehr gut vertreten.

San Lorenzo Maggiore   Nr. 1

Lage: Von der Piazza dei Gerolomini gelangt man auf die Via dei Tribunali und von dort nach wenigen Metern rechts auf die Piazza Gaetano. Dort erhebt sich die Fassade von San Lorenzo Maggiore.

Geschichte: Bischof Johannes II. hatte schon im 6. Jh. an diesem Ort eine Basilika errichten lassen. 1234 kam die Kirche in den Besitz der Franziskaner. Um 1330 ist der Neubau fertiggestellt worden.

Außenbau: Erdbeben und barocke Modifikationen haben vom gotischen Bau nicht mehr allzuviel übrig gelassen. 1882 hat man aber einiges von der alten Bausubstanz wieder freilegen und rekonstruieren können. Bemerkenswert ist das *Chorobergeschoß,* das von Strebebögen umstellt ist (leider durch angrenzende Gebäude fast vollständig verdeckt). Die *Barockfassade* von Sanfelice (1734) umschließt das alte gotische *Spitzbogenportal* (Holztür von 1325).

Der Innenraum

Der Raumeindruck wird durch die einschiffige Halle geprägt: Ein hoher Saal mit einem offenen Dachstuhl weist 9 Seitenkapellen auf. Nach dem Triumphbogen folgen der Querbau und der Chor. Der französische Architekt Thibaud de Saumur hat die polygonale Apsis gebaut. Der Umgang mit Kapellenkranz (7 Kapellen = 7 Seiten eines Zwölfecks) ist im Geist der französischen Gotik errichtet worden. Diese französischen Einflüsse machen sich auch in der Form des Triumphbogens bemerkbar. Jüngste Ausgrabungen in der Nähe des Querschiffs förderten Reste der antiken Agora zutage. Man fand öffentliche Gebäude, die bis ins 5. Jh. v. Chr. zu datieren sind.

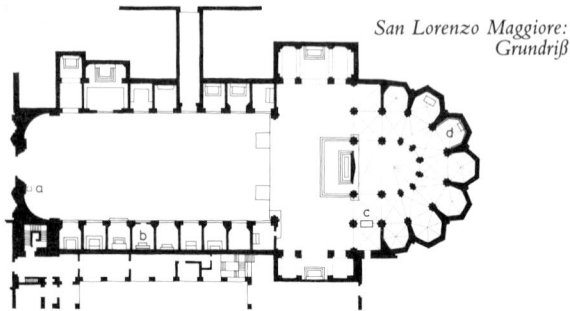

Ausstattung: Rechts neben dem Eingang (a) ein lebensgroßes *Holzkruzifix* (ca. 1350). Es handelt sich wahrscheinlich um eine kampaniscĥe Arbeit. Die farbige Tönung ist modern. In der 4. Kapelle (rechts) steht ein *Terrakottenaltar (b;* Ende 15. Jh.) aus dem Umkreis des Luca della Robbia. Der *Hochaltar* von Giovanni da Nola zeigt in den Nischen die hll. Franziskus, Laurentius, Antonius, darunter Szenen aus dem Leben der drei Heiligen und Ansichten von Neapel.

Das bedeutendste Stück der Ausstattung steht zwischen den ersten beiden Pfeilern des Chorumganges rechts: *Das Grabmal der Katharina von Österreich (c);* Tino da Camaino, der sienesische Bildhauer und Giovanni Pisano-Schüler, hat dieses Werk geschaffen. 1323 trat der Künstler in den Dienst des Hauses Anjou. Kurze Zeit später entstand das Grabmal. Der auf 4 Spiralsäulen mit Löwenbasen ruhende Baldachin stellt die Abwandlung eines süditalienischen Typus dar (Königsgräber in der Kathedrale von Palermo). Zwei Pfeiler mit Tugendallegorien (Hoffnung und Mildtätigkeit) stützen den Sarkophag.

Sehenswert sind noch einige *Fresken* (d) in der 4. Chorkapelle (von links). Über zwei Trecento-Gräbern einige Darstellungen aus dem Marienleben (Umkreis der neapolitanischen Giotto-Nachfolge, Mitte 14. Jh.).

Im benachbarten *Kloster* begegnete Boccaccio 1334 der schönen Maria von Aguino, die er unter dem Namen Fiammetta besungen hat. Hier wohnte auch Petrarca 1345.

San Lorenzo Maggiore: Hochaltar von Giovanni da Nola. In den Nischen die hll. Franziskus, Laurentius, Antonius

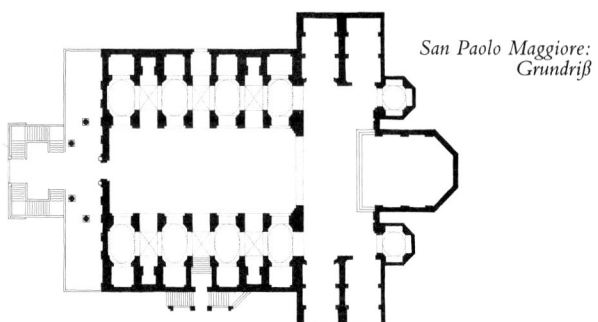

San Paolo Maggiore:
Grundriß

San Paolo Maggiore   Nr. 1

Lage: Gegenüber von S. Lorenzo, ebenfalls auf der Piazza S. Gaetano, die Theatinerkirche der Stadt Neapel.

Geschichte: 1538 machte der hl. Gaetano von Thiene die seit dem 9. Jh. existierende St. Peter-und-Pauls-Basilika zur Theatiner-Kirche. Der Bau steht auf einem Dioskurentempel (vgl. S. 7), dessen Dioskurentorsi noch unter den Fassadenstatuen der Apostel Petrus und Paulus zu sehen sind.

Mit dem Bau wurde 1538 begonnen. Zunächst wurden von Grimaldi die Apsis und das Querschiff hochgezogen (1584/85). Dann übernahm Caragna die Bauleitung. Zwischen 1585 und 1592 errichtete er das Mittelschiff. Erst 30 Jahre später kamen die Seitenschiffe hinzu.

Francesco Grimaldi (1543–1630), einer der bedeutendsten Theatinerarchitekten seiner Zeit, kam aus Lucca und arbeitete zunächst unter Maderna in Rom. Hier lernte er die architektonischen Prinzipien der sog. Übergangsstile (von der Spätrenaissance zum Barock) kennen. Wie bei SS. Apostoli (zwischen Via del Duomo und Via Carbonara, 1626–1632) ging er auch bei diesem Bau vom Hallenkonzept mit seitwärts eingestellten Kapellen aus. Von Grimaldi stammen auch Pläne zur Cap. del Tesoro in S. Gennaro (vgl. S. 25).

Wie der Grundriß zeigt, widersprechen die Seitenschiffe dem von Grimaldi konzipierten Saal-Charakter. Da sie erst 1627, 14 Jahre nach dessen Tod, hinzukamen, ist zu vermuten, daß sie nicht von seiner Hand geplant waren. Der großartige Raumeindruck wird durch die weite Vierung, die unmittelbar in den Chor übergeht, erzeugt. Wenn man vom Eingang langsam auf den Chor zugeht, lernt man die Bedeutung dieser Raumidee kennen. Der Saal weitet sich und wird breiter, bis man vor dem Allerheiligsten, dem Altar steht.

Ausstattung: Nach Giordanos Vorbild (S. Filippo Neri, s. S. 26) hat S. Cirillo an der Eingangswand die *Weihe des Salomonischen Tempels* dargestellt (1737). Die Komposition bleibt aber hinter dem Vorbild weit zurück. Cirillo hat auch die Szenen aus dem Neuen Testament über den Arkaden des Mittelschiffs gemalt. – Rechts neben der Hauptchorkapelle befindet sich die *Sakristei*. Sie enthält zwei der brillantesten Arbeiten Francesco Solimenas: Die um 1689/90 entstandenen Historienbilder: ›Sturz des Simon Magus‹ und ›Die Bekehrung des Ap. Paulus‹. Solimena beweist ein hohes Maß an kompositioneller Integration angesichts der unzähligen Personen.

29

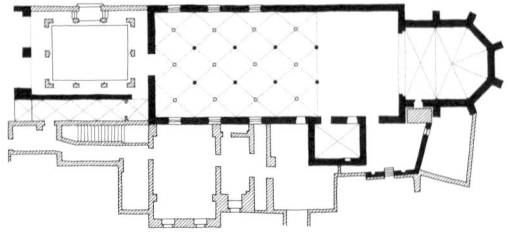

S. Maria di
Donnaregina:
Grundriß

Santa Maria di Donnaregina Nr. 1

Lage: Die Kirche liegt nördlich vom Dom. Man geht am Palazzo Arcivesco-
vile vorbei, biegt in die zweite Straße rechts ein und steht nach wenigen
Metern vor der Fassade an der Nordseite des Platzes.

Geschichte: Der Bau umfaßt zwei Kirchen – eine barocke (Donnaregina
Nuova) und eine gotische (Chiesa trecentesca). Die frühbarocke Fassade im
Norden, Teil der neuen Klosterkirche, wurde von Guarini, einem Schüler
Grimaldis (vgl. S. 29) errichtet. Das Kloster gehörte zu den ersten Frauen-
klöstern der Stadt (ein erster Bau wurde schon im 8. Jh. erwähnt). Der
gotische Bau wurde von Maria von Ungarn, der Gemahlin König Karls II. von
Anjou, zu Beginn des 14. Jh. gegründet. 1318 war der Bau fertig. Erst als
Donnaregina Nuova errichtet wurde, mußte man den alten Bau umgestalten,
so daß es zu der etwas unübersichtlichen Raumgestaltung gekommen ist.

Der Innenraum: Grundriß und Längsschnitt verweisen wieder auf
einen großen Hallenraum. Allerdings ist das Langhaus zu zwei
Dritteln in zwei Geschosse aufgeteilt. Ein pathetischer Raumeindruck bietet sich dem Besucher vom Eingang her: Er blickt aus einer
dämmrigen Schattenzone in die Höhe und in die durch Lanzettfenster hell erleuchtete Apsis.

Die Ausstattung: An der linken Schiffswand steht das *Grabmal der
Maria von Ungarn,* das kurz nach ihrem Tode (1323) Tino da Camaino
1325/26 angefertigt hat. Der architektonische Aufbau knüpft an den
Typ des Baldachingrabes an (vgl. S. 28). Den Baldachin tragen
schlanke Bündelpfeiler. Das Bildprogramm der figuralen Plastik
kreist um das Thema der von Gott verliehenen und beschützenden
Tugenden (die Leserichtung geht von oben nach unten). Am Gie-
belfeld ein Dreipaß mit einem segnenden Christus. Auf dem Dach
der Kammer eine Sitzmadonna mit einem Engel, der die betende
Königin empfiehlt (gegenüber ein Engel, der das Modell der Kirche
trägt). Auf dem Sarkophagdeckel ruht die als Nonne gekleidete
Königin. An seiner Frontseite ihre Söhne sowie Fürsten und Könige.
Der Sarkophag wird getragen von den vier Kardinaltugenden: Klugheit, Mäßigkeit, Gerechtigkeit und Stärke: So ergibt sich als thematische Quintessenz, daß die Basis des menschlichen Lebens die
Tugenden darstellen, auf denen man gottergeben und weise regieren
soll.

In der rechten Längswand der Eingang *zur Cappella Loffredo* mit ikonographisch hochinteressanten Wandmalereien aus der Mitte des 14. Jh. Die Apokalypse wird mit der Verkündigung, der Franziskus-Vita, Johannes-Szenen und dem Kalvarienberg verbunden.

Der Freskenzyklus des Nonnenchores ist ein Hauptwerk des Römers Cavallini (um 1308). An der Westwand des Chores erblickt man ein Jüngstes Gericht (durch Fenster dreifach aufgeteilt), an der linken Längswand Szenen aus dem Leben der hl. Katharina von Alexandrien und darunter die Geschichte der hl. Agnes. Beachtenswert sind nicht nur die Kombinationen vieler Engelscharen zu einer einheitlichen Erzählkomposition, sondern auch die perspektivisch konstruierten Bild- und Rahmenarchitekturen. Durch sie wird das erzählerische Moment gegliedert und für den Betrachter lesbar gemacht.

San Giovanni a Carbonara   **Nr. 1**

Lage: Gegenüber der Fassade von S.M. di Donnaregina verläuft (parallel zur Via dei Tribunali) die Via SS. Apostoli. Dieser Straße folgt man in östlicher Richtung und gelangt zur Via Carbonara. Nördlich auf einer Anhöhe erblickt man die zur Kirche führende Freitreppe.

Geschichte: Die malerische Kirchenanlage besteht aus mehreren Gotteshäusern (S. Maria della Pietà im Süden), unmittelbar hinter der Freitreppe (Sanfelice, 1708) die Cappella S. Monica (vor 1433), die zur gleichen Zeit gegründete Hauptkirche und die Cappella del Crocifisso im Westen (1533). Die Kirche ist nördlich der antiken Stadtmauer wahrscheinlich auf einem antiken Müllplatz (*Carbonara* von »copronarium« = Müllplatz, griech: kopros = Schmutz, Kot) errichtet worden – oder aber ein Hinweis auf die blutigen Kampfspiele, die die Neapolitaner – wie Petrarca geschildert hat – an diesem Ort abgehalten haben.

Ausstattung: In der Chorkapelle führt ein Gang (links) zur *Cappella Caracciolo di Vico.* Der kreisrunde Raum mit dorischer Wandordnung, Attika und Kassetten-Kuppel könnte von Bramantes Tempietto (Rom) inspiriert sein. Hinter dem Altar erhebt sich im Chor das 18 m hohe *Grabmonument des Königs Ladislaus von Anjou-Durazzo* (1414). Der Aufbau trägt die Handschrift der Spätgotik. Das Rahmengerüst betont die Horizontale. Ein Durchgang im Untergeschoß des Grabmals führt zum unvollendeten Grab des Sergianni Caracciolo, Geliebter der Königin Johanna II. Sie ließ ihn 1432 im Castel Capuano erdolchen. Drei Krieger tragen den Sarg, auf dem Caracciolo mit dem Dolch in der Rechten steht.

S. Giovanni a Carbonara:
Grundriß

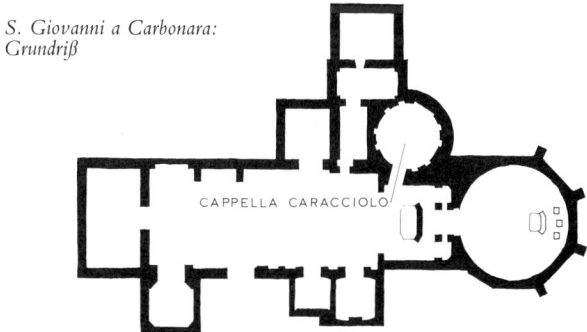

CAPPELLA CARACCIOLO

2 Santa Caterina a Formiello

Mit Castel Capuano und Porta Capuana

Santa Caterina a Formiello

Lage: Die Kirche, unmittelbar neben der Porta Capuana und gegenüber dem Castel Capuano, erreicht man vom Hauptbahnhof aus, nachdem man nach Überqueren der Piazza Garibaldi in die Via A. Poerio einbiegt.

Geschichte: Auf dem Kirchplatz führte in der Antike eine Wasserleitung (neapolitanisch ›formale‹ = Aquädukt) in die Stadt. Die Kirche ist der *hl. Katharina von Alexandrien* geweiht. Der Titel tauchte zum ersten Mal 1457 auf. 1498 übernahmen die Dominikaner die Kirche. 1520 wurde ein Neubau geplant und 50 Jahre später fertiggestellt. Als Architekt wird ein florentinischer Steinmetz und Bildhauer genannt: Romolo Balsimelli.

Außenbau: S. Caterina darf als reine Verkörperung *toskanischer Frührenaissance* gelten. Die Architekturteile sind zurückhaltend verarbeitet. Die Seitenkapellen des Langhauses, die Arme des Querschiffes und die Apsis sind nahezu auf ihre stereometrischen Grundkörper reduziert. Die Horizontale dominiert. Der das Gebäude umgreifende Sockel korrespondiert mit einer oberen Attika-Balustrade. Kreisrunde Okuli wechseln mit Rechteckfenstern ab, die im Detail (Rahmenwerk) an Francesco di Giorgio erinnern.

Innenraum: Das Gliederungssystem des Außenbaus wird in modifizierter Form innen übernommen. Die Oberfenster liegen allerdings schon in der Gewölbezone. Sie gliedern sich harmonisch in die Stilkappen ein. Leider hat eine spätere Stuckdekoration die farbliche Tönung der Wandgliederung stark abgemildert: Die gliedernden Teile waren vor hellem Wandgrund dunkel gehalten.

Ausstattung: Das ikonografische Programm kreist um die Katharina-Thematik: Auf der Eingangswand wird das ›Martyrium der hl. Katharina‹ dargestellt und im Schiffsgewölbe die ›Verlobung der hl. Katharina von Alexandrien‹ und die ›Apotheose der hl. Katharina von Siena‹. Beide Fresken stammen von Luigi Garzi aus Pistoia (1696). Ferner sind von diesem Künstler die auf die Titelheilige bezogenen Tugend-Allegorien bemerkenswert.

In der 5. Seitenkapelle (unten) werden weitere Szenen aus dem Leben der Titelheiligen geschildert: (›Gespräch mit Philosophen‹, ›Weigerung, den heidnischen Göttern zu opfern‹, ›Enthauptung‹) von Giacomo del Pò (17. Jh.).

In der Thomas-Kapelle (4. Kapelle rechts) ist ein deutscher Künstler vertreten: Wenzeslaus Koberger (ein Schüler des Antwerpener Marten de Voss) hat die Madonna mit dem hl. Thomas von Aquin und den beiden Katharinen gemalt (1590).

Castel Capuano Nr. 2

Lage: Gegenüber S. Caterina a Formiello

Geschichte: Der Normannenherzog Wilhelm I. (1154–1166) soll den Palast gegründet haben. Nach dem Um- und Ausbau zum Residenzschloß durch Friedrich II. – die Anjou und Aragonesen benutzten es ebenfalls – hat es Don Pedro de Toledo 1540 zum *Justizpalast* umfunktioniert. Zu diesem Zweck haben Ferdinando Manlio und Giovanni Benincasa das Kastell vollständig umgebaut. Im 19. Jh. erlebte es eine zweite Umgestaltung.

Das 16. Jh. ist nur noch an der Hauptfassade (Via dei Tribunali) zu erkennen. Der erhöhte Mittelturm mit dem leicht abgeschrägten Sockel erinnert an Bramante-Bauten (Rom, Justizpalast Julius' II.). Von einem rechteckigen Pfeilerhof führt eine Treppe in den 1. Stock. Dort ein Zugang zum *Salone della Corte d'Appello* (Berufungsgericht) mit interessanten Architekturmalereien und Allegorien von A. Cacciapuoto (um 1770).

Porta Capuana Nr. 2

Lage: Gegenüber S. Caterina a Formiello

Geschichte: Das Tor ist Bestandteil der ehemaligen aragonischen Stadtmauer (Reste in der Via Rosaroll, Via Carriera Grande und Via Carmignano). Seit normannischer Zeit hat das Tor den nordöstlichen Eingang der Stadt gebildet. Aus dieser Zeit ist allerdings nichts mehr erhalten. Das Tor ist eine Schöpfung des Renaissance-Baumeisters Giuliano da Maiano aus Florenz (1484 und 1488). Nach Umgestaltungen aus späterer Zeit wurde es kurz vor dem 2. Weltkrieg wieder in den alten Zustand gebracht.

Die beiden mächtigen *Rundtürme* symbolisieren *Ehre* und *Tugend.* Die marmorne Außenwand der Torbögen ist als reines *Relief* gestaltet (im Gegensatz zum Triumphbogen des Castel Nuovo, in dessen Front die Einzelfigur dominiert (vgl. Nr. 7). Die Archivolte der Durchfahrt ist mit Trophäen geschmückt. In den Zwickelfeldern sind kleine Victorien angebracht. Die hohe Frieszone des Gebälks trug ein reliefiertes Reiterbildnis Ferrantes I. Es mußte jedoch 1535 kurz vor dem Einzug Kaiser Karls V. entfernt werden.

3 Santissima Annunziata

Mit S. Maria Egiziaca a Forcella und S. Giorgio Maggiore

Santissima Annunziata

Lage: Vom Corso Umberto I gelangt man über die Via Pietro Colletta und die Via Annunziata (1. rechts) zur Westfassade der Kirche.

Baugeschichte: 1. Bau im Jahre 1304 gegründet (Stifterin: Königin Sancha, Gemahlin Robert d. Weisen). Ab 1540: Umbauten von F. Manlio. Ausmalungen: Curia, Imparato, Santafede u.a. 1757: Vollständige Zerstörung durch Brand. 1760–1781: Neubau von Luigi und Carlo Vanvitelli.

Luigi Vanvitelli (1700–1773): Als Sohn des niederländischen Malers Gaspar van Wittel in Neapel geboren. Als Architekt trat er, nachdem er bei seinem Vater in Rom Malerei studiert hatte, erst 1730 hervor. 1751 berief ihn Karl III. nach Neapel, um ihn das Schloß in Caserta bauen zu lassen (voll. 1774; vgl. Nr. 22). Eine ähnliche Hinwendung zum Klassizismus, wie er in Caserta besonders anschaulich wird, kann man auch bei Vanvitellis Bauten in Neapel beobachten – der Piazza Dante (1757–1763; vgl. Nr. 5) und an der Annunziata-Kirche.

Vanvitelli stieß mit seinem Konzept zum Neubau der Kirche zunächst auf Ablehnung. Die Stiftsoberen wollten den alten Zustand der Kirche durch Gioffredo oder Fuga wieder herstellen lassen. Erst als der König – von der Bauidee in Caserta wahrscheinlich überzeugt – sein Votum für Vanvitellis Pläne gegeben hatte, konnte mit dem Neubau begonnen werden.

Fassade: Ein Blick auf die Fassade verrät die Abkehr von der barocken Dynamik, die man noch von entsprechenden römischen Bauten her kennt (P. d. Cortona, S. M. della Pace oder Fr. Borromini, S. Carlo alle Quattro Fontane). Vanvitelli hat die Front gleichmäßig konkav gekrümmt. Die im Obergeschoß korinthischen und im Untergeschoß ionischen Säulen der Flanken treten hervor, die Portalzone zurück. Diese Bewegung wird wiederholt und ausgeglichen oder ›beruhigt‹ durch die sechsstufige Freitreppe. Wie der Grundriß verrät, beginnt sie exakt in der Ebene der äußeren Säulen. Die Fassade drängt also gewissermaßen aus der Krümmung heraus. Dieser Eindruck, verstärkt durch die horizontale Gliederung des Gebälks, die ungebrochenen Giebelkanten und die Vermeidung von Überschneidungen, bietet sich dem Betrachter von der gegenüberliegenden Straßenseite: Die Krümmung der Fassade wird durch die Distanz getilgt, so daß sich die Front in der Ebene zu entfalten scheint. Diese optische Täuschung – eine letzte Reverenz an die barocke Illusionskunst – wird dann deutlich, wenn man sich dem Portal nähert: Die Flanken treten hervor und verweisen damit verstärkt auf die Portalzone.

Innenraum: Ähnlich wie die Fassade sich erst aus der Distanz optisch entfaltet, öffnet sich der Innenraum dem Besucher. Man sollte zunächst in der Vorhalle verweilen, um allmählich die gelassene

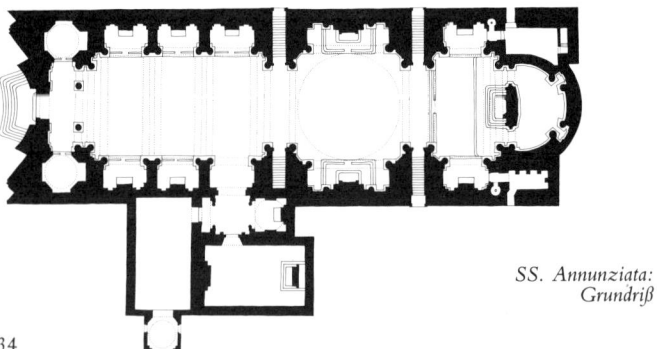

SS. *Annunziata:*
Grundriß

SS. Annunziata: Inneres mit Hochaltar

Bewegung der zum Chor hin marschierenden Säulen zu verfolgen. Der Blick in den Raum wird durch eine Säulenmassierung verengt: Vor den etwas vorgezogenen Doppelsäulen der Vorhalle steht je eine Freisäule. So erscheint der Innenraum weniger als ein in die Länge gezogenes Kirchenschiff, sondern als Saal. Der *Saalcharakter* wird durch die einzig intensive Lichtquelle in der Vierung betont. Der riesige Raum (75 m lang) scheint gerafft worden zu sein, so daß die hoch aufgerichteten, kannelierten und mit Kompositkapitellen bekrönten Doppelsäulen nicht kolossal wirken.

Was man im barocken Kirchenraum oftmals vermißt, hat Vanvitelli wieder anschaulich gemacht – den *funktionalen Aspekt der Architektur:* Die Säulen der Längsschiffe pflanzen sich nicht in Bogenstellungen fort, sondern stützen einen schweren Architrav ab. Auch das Stützsystem der mächtigen Kuppel ist deutlich ablesbar. Der Kuppelring ruht auf den der Vierung zugewandten Doppelsäulen *und* auf denjenigen, die in den Chor und in das Längsschiff weisen. Zu diesem Zweck sind die Vierungspfeiler etwas vorgezogen. (Dieses Baumotiv fiel schon an der inneren Westseite auf und begegnet wieder in der Apsiszone.).

Über dem Kuppelring erhebt sich der Tambour – aufgelöst in einer achtfachen Bogenstellung auf Doppelsäulen. Die Kuppelschale scheint über dem Tambour zu schweben. Sie wird nicht durch die Gebälkzone abgestützt, sondern – unsichtbar von innen – durch das äußere Gliederungssystem.

Ausstattung: Zwei bedeutende Arbeiten von *Francesco de Mura* (1696–1784) – eine ›Hl. Barbara‹ am linken Querschiffaltar und eine ›Verkündigung‹ (Hochaltarbild vor der Apsis).

Sakristei (Ausstattung aus der 2. Hälfte des 16. Jh.): Majolikafußboden, Schrankwerk aus vergoldetem Eichenholz (Szenen aus dem Alten und Neuen Testament), Deckenfresken mit Szenen aus dem Alten Testament von Belisario Corenzio (ca. 1560–1640).

Schatz- und Reliquienkapelle: Stuckdekorationen und Fresken aus dem 17. Jh.

Krypta (Zugang vom Hof aus): Unter dem Kirchenschiff zieht sich eine weitgehend schmucklose dreischiffige Pfeilerhalle entlang (Totenhalle eines unterirdischen Friedhofs).

Santa Maria Egiziaca a Forcella   Nr. 3

Lage: Vom Hauptbahnhof kommend, überquert man die Piazza Garibaldi und biegt links in den Corso Umberto I. (Rettifilo) ein. Nach ca. 300 m auf der rechten Seite befindet sich die Kirche.

Geschichte: Die Königin Sancha hat im Jahre 1342 die Kirche gegründet. In den nachfolgenden Jahrhunderten wurde der Bau mehrmals umgestaltet. Der heutige Zustand stammt von Dionisio Lazzari (1684).

Die eigenartige Form des Grundrisses ergibt sich aus der Plazierung der Kirche im Straßenbild: Die Fassade ist trapezförmig abgewinkelt. Ihr folgt ein langgezogener ovaler Grundriß mit einem quadratischen Presbyterium, über das sich eine Tambourkuppel erhebt. Von der Ausstattung sind die *Sängertribüne* über der Eingangswand und ein Bild am Hochaltar erwähnenswert. Letzteres stammt von Andrea Vaccaro (1590–1670), einem Schüler von Caracciolo. Es stellt die ›Kommunion der hl. Maria Aegyptiaca‹ dar und zählt zu einer seiner besten Arbeiten. Daneben die ›Bekehrung der Heiligen‹ und ihre ›Flucht in die Wüste‹, zwei in Hell-Dunkel-Manier ausgeführte Bilder von Luca Giordano.

San Giorgio Maggiore   Nr. 3

Lage: Auf der Piazza N. Amore (Kreuzung: Corso Umberto I. und Via del Duomo) wendet man sich nach Norden und folgt der Via del Duomo ca. 200 m. Auf der rechten Seite die Längsfront von S. Giorgio Maggiore.

Geschichte: An der Stelle des heutigen Baues stand ursprünglich die alte *Basilica Severiana*, die Bischof Severus im 4. Jh. gegründet hatte. Im frühen Mittelalter nahm sie den Titel des *Hl. Georg* an (wahrscheinlich von einer benachbarten Georgskirche). 1640 begann *Cosimo Fanzago* mit dem Neubau. Im 19. Jh. hat die Kirche entscheidende Veränderungen erfahren.

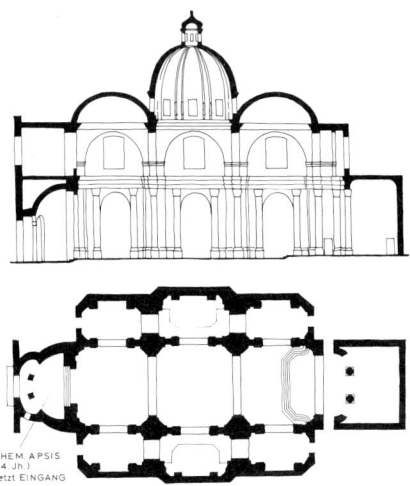

EHEM. APSIS
(14 Jh.)
jetzt EINGANG

San Giorgio Maggiore: Schnitt und Grundriß

Der Grundriß zeigt einen Quasi-Zentralbau (ein in die Länge gezogener Kreuzkuppelbau), ein Konzept, das Fanzago in S. Maria Maggiore (westliches Ende der Via dei Tribunali) wieder aufgegriffen hat. Offensichtlich mußte sich Fanzago nach den Gegebenheiten des Vorgängerbaus richten. Er gestaltete die Apsis der frühchristlichen Basilika zum Eingangsvestibül um. Damit wurde der gesamte Bau gewissermaßen um 180° gedreht.

Fanzago wußte wohl schon damals den Wert der traditionellen Architektur zu schätzen – immerhin waren und sind die Zeugnisse frühchristlicher Architektur in Neapel sehr selten. Die korinthischen Marmorsäulen der Arkaden sind Spolien (Bauteil, der für einen anderen Bau geschaffen wurde); die mit dem Monogramm Christi versehenen Kämpfersteine gehören der Basilika an.

Nach dem Eingang folgen drei gleich große Quadrate, dessen mittleres, durch die mächtigen Pfeiler hervorgehoben, eindeutig dominiert. Die darüber aufragende *Kuppel* suggeriert den *zentralbauartigen Charakter* – trotz der schmächtigen Seitenräume. Das zentralisierende Moment wird durch die eindeutige Lichtquelle in der fensterdurchbrochenen Kuppelschale hervorgerufen. Das einfallende Licht sorgt für eine imaginäre Expansion des Raumes, wodurch die umliegenden Räume auf das Zentrum bezogen werden. Dieser Eindruck wird noch dadurch verstärkt, daß die an den zentralen Kuppelraum seitlich anschließenden Räume gegenüber den anderen ausgebuchtet werden. Alle diese Maßnahmen sprechen für den Wunsch des Architekten, einen reinen Zentralbau zu konstruieren.

4   San Pietro a Maiella

Mit S. Domenico Maggiore, Piazza S. Domenico Maggiore, Cappella Sansevero, S. Maria Maggiore, S. Angelo a Nilo, S. Nicola a Nilo, S. Severino e Sossio, S. Giovanni Maggiore, Palazzo Marigliano, S. Gregorio Armeno

San Pietro a Maiella   Nr. 4

Lage: Die Kirche liegt am westlichen Ende der Via dei Tribunali, nunmehr Via S. Pietro a Maiella genannt.

Geschichte: S. Pietro a Maiella beherbergt den neapolitanischen Coelestiner-orden. Ihr Stifter, der 1313 heiliggesprochene *Pietro Angelari da Murrone*, der am Monte Maiella in den Abruzzen lebte (im Jahre 1294 wurde der 80-jährige von Karl I. als *Papst Coelestin V.* eingesetzt). Im 14. Jh. gründete der königliche Magister Giovanni Pipino von Barletta die Kirche. Im 16. Jh. wurde der Bau nach Westen erweitert. Um 1600 wurde das Hauptportal hinzugefügt. Um 1650 erhielt das Mittelschiff eine Holzdecke. 100 Jahre später wurde die Kirche durch F. Saracino neu dekoriert. Die barocken Teile fielen im späten 19. Jh. einer radikalen Regotisierung zum Opfer, die ihrerseits wieder getilgt wurde. Heute ist man darum bemüht, die verbliebenen gotischen Mauer-strukturen wieder freizulegen.

Außenbau: Die kompakte Würfelform mit dem Campanile an der nordöstlichen Ecke erinnert an die amalfitanischen Kirchen aus dem 13. Jh. Im 19. Jh. wurde die NO-Ecke aus Verkehrsgründen abgerundet.

Innenraum: Querschnitt und Langhaus sind flachgedeckt, während die quadratischen Joche der Seitenschiffe ein Kreuzrippengewölbe aufweisen. Die Chorwand fällt durch die Komposition der Kapellen auf. Ihre Breite und ihre Höhe nehmen zur Mitte hin zu.

Ausstattung: Die bedeutendsten Stücke der Ausstattung sind die Deckenbilder von Mattia Preti (vgl. S. 18). Der Zyklus des Langhauses zeigt Szenen aus dem Leben des hl. Petrus von Maiella: Leserichtung vom Eingang bis zum Chor: ›Reise des Einsiedlers zur Krönung nach Aquila‹ (begleitet von Karl II. und Soldaten); ›Glorie des Heiligen‹; ›Abdankung‹. Die beiden Rechteckfelder zeigen

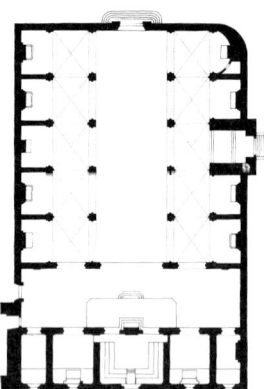

die Ankündigung seiner Papstwahl und Versuchungen in der Einsiedelei. An der Ecke des Querhauses die Geschichte der hl. Katharina von Alexandrien. Rundbilder (von rechts nach links): Disputation mit Gelehrten, Enthauptung, Transport des Leichnams. Die Schmalbilder zeigen ihr Verlöbnis und ihre Gefangenschaft. Die Arbeiten Pretis, in den letzten Jahren seines Aufenthaltes in Neapel entstanden (1658/59), veranschaulichen im flackernden Licht und in den scharfen Farb-kontrasten deutlich den Einfluß der Cara-vaggio-Schule.

Links: Grundriß

Rechts: Deckengemälde von Mattia Preti

Lage: Kurz hinter der Fontana del Nettuno (Piazza G. Bovio) geht vom Corso Umberto I. (Richtung Osten) die Via Mezzocannone ab. Sie führt zur Piazza S. Domenico Maggiore.

Geschichte: Ein seit dem 8. Jh. bezeugtes *Basilianerkloster* ging später in den Besitz der *Benediktiner* und darauf in den der *Dominikaner* über. Diese bauten Mitte des 14. Jh. eine ihrem Ordensgründer geweihte Kirche. Kurze Zeit später ließ Karl I. unmittelbar daneben eine *Magdalenenkirche* errichten, die aber bald den Titel des hl. Dominikus angenommen hat. Nach Erdbeben und Bränden im 15. und 16. Jh. wurde der Bau immer wieder neu errichtet. Erst in den 50er Jahren des 19. Jh. erhielt er vom Architekten Federico Travaglini seine heutiges Aussehen.

Das heterogene Aussehen des Äußeren spiegelt die *wechselvolle Architekturgeschichte* der Kirche wider. In der Vorhalle kann man noch das Portal des Trecento-Baus sehen. Ihm zur Seite zwei Tugendallegorien ›Stärke‹ und ›Glauben‹ darstellend.

Innenraum: Man erkennt noch wichtige Merkmale der angiovinischen Gotik: Die über den Pfeilern sich erhebenden Spitzbogenarkaden der dreischiffigen Basilika, die mit flacher Stirnseite zum Mittelschiff weisenden Pfeiler (rechteckiger Kern) und die von Kapellen begleiteten kreuzrippengewölbten Seitenschiffe. Anstelle der neu gefaßten Holzdecke (1665) dürfte ein offenes Sparrendach das Mittelschiff überspannt haben.

Ausstattung: Die wichtigsten Stücke der Ausstattung sollen in Form eines Rundganges besprochen werden. Dieser beginnt hinter dem westlichen Eingangsportal links: 1.: In der 1. Kapelle (Cappella Muscettola – links vom inneren Eingangsportal) *Luca Giordano* ›Der hl. Joseph‹ (2. Hälfte 17. Jh.), eine seltene und eigenwillige ›Josephs-Ikonographie‹: Christus krönt Joseph mit einer Lilie, im Hintergrund Maria; möglicherweise eine Anspielung auf den Zweifel Josephs, der gemahnt wird, an das göttliche Geschick seiner Frau zu glauben. – 2.: Diese mit kostbaren Marmorinkrustationen von Andrea Malasoma zwischen 1639 und 1647 ausgestaltete Kapelle ist der ›Madonna di Zi'Andrea‹ geweiht (so genannt nach einem Mönch und dem Altarbild). – 3.: Das von Scipione Pulzone geschaffene Altarbild mit einem Martyrium Johannes' d. T. trägt deutliche Züge des florentinischen Manie-

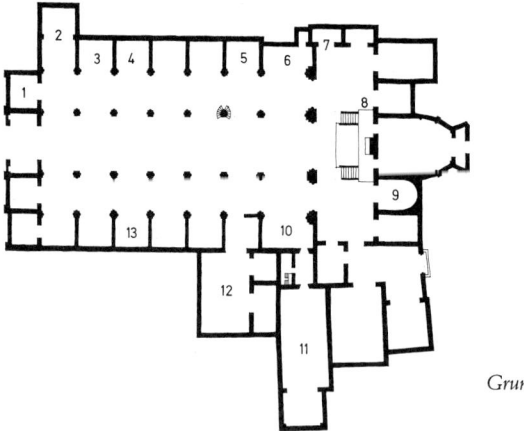

Grundriß

San Domenico Maggiore: Inneres mit Hochaltar und neugotischer Kanzel

rismus (›figura serpentinata‹ und von Michelangelo inspirierte Rückendar-
stellungen); links davon der *Sarkophag des Antonio Carafa* (1438), eine von
Jacobo della Pila vorgenommene Umgestaltung eines Sarges des 14. Jh. –
4.: In der Täuferkapelle eine kleine Madonnenfigur aus dem Umkreis des
Tino da Camaino (über der Nischenfigur des Altars). Links neben dem Altar
das *Grab des Dichters Bernardo Rota* (1509–75) von Giovanni Domenico
D'Auria (1569–71): Der Dichter erhält von den Flußgöttern ›Arno‹ und
›Tiber‹ je einen Lorbeerkranz; darunter trauern die ›Kunst‹ (Leier, Zirkel,
Winkel, Globus) und die ›Natur‹ (Diana von Ephesus = dea della natura). –
5.: Das Altarbild stellt ein Martyrium der hl. Katharina dar, vermutlich von
dem Flamen Mytens Ende des 16. Jh. gemalt. – 6.: Zwei dem Zeitgeschmack
der ›nobilità‹ entsprechende elegante Arbeiten des *Giovanni da Nola* (1536)
auf dem Altar: ›Madonna mit dem Kind‹ sowie ›Johannes d. T. und der
Evangelist Matthäus‹. – 7.: Die ›Verkündigung‹ von Tizian wird zur Zeit
restauriert. Von Tino da Camaino und Gehilfen stammt das Grabmal rechts
oben (1332): Filippo d'Angiò, Fürst von Taranto.   8.: In der Hauptchorkapelle links ein marmorner *Osterleuchter mit neun Tugendallegorien* im Untergeschoß; sie gehören zu den bemerkenswertesten Zeugnissen aus *Tino da
Camainos* Spätstil. – 9.: In der 1. Nebenchorkapelle rechts Deckenfresken
von Giovanni Cosenza, die 1759/60 entstanden sind. An den Wänden bedeutende *Fresken von Luca Giordano:* ›Christus erscheint dem ungläubigen
Thomas‹ und ›Vision des hl. Vincenzo‹. – 10.: Das von Luca Giordano
gemalte Altarbild stellt die Madonna mit dem hl. Thomas dar. An den Wänden Gräber von Nachfolgern Tino da Camainos (Mitte 14. Jh.: Rechts
Johanna von Aquin; links die Grafen von Belcastro, Thomas und Christoph
von Aquin. – 11.: In der Sakristei fällt ein grandioses Deckengemälde von
Francesco Solimena (1709) auf: Das heilige Werk des Dominikanerordens läßt
die katholische Kirche als Repräsentantin des wahren Glaubens über die

Häresie triumphieren. An der Südwand eine ›Verkündigung‹ aus der neapolitanischen Schule des 16. Jh. – 12.: Von hier gelangt man in die Kreuzigungskapelle (Cappellone del Crocifisso). Die Deckenfresken stammen von Michele Regolia aus der 2. Hälfte des 17. Jh. Das Altarbild mit der ›Auferstehung‹ wird dem Deutschen Wenzeslaus Koberger (16. Jh., nicht zu verwechseln mit dem Nürnberger Verleger Antonius Koberger) zugeschrieben. – 13.: Bemerkenswerte Trecentofresken, die Pietro Cavallini aus Rom zugeschrieben werden (1308–1309): An der Rückwand Szenen aus dem Leben des Evang. Johannes und des Ap. Andreas, an der linken Wand das Martyrium des Evang. Johannes und die Kreuzigung. An der rechten Wand: Christus und Magdalena (›Noli me tangere‹).

Piazza San Domenico Maggiore: Wenn man mit dem Rücken zum Chor der Kirche steht, erblickt man rechts den *Palazzo Carafa di Belvedere* (Vico S. Geronimo, 16. Jh.). Der gleichnamige Nachbarpalast ist 1846 neu errichtet worden. Gegenüber der *Palazzo del Balzo* (15. und 16. Jh.). Daneben der *Palazzo di Sangro* (16. und 17. Jh.) mit einer siebenachsigen Fassade (die Untergeschosse zeigen noch die dorisch-korinthische Pilasterordnung des 1. Baus. In der Mitte des Platzes die *Guglia di S. Domenico* (Pestsäule aus dem 18. Jh.) Entwurf von F. A. Picchiatti, Dekoration von D. A. Vaccaro. Links neben der Chorfassade eine Freitreppe (19. Jh.), die zu einem schönen Frührenaissanceportal (1483) führt (Zugang zur alten Dominikanerkirche).

Cappella Sansevero   Nr. 4

Lage: In Richtung der Via Mezzocannone überquert man die Piazza S. Domenico Maggiore und biegt hinter dem Palazzo di Sangro rechts ab in die Via Francesco Sanctis. Zur Linken der Eingang der Kapelle.

Geschichte: Gegen Ende des 16. Jh. hatte die Familie de Sangro im Garten ihres Palastes ein Marienheiligtum errichtet. Wenig später entstand dort eine Grabkapelle. Im 18. Jh. veranlaßte der Mäzen der Familie, der Fürst Sansevero, eine Umgestaltung der Kapelle.

Ausstattung: Der mit 4 Seitenkapellen versehene tonnengewölbte Rechteckraum beherbergt exzentrische und z.T. mystisch-verklärte Arbeiten aus dem 18. Jh.: Das Deckenfresko mit verwirrenden Scheinarchitekturen zeigt eine Heilige, die in einer Wolkenglorie den Heiligen Geist anbetet (Francesco Maria Russo, 1749). Gemäß der barocken Grabmalsmythologie werden bestimmte Eigenschaften der Kardinaltugenden personifiziert (Pfeilerfiguren). Um nur die interessantesten zu nennen: Ein Mann, der sich mit Hilfe eines Genius (Vernunft) aus dem Netz des Irrtums befreit = *Disinganno* (Enttäuschung) von Queirolo. Eine vollständig Verschleierte = *Pudicizia* (Schamhaftigkeit) von A. Corradini. Ein jugendlicher Held, dargestellt als Herkules mit Säule und Löwenfell. Das Sockelrelief zeigt Susanna mit den beiden Alten = *Decoro* (Anstand), ebenfalls von Corradini. Von G. Sammartino stammt der Tote Christus (Terrakottenmodell von Corradini im Museum S. Martino; vgl. Nr. 16). Über den Scheiteln der Kapellenbögen 6 Bildnismedaillons (Kardinäle aus der Familie di Sangro) von F. Queirolo. Von der 3. Kapelle rechts führt ein Gang zum Nebenraum mit dem *Grabmal Raimondos*. Die Trophäensammlung des Rahmens erzählt von seinem Kriegsruhm.

42

Lage: Zwischen der Cappella Sansevero und S. Domenico Maggiore führt eine Gasse hoch zur Via S. Pietro a Maiella.

Geschichte: S. Maria Maggiore ist eine der ältesten Kirchen der Stadt. Sie wurde durch Weisung Papst Johannes' II. um 530 gegründet – so die historischen Quellen. Einer bizarren Legende zufolge soll auf dem Platz, auf dem heute die Kirche steht, ein riesiges schwarzes Schwein in einem Schuttablade- und Müllplatz mit gräßlichem Grunzen gewühlt haben. Die in diesem Viertel wohnenden Neapolitaner vermuteten Teufelswerk und baten den Bischof um Hilfe. Dieser wandte sich an die Madonna, die zum Kirchenbau riet.

Von der Vorgängerkirche ist nichts mehr vorhanden, es sei denn, man erachtet den romanischen Campanile als bauliches Relikt. Dieser dürfte aber frühestens im 11. Jh. entstanden sein. Die heutige Kirche ist ein *Hauptwerk des Architekten Cosimo Fanzago*, der sie zwischen 1653 und 1667 errichtet hat. Im 2. Weltkrieg wurde die Kirche zerstört und befindet sich nunmehr in der letzten Phase des Wiederaufbaus. In der Fassade dominiert das mächtige Portal, das von eng zusammengestellten Pilastern gerahmt wird. Die Kapitelle dürften von Michelangelo inspiriert sein. Da zur Zeit das Kircheninventar noch nicht aufgebaut ist, erhält man einen reinen, ›unverstellten‹ Eindruck von der Architektur. Fanzago hat einen ›gestreckten Zentralbau‹ entwickelt: Die Kuppel ragt steil über den vier zentralen Pfeilern auf. Der eindrucksvolle Innenraum ist maßvoll klassizistisch dekoriert. Als besondere Kostbarkeit fällt der einmalige *Majolikafußboden* auf, der, in großen Teilen schon sichtbar, zur Zeit wiederhergestellt wird.

Die *Cappella Pontano* gegenüber dem Campanile fällt völlig aus dem architekturgeschichtlichen Rahmen Neapels. Die flache Gliederung durch kannelierte Pilaster, die über einem erhöhten Sockel aufsteigen, und die zentrale Tür lassen Stilelemente der florentinischen Frührenaissance erkennen. Der unbekannte Architekt, offensichtlich von der antiken Baukunst begeistert, dürfte aus Mittelitalien stammen. Es war der humanistische Dichter *Giovanni Pontano*, der dieser Kapelle, in dem sein Sarg und der seiner Frau Adriana steht, den Namen gegeben hat.

Sant' Angelo a Nilo   **Nr. 4**

Lage: Am Ende der Via Mezzocannone (vom Corso Umberto I., 100 m nach der Piazza G. Bovio links abgehend), sie mündet in die Piazza S. Domenico Maggiore, steht rechts die Kirche.

Geschichte: Der Name bezieht sich auf die Nil-Statue gegenüber auf dem Largo Corpo di Napoli (vgl. S. 6). Die Stiftung geht auf Rinaldo Brancaccio im

Piazza und Guglia di San Domenico Maggiore

14. Jh. zurück. 1428 war der Bau fertiggestellt. 1725 gestaltete A. Guglielmelli Lichtgaden, Gewölbe und Chorkuppel neu. Auch der Glockenturm rechts der Eingangsfassade wurde aufgestockt.

Baukörper: Die Eingangsfront an der Via Mezzocannone zeigt noch die ursprünglichen gotischen Formen (katalanisch inspiriert). Ansonsten bleibt der Eindruck des neapolitanischen Spätbarock erhalten: Die Längsfront ist in zwei gleich große Geschosse durch ein mehrfach abgestuftes Gesims aufgeteilt. Den unteren Figurennischen und dem Portal entsprechen im zweiten Geschoß Fenster, die

jedoch weitaus differenzierter gerahmt sind. Die Entsprechung der beiden Geschosse ist besonders in der Bauplastik zu beobachten. Dem Tympanon des Portals entspricht eine Kartusche oberhalb des mittleren Fensters. So wie das Portal notwendigerweise die Zone des Baus unterbricht, so ist die obere Fensterrahmung bis auf das Gesims heruntergezogen.

Ausstattung: In der Kapelle rechts neben dem Hochaltar befindet sich *eines der schönsten Grabmonumente Neapels.* Es handelt sich um das des *Kardinals Rinaldo Brancaccio.* 1428, ein Jahr nach dem Tode des Kardinals, war das in der von *Donatello* und *Michelozzo* gemeinsam betriebenen Pisaner Werkstatt gearbeitete Grab fertiggestellt. Der Grundtypus ist der des von Tino da Camaino vorgestellten Baldachingrabes (S.M. Donnaregina, Nr. 1, und S. Chiara, Nr. 5). Die Formensprache ist aber eine andere geworden: Zwei zierliche Kompositsäulen stützen die Front des Baldachins, dessen Rückseite auf Pilastern ruht. Diese und das aus drei Teilen gebildete Horizontalgebälk bewirken die aufgerichtete Proportionierung – das Stilmerkmal der Frührenaissance. Die Personifikationen der Tugenden stellen keine Pfeilerfiguren mehr dar, sie tragen den Sarg mit Hilfe von Stangen. Im Bogenfeld der Totenkammer Maria mit Kind, St. Peter und Michael; im Tympanon die Darstellung des Jüngsten Gerichts (Christus mit offenem Buch, flankiert von zwei Posaunenengeln). Die Zuschreibungsfrage ist schwierig: Die Architektur dürfte von Michelozzo stammen, die Skulpturen nur z.T. von Donatello. Von seiner Hand sind sicherlich der Portraitkopf des Kardinals und das Assunta-Relief an der Stirnseite des Sarkophags. An den übrigen Skulpturen waren vermutlich Michelozzo und der Werkstattgehilfe Pagno di Lapo Portigiani beteiligt.

San Nicola a Nilo   Nr. 4

Lage: Von der Piazza S. Domenico Maggiore wendet man sich nach Westen.
Man gelangt auf der Via S. Biagio dei Librai zur Nil-Statue. Wenige Schritte
weiter auf der linken Seite S. Nicola a Nilo.

Die um 1705 von Giuseppe Lucchesi erbaute Kirche weist eine zweigeschossige Fassade auf, deren Giebelabschluß geschwungen ist. Die zur Seite hin
ausgestellten Säulen flankieren das Portal und die davon ausgehende Treppenanlage, die den Schwung des Giebels wieder aufnimmt und gewissermaßen an ihn weitergibt. Innen fällt ein kreisrunder Zentralraum mit korinthischen Säulen und einer hoch aufragenden Kuppel auf. In den vier Nischen
stehen die vier Evangelisten.

Santi Severino e Sossio   Nr. 4

Lage: Vom Corso Umberto I. biegt man bei der Universität links ab. Am Ende
der Piazza führt eine kleine Gasse (rechts) zur Kirche SS. Marcellino e Festo
(17. Jh.). Eine reizvolle Stiege führt hinauf zu SS. Severino e Sossio.

Ein seit dem 9. Jh. nachweisbares Oratorium wurde im 15. Jh. neu- und ausgebaut. Die Hauptarbeiten stammen aus dem 16. und 17. Jh. (Restaurierungen
von Erdbebenschäden). Die Kirche ist besonders wegen ihrer Ausstattung
sehenswert: Die *Fresken* des Langhauses mit der Geschichte der Titelheiligen
von Francesco de Mura (1740), einem Schüler Solimenas. Die Kuppelfresken
stammen vom Niederländer Paulus Schephen (1566). In den Konventsgebäu-
den (seit 1845 Staatsarchiv) befinden sich zwei Kreuzgänge. Im *Chiostro del
Platano* (15. Jh.) der berühmte *Freskenzyklus von Antonio Solario (lo Zingaro)*
mit der Vita des hl. Benedikt (um 1500).

San Giovanni Maggiore   Nr. 4

Lage: Vom Corso Umberto I. biegt man links in die Via Mezzocannone. Nach
ca. 100 m führen links Treppen hinauf zu S. Giovanni Maggiore.

Der im 6. Jh. gegründete Bau wurde im 17. Jh. restauriert (Lazzari) und nach
dem Einsturz des barocken Gewölbes im 19. Jh. erneuert.

Vom alten Bau sind nur noch der basilikale Plan und die Apsis (leider durch
Chorgestühl und Hochaltar verdeckt) erhalten. Auffallend sind die für das
frühchristliche Neapel typischen *offenen Säulenarkaden.* Zwischen dem zwei-
ten und dritten Pfeiler (links) zwei frühchristliche Schrankenplatten mit
Tiermotiven aus dem 12. Jh. – ausgezeichnete Beispiele für die in dieser
Gegend oft anzutreffenden Ornamente, die sicherlich durch byzantinische
Stoffe vermittelt wurden.

Palazzo Marigliano   Nr. 4

Lage: Wenn man die Via Mezzocannone oder an der Längswand von
SS. Severino e Sossio (Via S. Severino) hinaufgeht, gelangt man in die Via S.
Biagio dei Librai. Die in die Straße hineinragende Fassade des Palastes ist
schon von weitem zu sehen.

Der 1512/13 von Giovanni Donadio (il Marmando) erbaute Palast vermittelt
ein frühes Beispiel für die Baukunst der *neapolitanischen Renaissance.* Basis
und Kranzgesims sind nicht unterbrochen. Zwischen ihnen gliedern Pilaster

mit Komposit- (unten) und korinthischen (oben) Kapitellen die Fassade. Ihr flächiger Eindruck wird durch die Verkröpfung (das Gesims wird um die Pilaster herumgeführt) des Zwischengesimses und die Rahmung der Wandfelder erreicht. An der Rückwand des Hofes (Umbau aus dem 18. Jh.) eine Freitreppe mit anschließender Terrasse und gemalter Doppelsäulenloggia.

San Gregorio Armeno   Nr. 4

Lage: Von der Via S. Biagio dei Librai (Parallelstraße der Via dei Tribunali) geht unweit der Piazza S. Domenico Maggiore die Via S. Ligorio ab – dort die auch *S. Ligorio* genannte Kirche.

Die im 10. Jh. zum ersten Mal erwähnte Kirche wird Ende des 16. Jh. von Giambattista Cavagna neu errichtet. Der über einem gewölbten Straßendurchgang sich erhebende *Campanile* in leuchtend gelben und roten Farben bietet eine typisch neapolitanische Perspektive. Bekannt ist die Kirche durch die Malereien *Luca Giordanos* geworden. Zwischen 1678 und 1679 schuf er einen umfangreichen *Freskenzyklus:* Auf den drei Bildern der Eingangswand schildert er die Klostergründung: Im 8. Jh. landete eine kleine Schar griechischer Nonnen mit dem Schädel des Armenierbischofs Gregor in Neapel. Im Obergaden wird zwischen den Fenstern das Leben des Heiligen erzählt. Im Nonnenchor Szenen aus dem Leben des hl. Benedikt. Giordanos Meisterschaft gibt sich im sublimen Farbenspiel der Landschaftsdarstellungen zu erkennen: Die zarten Töne springen über auf die Personen, die ständig ihrem Gruppengefüge zu entfliehen scheinen. Diese innerhalb kurzer Zeit fertiggestellte Freskenfolge hat sicherlich zur Findung seines Spitznamens ›Luca fa presto‹ (Luca der Schnellmaler) beigetragen.

5   Santa Chiara

Mit Chiostro delle Maioliche, Piazza Monteoliveto, Sant'Anna dei Lombardi, Der neapolitanische Palastbau, Palazzo Penna, Palazzo Gravina, Palazzo Maddaloni, Palazzo Donn'Anna, Palazzo Angri, Palazzo Filomarino, Fontana del Nettuno, Piazza Dante, Gesù Nuovo, Piazza Gesù Nuovo

Santa Chiara   Nr. 5

Lage: Die Via S. Biagio dei Librai (Parallelstraße der Via dei Tribunali) mündet westlich in die Via B. Croce, welche ihrerseits von der Piazza Nuova ausgeht. Dort, gegenüber der Fassade der Kirche Gesù Nuovo der Eingang zu S. Chiara

Geschichte: Robert der Weise von Anjou hat im Jahre 1310 den Grundstein der Kirche gelegt. Ein Neapolitaner, Gagliardo Primario, war der Baumeister. Die dem Corpus Christi geweihte Kirche erhielt den Namen der hl. Klara aus der Übertragung des Ordennamens der Klarissen. Nach dem Erdbeben von 1456 wurde die Kirche im 16. und 17. Jh. restauriert. Im 18. Jh. erneute Bautätigkeiten: Ferdinando Fuga entwarf einen neuen Marmorfußboden. Im 2. Weltkrieg wurde die barocke Ausstattung zerstört, so daß man ihn im gotischen Stil wiederherstellte.

Vorhalle: Vor dem Kirchenportal steht eine dem Schema des römischen Triumphbogens nachempfundene Vorhalle. Der hier zum Ausdruck gebrachte Gedanke der triumphierenden Kirche (ecclesia

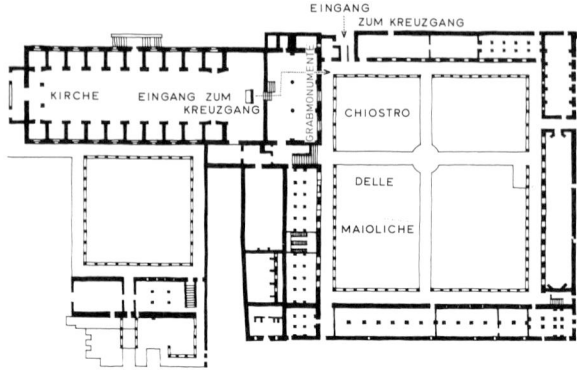

Santa Chiara: Grundriß

triumphans) wird durch die Halbfigur eines segnenden Christus mit dem Erdglobus in der Linken (oberhalb des Tympanons) belegt.

Der hochaufragende und freistehende *Glockenturm* an der NO-Ecke der Fassade zeigt nur noch im Sockelgeschoß das Quaderwerk des 14. Jh. Die oberen Geschosse, wohl während des Erdbebens zusammengestürzt, stammen aus dem Ende des 16. Jh.

Das Innere: Der einschiffige Innenraum, wie eine kahle, kalte Halle wirkend, hat kein Querschiff. Die Seitenwände werden durch je neun Kapellen und lange Zwillingsfenster gegliedert. Das offene Sparrendach (Stahlbeton-Nachbildung) gehörte zum ursprünglichen Plan. Die Strebepfeiler deuten sicherlich nicht auf eine ehemalige Einwölbung, sondern dienen der Verstärkung des dünnwandigen und mit Fenstern durchbrochenen Obergaden. Auffallend ist das Fehlen einer Apsis. Das Langhaus wird durch einen rechteckigen Chor, der Ansätze zu einem Querhaus zeigt, begrenzt. Hier und in Kapellen bemerkt man Drillingsfenster.

Ausstattung: Im Chor, hinter dem Hochaltar, versammeln sich die *Grabmonumente,* die ein umfassendes Studium der angiovinischen Gotik ermöglichen. Im Typus gehen diese Gräber auf Tino da Camaino zurück. An der rechten Chorwand steht das *Grab Karls von Kalabrien* (1332/33). Der Sohn Roberts d. Weisen starb schon 15 Jahre vor dem König auf einer Falkenjagd. Im Konzept ist dieses Grab mit dem der Maria von Ungarn aus S. Maria di Donnaregina zu vergleichen (vgl. S. 30). Die etwas ungewöhnlich wirkende Dachfläche der Totenkammer resultiert aus der Standfläche ehemaliger Figuren (Sitzmadonna mit Heiligen). Der Giebel des Baldachins ist etwas unglücklich restauriert worden. Einzig die unteren Partien sind gut erhalten. Der Sarkophag wird von Löwensäulen getragen, deren

Santa Chiara: Grabmal Karls von Kalabrien

Blattkapitelle mit Männerköpfen versehen sind. Jede Säule ist paarweise mit Tugendallegorien geschmückt: Rechts *Gerechtigkeit* (Waage) und *Stärke* (Schwert); darunter *Mäßigkeit* (Vogel = Sanftmut) und *Klugheit* (Bücher). Links stehen die christlichen Tugenden *Hoffnung* (Blumenstrauß), *Glaube* (Gesetzestafeln), *Liebe* (Kerzen). (Das Fabelwesen dient als Füllsel. Auf der Schauseite des Sarkophags thront Karl als Richter mit Schwert und Zepter). In der Totenkammer beweinen Ordensgeistliche den Toten *(Pleureurs)*.

Unmittelbar daneben das *Grabmal der Maria von Valois*. Die Ornamentierung ist reichhaltiger, und die Formen sind schlanker. In der Totenkammer ist die Tote zwischen den *pleureurs* kaum mehr zu sehen. Auf der Vorderseite des Sarkophags sind eine Verkündigung Mariens sowie Maria von Valois inmitten ihrer Familie dargestellt. Im Unterbau fallen zwei schöne Tugenden (Liebe und Hoffnung) auf.

Das *Grabmal Roberts des Weisen* (im Zentrum des Chores) ist von Tino selbst nicht mehr ausgeführt worden – wohl aber in seinem Stil. Die rauchgeschwärzten Überreste geben nur noch einen unvollständigen Eindruck vom ursprünglichen Grabmal wieder: 4 fünfgeschossige Pfeiler haben ein über 14 m hohes Baldachingehäuse getragen. Komposition und Ausführung der Sarkophagfront muten florentinisch an. Die friesartige Reihung der Figuren – der von seinen Angehörigen umgebene thronende König – macht das deutlich. Die *pleureurs* stellen hier die Sieben Freien Künste dar, ein Motiv, dessen Urheber Petrarca ist. Damit wird Robert, humanistischem Gedankengut entsprechend, als Beschützer und Förderer der Musen angesprochen.

Das *Grabmal der Maria von Durazzo* (an der Chorwand links vom Königsgrab) stammt von einem unbekannten Nachahmer Tinos (Mitte 14. Jh.), was in der Vergröberung der Formen deutlich wird.

Santa Chiara: Chorwand mit Grabmälern

Maria von Durazzo   Robert der Weise   Karl von Kalabrien   Maria von Valois

Chiostro delle Maioliche

Chiostro delle Maioliche   Nr. 5

Der Klosterhof der Klarissen gehört wohl zu den bezauberndsten Denkmälern Neapels (Zugang durch den Chor von S. Chiara oder von der Via S. Chiara nach Durchqueren des barocken Konventsgebäudes). Es handelt sich um einen immergrünen Garten, der durch ein Kreuz gegliedert ist.

Die äußeren Bauteile stammen noch aus der Zeit der Gotik. Sie werden durch 4 Portiken markiert, die von je 16 bzw. 17 Spitzbogenarkaden, deren Pfeiler achteckig sind, gegliedert werden. Als Königin Maria Amalia von Sachsen 1738 nach Neapel kam, veranlaßte sie nach einem Besuch des Klosters die Neugestaltung des Gartens. Zwischen 1739 und 1743 übernahm D.A. Vaccaro die Oberleitung der Arbeiten. Über den Achteckpfeilern erhebt sich eine mit Wein überwucherte Pergola. Die Pilaster und die niedrigen, das Wegekreuz begleitenden Mauerzüge sind mit Majoliken von Capodimonte verkleidet. Sie schildern in anmutiger Weise den neapolitanischen Alltag. Pastorale Szenen wechseln mit mythischen Szenen ab, Karnevalsumzüge mit Meeresbuchten. Der Besucher wähnt sich in einer verzauberten arkadischen Gegend – einem ›paradiso terrestre‹ ganz nach dem Geschmack der Rokokozeit.

Lage: Die Via Roma (Via Toledo) führt, von Süden kommend, auf die Piazza Carità. Von dort geht rechts eine kleine Straße zur Piazza ab.

Am östlichen Ende des Platzes, fast schon an der angrenzenden Via Monteoliveto steht etwas verloren die *Fontana di Monteoliveto.* Der 1668 von Donato Antonio Carafo errichtete Brunnen ist neben dem *Corpo di Napoli* ein für die Neapolitaner besonders beliebtes Denkmal, nicht zuletzt deswegen, weil es von einem zarten Bronzefigürchen bekrönt wird. Es stellt den damals 7-jährigen König Karl II. dar, der, nach dem Tode seines Vaters Philipp IV. (1665), als 4-jähriger die spanische Krone geerbt hat. Wohl deswegen überlebte die Statue den Jabobiner-Sturm von 1799, der viele andere Königsdenkmäler gestürzt hatte.

Sant' Anna dei Lombardi   Nr. 5

Lage: Unmittelbar neben der Fontana di Monteoliveto.

Geschichte: Die Grundsteinlegung fand im Jahre 1411 durch Gurello Origlia, einen Gefolgsmann König Ladislaus' von Anjou-Durazzo, statt. Damit erhielt Neapel eine Niederlassung des in Siena beheimateten Olivetanerordens. 300 Jahre später übernahm die Bruderschaft der Lombarden die Kirche.

Innenraum: Die Renaissancekirche ist kaum noch als solche zu erkennen. Nach einer vorgelagerten Eingangshalle (an den Seitenkapellen Frührenaissanceornamente) betritt man den Innenraum und wird von einer eigenartigen Mischung aus barockem Dekor und z. T. noch strenger Quattrocentro-Architektur überrascht.

Die *Ausstattung* besteht aus einer so großen Anzahl bedeutender Stücke, daß der sakrale Charakter dem musealen gewichen ist. *S. Anna dei Lombardi darf wohl als intimstes und schönstes Museum Neapels gelten* – schon weil es eine Kirche ist und niemals von Besucherströmen durchzogen wird.

Rundgang (vgl. Grundriß): In der Vorhalle rechts vom Eingang steht das *Grabmal des Architekten Domenico Fontana* (1; 1543–1607). In der Inschrift (1627 von seinen Söhnen verfaßt) wird auf die famose Tat Fontanas aufmerksam gemacht: Er stellte die römischen Obelisken wieder auf. – Die *Türflügel (2)* zeigen besonders kostbare Hochrenaissance-Schnitzereien von Fra Giovanni da Verona (1510). – An der inneren Eingangswand befinden sich zwei Marienaltäre aus dem 16. Jh. Sie veranschaulichen den in Neapel bevorzugten Typus des *vollplastischen Wandaltars:* Der linke (3) von Girolamo Santacroce (1524) zeigt Einflüsse von Benedetto da Maiano. Andererseits erinnert das Triumphbogenschema an die Grabmäler Sansovinos in Rom (S. M. del Popolo). Der recht Altar (4) stammt von Giovanni da Nola (1532). Es handelt sich wahrscheinlich um ein Konkurrenzstück zu dem von Santacroce, dessen Kunstfertigkeit Nola allerdings nicht erreicht hat.

Cappella Piccolomini (5): Kreuzigungsdarstellung von Giulio Mazzoni aus Piacenza (Meister der Stuckdekorationen vom Palazzo Spada in Rom). – Triptychon (6) mit einer ›Himmelfahrt Christi‹ (hll. Sebastian und Nikolaus von Bari) von Quartaro (um 1499). – Ein hervorragender Altar (7) des Florentiners Antonio Rossellino (um 1470). – Grabmal der Maria von Aragon (8) aus der Schule Rossellinos (1497). – Ein Nachahmer Piero della Francescas hat in der Lünette der rechten Seitenwand ein Verkündigungsfresko (9) gemalt. – Von Fabrizio Santafede stammt ein Altarbild (10), das die Madonna mit Engeln, den hl. Benedikt und Thomas von Aquin darstellt. – An der linken Wand der 3. Seitenkapelle (unten) ein Hochrelief (11) mit der Geißelung Christi (1576) und gegenüber das Grabmal des Garzia Gabanilla von Jacopo della Pila (12; 1470). – Am Altar (13) eine Gnadenmadonna von Paolo De Matteis. – In der folgenden Kapelle (14) 2 Bilder von Andrea Malinconico (Pest in Siena). – Von Girolamo Santacroce oder von einem seiner Schüler stammt der marmorne Wandaltar (15). – Auf den Seitenwänden der letzten Langhauskapelle (links) Fresken (16) mit illusionistischen Architekturen und Heiligen. – In einer Nebenchorkapelle rechts (17) Deckenfresken aus dem frühen 15. Jh. – In der *Cappella Mastrogiudice (18)* ein Verkündigungsaltar von Benedetto da Maiano (1498). – In der 3. Kapelle rechts (19) Deckenfresken von Malinconico. – Der barocke Hochaltar (20) enthält Fragmente eines Marmoraltars von Giovanni da Nola. – Gegenüber die *Sagrestia Vecchia (21)* mit Gewölbefresken von Vasari. Die Sakristeischränke stammen vom Olivetanermönch Fra Giovanni da Verona (um 1500). – In der *Cappella*

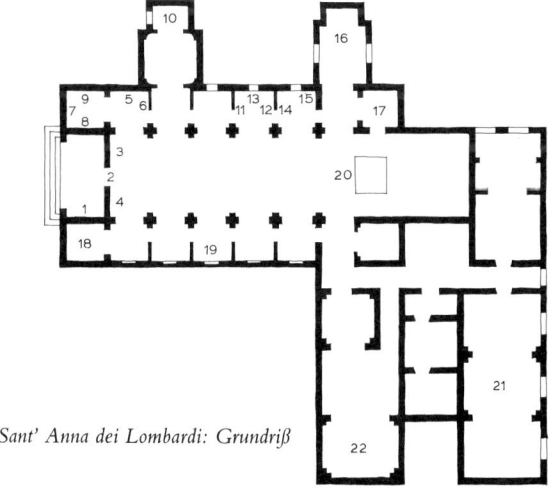

Sant' Anna dei Lombardi: Grundriß

Sant' Anna dei Lombardi: ›Beweinung Christi‹ von Guido Mazzoni

della Pietà (22) 8 lebensgroße Tonfiguren einer ›Beweinung Christi‹.
Sie sind eines der Hauptwerke Guido Mazzonis aus Modena. Er kam
1489 nach Neapel und schuf drei Jahre später im Auftrag König
Alfons II. diese seltsame Gruppe.

Der neapolitanische Palastbau

Das Konzept zum mittelalterlichen Palast hat die katalanisch-
gotische Profanbaukunst geliefert. Die häufig fensterlose Front
ist mit einem zurückhaltend bearbeiteten Quaderwerk versehen
(Palazzo Penna). Im Verlauf vom 15. zum 16. Jh. galt der römische
Palast als eindeutige Inspirationsquelle. Hervorzuheben wäre die
vielachsige Fassade in der Manier des Bramante. Er entwickelte in
Rom ein Zwei-Geschoß-System: Ein ›Piano nobile‹ mit Pilasterordnung ragt über einem Sockelgeschoß mit Rustikaquadern auf. Im
16. Jh. wurde dieses Konzept in Neapel eingeführt *(Palazzo Gravina).* Wie überall in Italien werden die Palastfassaden im 17. Jh. mit
Dekor überladen. Dieser manieristisch zu nennende Palastbau ist
auch in Neapel anzutreffen *(Palazzo Maddaloni).* Die Illusionskunst
des Barock versucht ebenfalls die Landschaft in das architektonische Konzept eines Palastes einzubeziehen. Der frei am Meeres-
strand liegende Villenpalast *(Palazzo Donn'Anna)* war eine Spezialität der Neapolitaner. Er taucht in der utopischen Landschaftsmalerei
(Lorrain, Poussin, Rosa) häufig auf. Vanvitelli (vgl. S. 33) hat den

Typus des klassizistischen Palastes in Neapel begründet. Die Fassade, durch eine dorische und/oder ionische Pilasterordnung gegliedert, ist nüchtern und kommt jetzt ohne Schmuck aus. Lediglich Segment- oder Dreiecksgiebel zieren die Fenster *(Palazzo Angri).*

Palazzo Penna   Nr. 5

Lage: Von der Piazza G. Bovio zweigt die Via G. Sanfelice westlich ab. Nach 100 m rechts in die Via Monteoliveto und gleich darauf wieder rechts in die Via S. M. la Nova, an deren Ende zur linken Hand der Palast steht.

Der von *Antonio Penna,* einem kaiserlichen Verwaltungsbeamten, im Jahre 1406 gegründete Palast befindet sich in keinem guten Zustand. Auf die katalanisch-gotische Profanbaukunst weisen die fensterlose Fassade, das Konsolengesims mit Dreipaßbögen und das rechteckige Rahmenprofil des Portals. Im Vestibül kann man noch Fragmente des Kreuzrippengewölbes erkennen. Es folgt der Hof, der im 16. Jh. umgestaltet worden ist. Rechts führen ein paar Stufen zum Westflügel. Hier kann man noch Teile vom alten Bau sehen: Der rundbogige Portikus mit Rechteckpfeilern, eine Holzdecke und profilierte Türrahmen.

Palazzo Gravina   Nr. 5

Lage: Gegenüber S. Anna dei Lombardi in der Via Monteoliveto.

Der Palast wurde zwischen 1513 und 1549 für *Ferdinando Orsini, Duca di Gravina,* gebaut. Im 18. Jh. nahm Gioffredo eine umfangreiche Restaurierung vor. 100 Jahre später wurde er stark verändert und im 20. Jh. wieder in den alten Zustand versetzt.

Die Fassade weist neun Achsen auf. Das römische Zwei-Geschoß-System wurde im 19. Jh. stark verändert: Ein Mittelbalkon wurde angemauert sowie zwei weitere Obergeschosse aufgesetzt, um ›neapolitanische‹ Porportionen zu erreichen.

Der quadratische Hof ist von Pfeilerportiken umstellt. In den Zwickeln der Bogen sind Tondi mit Bildnissen der Familie Orsini angebracht. Im Obergeschoß der Eingangswand Muschelnischen (Aufstellung von Statuen).

Palazzo Penna: Fassade   *Palazzo Gravina: Fassade*

Palazzo Donn'Anna: Ansicht aus dem 15. Jh. nach einem Stich von Fanzago

Palazzo Donn'Anna   Nr. 5

Lage: Zwischen der Mergellina und dem Kap des Vorgebirges an der Via Posillipo (vgl. Plan vorne innen). Den besten Anblick erhält man von den unmittelbar vorgelagerten Badeanstalten.

Die Baugeschichte geht bis ins 16. Jh. zurück. Damals errichtete die Familie *Bonifacio* eine Villa. Diese ging im 17. Jh. an die *Carafa di Stigliano* über. 1642 wurde der Bau abgerissen. Mit mehreren hundert Arbeitern begann Cosimo Fanzago mit der Arbeit an dem neuen Palast. Zwei Jahre später, nach dem Zerfall der Familie, wurden die Arbeiten abgebrochen, der Palast ausgeplündert und schließlich durch das Erdbeben von 1688 zerstört. Die Ruine wurde im 19. Jh. wieder hergerichtet, so daß sie die Funktion als Mietshaus für gehobene Ansprüche bis heute erhalten konnte. Das Volk hat dem Palast seinen Namen gegeben. In seinen Ruinen sah es den Geist der skandalumwitterten Königin *Johanna I. von Anjou (Dognanna)* umgehen.

Im Zentrum von Fanzagos Bau öffnen sich jeweils dreibogige Pfeilerloggien. Die Palastecken sind abgeschrägt, um Raum für offene Nischen zu gewähren.

Darüber erheben sich Aussichtsterrassen. Diese Ecknischen waren schon von Vignola in Piacenza (Hof des Farnese-Palastes) vorgebildet. Man konnte den Palast vom Ufer (eigens angelegte Straße) und von der höher liegenden Küstenstraße her betreten. Dieser Zugang führte in einen Hof, der in die seewärts geöffneten Loggien überging.

Der Palast gab oft den Hintergrund für romantische Motive in der Malerei ab. Man entdeckt ihn in abgewandelter Form wieder in

Palazzo Donn'Anna: 1642–1644 von Cosimo Fanzago errichtet. Der Grundriß verdeutlicht, daß der Palazzo zwischen Gebirge (Posillip) und Meer (Golf) vermitteln sollte: Von der Zufahrt konnte man durch einen Portikus direkt auf den Golf sehen.

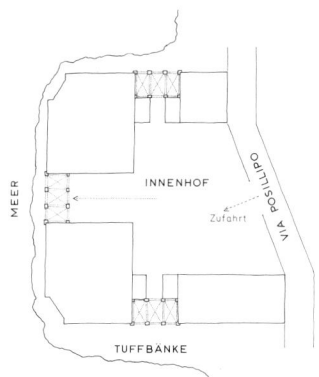

vielen Bildern Claude Lorrains (am deutlichsten im ›Hafen von Ostia mit der Einschiffung Pauli‹, Madrid, Prado, 1639) oder von Karl Blechens ›Mönch in der Felsengrotte‹.

Man sollte nicht versäumen, die Höhen des *Posillipo* von hier aus zu ersteigen. Gegenüber der Palazzo-Einfahrt führt eine kleine Straße serpentinenartig an Villen und kleineren Stadtpalästen vorbei hinauf zur Via F. Petrarca. Auf diesem Weg kann man immer wieder Ausblicke auf den Golf und hinüber nach Capri und den Vesuv genießen. Was vielleicht noch interessanter ist: Der Palazzo Donn'Anna bietet sich von hier oben ›grundrißmäßig‹ dar, so daß sich Fanzagos geniale Bauproportionen bestens einschätzen lassen. Von der Via F. Petrarca gelangt man in die Via Orazio und von dort hinunter zur Mergellina sowie zur Porta Sannazzaro.

Palazzo Maddaloni   Nr. 5

Lage: Im Dreieck, das von der Via Roma und der Via S. Anna dei Lombardi gebildet wird (hinter dem Palazzo Angri).

Der Palast wurde von Cos. Fanzago im 17. Jh. für den Herzog von *Maddaloni Diomede Carafa* gebaut. Ein erster Bau datiert vom Ende des 16. Jh.

Die Fassade ist aufgelöst in vor- und zurückspringende Elemente, teils Dekor, teils Architektur: Balkone mit konvexen Gittern wechseln mit reich verzierten Fensterrahmen. Der gebrochene Segmentgiebel quillt über von Muschel- und Rahmenwerk. Im Hof eine interessante Treppenanlage.

Palazzo Angri   Nr. 5

Lage: Zwischen Via Roma und Via S. Anna dei Lombardi, vor Maddaloni.

Luigi Vanvitelli (vgl. S. 133) hat den Plan zu dem von *Marcantonio Doria, Principe d'Angri,* in Auftrag gegebenen Palast entworfen. 1755 war der Bau fertiggestellt. 1860 proklamierte *Garibaldi* vom Balkon die *Vereinigung Siziliens und Süditaliens mit dem neuen Königreich.*

Den besten Eindruck erhält man von der Schmalseite, deren Front reich, aber schlicht gegliedert ist. Die über dem rundbogigen Eingang verlaufende Fassade entspricht dem Abschluß, der mit Figuren bekrönt wurde. Über dem 2. Geschoß verläuft ein sehr wenig gegliedertes Gesims mit zentralem Segmentgiebel; darunter eine Kartusche, deren obere Bekrönung (Adler und Krone) bis zum Fassadenabschluß reicht. Mit diesem Konzept hat Van-

| *Palazzo Maddaloni: Portal* | *Palazzo Angri: Fassade* |

vitelli den Typus des neapolitanischen Stadtpalastes des 18. Jh. vorgegeben. Die Seitenfronten sind noch zurückhaltender gestaltet. Allerdings fallen hier die in der Hauptfassade fehlenden Rustikaquader ins Auge. Für Belebung sorgt einzig der traditionelle Wechsel von Segment und Dreiecksgiebel.

Palazzo Filomarino   Nr. 5

Lage: Via G. B. Croce/Ecke Via S. Sebastiano.

Dieser mächtige Stadtpalast wurde bereits im 14. Jh. von den Brancaccio gegründet. Aus dieser Zeit stammen noch zwei Bögen im Treppenhaus. Zwischen 1512 und 1530 wurde der Palast von Giovanni Francesco di Palma umgebaut und erweitert. Im Hof ist die Renaissance-Architektur in der maßvollen Wandgliederung durch Bogenläufe und Viereckpfeiler mit gerahmten Rechteckpfeilern noch sehr gut erhalten. Im Untergeschoß ein eingezogenes Mezzanin. Eine durchgreifende Veränderung erfuhr das Portal im 18. Jh. durch Sanfelice: Er schuf eine riesige Tonne, die sich oberhalb des 1. Geschosses hochwölbte. Der Ansatzpunkt wird durch zwei mächtige ionische Kapitelle markiert. Die Außenfront dieses monumentalen Portals ist durch Rustikaquadern gestaltet (in der Laibung Diamantquader). Im Torsturz eine Groteskmaske. – In diesem Palast wirkte der große neapolitanische Philosoph und Historiker *Benedetto Croce* (18866–1952) 1917 gründete er das ›Istituto Italiano per gli Studi Storici‹.

Fontana del Nettuno   Nr. 5

Ursprünglich stand der Brunnen am Hafen, dann vor dem Palazzo Reale, später in der Nähe des Castel dell'Ovo und schließlich in der Via Media. Nach fast 300-jährigem Umherirren (er entstand um 1600) wurde er nach einer Straßenregulierung auf die Piazza G.

Bovio gestellt. Die Hand des künstlerischen Entwurfes ist unbekannt. Die Bildhauerarbeiten sollen von den Toskanern Naccherino und Pietro Bernini stammen. Als Architekt war Domenico Fontana beteiligt.

Der Typus der *Fontana isolata* (Brunnen auf einer Insel) stammt aus der toskanischen Gartenkunst des 16. Jh. Bei genauerer Betrachtung fällt die wechselnde Grundrißform der ›Inselebenen‹ auf.

Die vier von paarweise angeordneten Meerestieren bewachten Wappen des spanischen Königs Philipp IV. stammen von Fanzago, der zwischen 1634 und 1639 mit umfangreichen Restaurierungsarbeiten betraut war.

Piazza Dante   Nr. 5

Lage: Der Via Roma in nördlicher Richtung folgend, gelangt man auf der Höhe der Via dei Tribunali auf die Piazza Dante.

Im Zuge der monumentalen Umgestaltung der Stadt wollte man am Toledo (damals: Largo del Mercatello, heute Via Roma) einen riesigen Platz schaffen. Ein längerfristig ausgearbeitetes Bauprogramm lag wahrscheinlich nicht vor, sonst hätte man nicht nur den östlichen Teil des Straßenzuges erfaßt. Darauf deutet auch die Stellung der Port'Alba, ein an der NO-Ecke stehendes Stadttor aus dem 17. Jh. Es hat bei der Planung wohl keine Rolle gespielt, da es unorganisch ohne Verbindung mit dem Straßennetz übernommen wurde.

Piazza Dante um die Jahrhundertwende

59

Vanvitellis Plan geht aus von einer weitgeschwungenen *Exedra* (Raum, der nach einer Seite hin offen ist). Wie die Zeichnung zeigt, ist das Zentrum durch einen erhöhten Mittelrisalit betont. In ihm öffnet sich eine geräumige Nische. Davor sollte auf höherem Sockel ein Reiterbild des Königs stehen. Die Revolution von 1799 verhinderte dieses. Das *Dante-Denkmal* wurde 1872 errichtet. Ebenfalls aus dieser Zeit stammt der etwas zu massig wirkende *Glockenturm.*

Gesù Nuovo   Nr. 5

Lage: Von der Via Roma über die Piazza Carità rechts abbiegend zur Piazza Monteoliveto, in deren Verlängerung man hinauf zur Piazza Gesù Nuovo gelangt.

Geschichte: Diese auch *Trinità Maggiore* genannte ehemalige Jesuitenkirche (1767 wurden die Jesuiten aus Neapel vertrieben) ist heute Franziskanerkirche. Ca. 100 Jahre vor der Grundsteinlegung der Kirche (1584) stand an ihrer Stelle der Palazzo Sanseverino (daher die ungewöhnliche, nur einem Palazzo angemessene Diamantquaderung der Fassade). Den Bauplan zur Kirche entwarf Giuseppe Valeriani (1542–1595). Nach Brandschäden aus dem 17. Jh. entwarf Cos. Fanzago die neue Innenausstattung.

Das *Innere* darf wohl als langgezogener Zentralbau aufgefaßt werden, da das Längsschiff nur um 1 Joch länger ist als die Querarme. Doch dominiert zweifellos der Eindruck einer zentralen Kreuzkuppelkirche mit frei stehenden Vierungspfeilern.

Ausstattung: Die innere Eingangswand zeigt eine der berühmtesten Fresken Neapels: ›Die Vertreibung des Heliodor‹ von Solimena (1725. – Makkabäer, Kap. 3: Der Syrer Heliodor will den Tempelschatz aus Jerusalem abtransportieren lassen. Drei Engel verhindern dies). Für dieses Fresko sind zwei Vorbilder maßgeblich: Raffaels gleichnamiges Fresko im Vatikan (direkt übernommen: der am Boden liegende Heliodor) und Luca Giordanos ›Vertreibung Heliodors aus dem Tempel‹ (S. Filippo Neri; vgl. S. 26).

An den Zwickeln des Kuppelringes 4 Evangelisten von Lanfranco. An der 2. Seitenkapelle rechts ›Heimsuchung Mariens‹ von Stanzione (1656).

Piazza Gesù Nuovo   Nr. 5

Der Platz wird von der großen *Mariensäule* beherrscht. Sie wurde von Giuseppe Genuino zwischen 1741 und 1750 errichtet. Die 34 m hohe Säule wird von einer vergoldeten Mondsichelmadonna bekrönt. Zwischen den wuchernden Ornamenten Reliefs mit Marienszenen: Geburt, Verkündigung, Darstellung im Tempel und Krönung.

Piazza del Gesù Nuovo mit der Guglia dell'Immacolata

6 Das Treppenhaus des Barock

Palazzo di Maio · Palazzo dello Spagnuolo · Palazzo Sanfelice

Das neapolitanische Treppenhaus des Barock, eine Spezialität dieser Stadt, ist schon im 15. Jh. vorgeprägt: Durch ein großes Portal mit überwölbtem Durchgang (Androne) gelangt man in den Innenhof, von wo eine Treppe ins Obergeschoß führt und in einen Arkadengang mündet, der meistens auf eine Hofseite beschränkt bleibt. Die Palastfassade ist also gewissermaßen nach innen verlegt – ein sinnvolles Konzept angesichts der Fülle und Enge der Straßen. Im 16. Jh. variieren die Möglichkeiten. Zunächst führt von einer Drei-Bogen-Anlage im Hof eine beiderseits ansteigende Treppe. Daraus entwickelt sich schließlich die in Neapel am häufigsten anzutreffende Anlage: ein offenes Treppenhaus in dem dem Androne gegenüberliegenden Bauflügel oder in einem Seitenflügel des Innenhofes.

Sanfelices Treppenhäuser gehören zu den interessantesten in Neapel. Er variiert diese drei Typen und gelangt zu überraschenden Lösungen. Dabei geht es ihm immer darum, die Grenze zwischen Innen- und Außenraum zu verwischen. Dafür ist die Wendeltreppe (Typus 1 im Palazzo di Maio) die geeignete Grundform, da sie den Blick nach innen (Treppenhausschacht) und nach außen (Hof) ermöglicht. Im Palazzo Sanfelice und im Palazzo dello

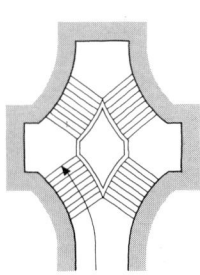 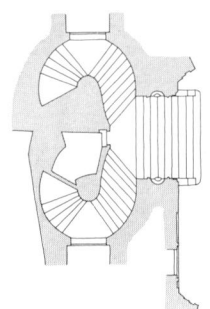 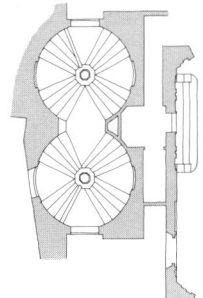

Palazzo di Maio
Treppen-Typus 1

Palazzo dello Spagnuolo
Treppen-Typus 2

Palazzo Sanfelice
Treppen-Typus 3

Spagnuolo stellt er zwei verspielte Modifikationen vor: Die *doppelte Wendeltreppe* und die *Zwillingsspirale* (Typus 2 und 3 Palazzo Sanfelice/Palazzo dello Spagnuolo). Diese Treppenlabyrinthe erhalten ihren architektonischen oder besser sozialen Sinn durch die kommunikative Funktion. Von jeder Wohneinheit öffnet sich ein Bereich, der mit dem Hof und mit jedem Geschoß des Palastes in direkter Verbindung steht – eine ideale Bühne für die Komödien Goldonis.

Palazzo di Maio   Nr. 6

Lage: Nördlich der Piazza Dante verläuft (in Verlängerung der Via Roma) die Via Enrico Pessina. Beim Archäologischen Nationalmuseum mündet sie in die Via S. Teresa. Bald hinter der Kirche S. Teresa geht rechts ein kleiner Weg ab, der zur ›Discesa della Sanità‹ führt. Der Palast trägt die Nr. 68.

Ferdinando Sanfelice (1675–1750), Schüler von Cosimo Fanzago, baute diesen Palast in der 1. Hälfte des 18. Jh. Hinter dem höchst sonderbaren Bau öffnet sich ein Innenhof. Links vom Vestibül gelangt man zur offenen Wendeltreppe. Sie erhebt sich über einem rautenähnlichen Grundriß mit ausgebuchteten Seiten und abgeplatteten Ecken. Wenn man von unten hinaufblickt, bemerkt man, wie die Gewölbeschalen, fächerförmig ineinandergreifend, sich gegenseitig abstützen. So brauchte Sanfelice keinen Mittelpfeiler zu konstruieren, der viel von der lichten Wirkung genommen hätte.

Sanfelice kam ganz ohne Dekor aus. Die hell verputzten Wandflächen werden lediglich durch ein dunkles Band gerahmt. Es scheint, daß er dem durch die großen Fenster einfallenden Sonnenlicht die ›schmückenden Effekte‹ überließ. Auch die Eisengeländer und die Treppenläufe sprechen die nüchterne Sprache des Klassizismus.

Abbildung links: Palazzo di Maio, Aufriß des Treppenhauses. Die einheitlich verputzten Wandflächen ragen vom Treppenfuß bis zum Scheitel des Gewölbes hoch: Wand und Wohnung sind nicht – wie noch im Vestibül – voneinander abgesetzt.

*Palazzo di Maio
Treppenhaus*

*Palazzo dello Spagnuolo
Treppenhaus*

Palazzo dello Spagnuolo   Nr. 6

Lage: Vom Bahnhof kommend, überquert man die Piazza Garibaldi und gelangt in die Via A. Poerio, die in die Via Carbonara mündet. Diese stößt nach S. Giovanni a Carbonara auf die Via Foria. Nach ca. 200 m entdeckt man links die kleine Porta San Gennaro. Gegenüber führt eine kleine Gasse zur Via Vergini. Dort steht als Nr. 20 der Palast.

Der Palazzo Spagnuolo gilt als der *schönste Wohnpalast Sanfelices.* Hinter der siebenachsigen Fassade mit fünf Geschossen, die, rot und grau verputzt, von Rokoko-Ornamenten überwuchert wird, befindet sich der Innenhof mit dem Treppenhaus. Dieses, als fünffachsige Loggienwand gestaltet, nimmt die gesamte Rückfront ein. Der Typus der Treppenführung entspricht genau dem des nahe gelegenen Palazzo Sanfelice. In Erinnerung an die Lichtspielereien im Treppenhaus des Palazzo di Maio, sollte man sich Ähnliches hier nicht entgehen lassen. Am günstigsten wirkt das Licht der frühen Nachmit-tagsstunden. Der noch in Resten erhaltene farbige Anstrich in Weiß, Blau und Orange leuchtet brillant auf.

Palazzo Sanfelice   Nr. 6

Lage: An der Hauptfront des Archäologischen Nationalmuseums führt die Piazza Cavour entlang, die an der Porta S. Gennaro in die Via Foria übergeht. Gegenüber der Porta führt eine kleine Gasse zur Via Vergini, an deren Ende die Via Arena della Sanità links abgeht. Dort steht der Palazzo Sanfelice.

Im Jahre 1728 errichtete sich der *Architekt Ferdinando Sanfelice* für seine Familie diesen Palast. Der sich heute in heillosem Zustand präsentierende Bau – er steht in einem düsteren Armenquartier der Stadt – galt damals als einer der mächtigsten. Sanfelice hat ihn zum Zeichen seines Wohlstandes und als Auszeichnung seines Künstler-tums gebaut. 8 Fensterachsen, 3 Risalite (hervortretender Gebäude-teil) und zwei mit Diamantquadern geschmückte Portale sind als Bedeutungträger dieses Anliegens zu verstehen – noch ›wörtlich‹ zum Ausdruck gebracht durch eine ›Fama‹ (den Ruhm des Künstlers verkündend) am Gewölbe unter dem rechten Portal.

Dieses Portal führt in den Haupthof, dessen Rückwand gegen das *Treppenhaus – das bedeutendste in Neapel –* geöffnet ist. Das linke Por-tal führt zum Nachbarpalast, dem wir uns später zuwenden.

Das Treppenhaus zählt drei Stockwerke. Zwei serpentinenartig angeordnete Treppenläufe treffen sich in jedem Stockwerk in einem Mitteltrakt, der, entsprechend der Steigung, etwas höher als die Sei-

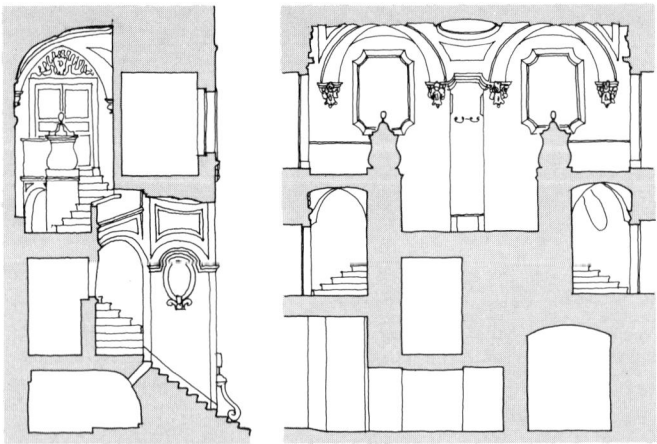

Schnitt des Treppenhauses

Palazzo Sanfelice: Treppenhaus

tentrakte liegt. Dort, auf den Geschoßebenen der niedrigeren Seiten-
trakte befinden sich die Zugänge zu den Wohnungen. So besteht das
Treppenhaus also aus 5 Teilen, die von außen ablesbar sind: Die beiden äußeren, um eine halbe Geschoßhöhe niedrigeren Trakte mit
schmalen Arkaden und die ihn flankierenden, zur Mitte hin aufsteigenden Treppentrakte mit verformten Parallelogrammfenstern.

Einfache, niedrige Rundbögen gliedern die Stirnseite des Treppenhauses. Zwei über Eck gestellte flache Pilaster, fast schon als Blend-
streifen verarbeitet, rahmen die Bögen. Gleichzeitig betonen sie die
kartuschenartigen seitlichen Öffnungen. Die Bausprache Sanfelices
wird an diesem Detail besonders deutlich: Einerseits bezieht er noch
traditionelle Baugedanken wie ›Treppensignale‹ und ›Kartusche‹
mit in sein Konzept ein, andererseits pflegt er den nüchternen Klassizismus in der Vermeidung überflüssiger Detailgliederung.

Der allseitig geschlossene Hof des Nachbarpalastes (Zugang durch
das linke Portal) vermittelt einen intimeren Eindruck. Der um ein
Geschoß niedriger gehaltene Flügel weist einen noch schwerer zu
durchschauenden Treppenbauplan auf: Zwischen Voluten gelangt
man auf den ersten Treppenabsatz. Dort teilt sich die Treppe, die nun
zweifach in die Höhe zirkuliert und sich auf jedem Stockwerk wieder vereint, um erneut auseinanderzustreben. Die Wohnungen
gehen wieder von den seitlichen Geschoßebenen ab.

7 Palazzo De Sinno

Mit Galleria Umberto, Santa Brigida, Castel Nuovo, Teatro San Carlo

Palazzo De Sinno   Nr. 7

Lage: Von der Piazza del Plebiscito (gegenüber dem Palazzo Reale) führt
nördlich die Via Roma hinauf in die Altstadt. Gegenüber der Funicolare Centrale der Palazzo De Sinno.

Der aus dem 18. Jh. stammende Wohnpalast, dessen zurückhaltend gestaltete
Fassade den Stil Fugas erkennen läßt, besitzt ein *Treppenhaus mit labyrinthi-
schen Gängen.* Wenn man die kahle und durch einen Aufzug entstellte Rückwand durch einen Torweg betritt, wird der Schritt nach links gelenkt, obwohl
man das Treppenhaus über sich wähnt. Man steht nun in einem ellipsenför-
migen dunklen Aufgang, der einen nach wenigen Stufen in ein anderes hel-
leres Treppenhaus führt. Unter sich sieht man den Zugang im Hof und
über sich Kaskaden von ein- und ausschwingenden Geländern und Wänden.
Die Willkür der Treppenführung, die bewußte Asymmetrie, verwirrt zwar
den Besucher, doch führt sie ihn, da nur ein Weg möglich ist, zur gewünsch-
ten Wohnungstür und zurück.

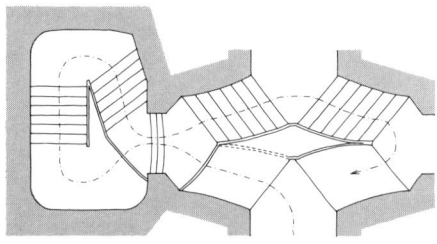

Grundriß des Treppenhauses: Wie bei Sanfelices Palazzo di Maio (S. 62, Typus 1) erhebt sich der rechte Treppenhaustrakt über einer Rautenform. Ein
Mittelpfosten fehlt ebenfalls; die Halbgewölbe stützen sich selbst.

Galleria Umberto I.   Nr. 7

Lage: Auf der Piazza del Plebiscito stehend und links am Palazzo Reale vorbei
zum Teatro San Carlo blickend, erkennt man gegenüber die gläserne Kuppel
der Galerie. *Zugänge:* Gegenüber dem Theater und von der Via Roma aus
(schräg gegenüber der Stazione Funicolare).

Die zwischen den Jahren 1887 und 1890 kreuzförmig angelegte Galleria
Umberto I. vertritt den Bautypus der *Passage.* Zurückgehend auf die Festgale-
rien im Schloßbau der Renaissance, taucht die Passage als eigenständiger
Typus nur im 19. Jh. auf. Es handelt sich dabei um einen überdeckten Durchgang zwischen oder durch Höfe und Häuser, die mit Läden und Cafés ausgestattet sind. Neapels Galleria zählt neben jenen von Rom, Mailand, Brüssel,
Den Haag und London zu den schönsten: Eine gewaltige Eisengitterkon-
struktion erhebt sich über den inneren Neo-Renaissance-Fassaden, die an den
Stirnseiten durch Triumphbogen mit schlanken Arkaturen abgeschlossen
werden.

Lage: Von der Piazza del Plebiscito geht nördlich die Via Roma ab. Kurz hinter der Galleria Umberto die Kirche Santa Brigida.

Geschichte: Brigitte von Schweden (1303–1373, 1392 von Bonifaz IX. heiliggesprochen), viele Jahre Armen- und Krankenpflegerin in Neapel, ist die Titelheilige. In der Mitte des 17. Jh. wurde der Grundstein zur heutigen Kirche gelegt, die über verschiedene Bauphasen erst 1826 vollendet wurde.

Ausstattung: S. Brigida ist die *Grabkirche Luca Giordanos;* seine Arbeiten dominieren in der Ausstattung, so daß der Besucher der Kirche sich vorwiegend auf diese konzentriert.

In den jeweils ersten Kapellen der Langhausseiten (links und rechts) hängen eine ›Hl. Anna‹ und ein ›Hl. Philippus, Maria anbetend‹. Die ›Hl. Anna‹ zeigt noch deutliche Spuren eines Romaufenthaltes (Studium Pietro da Cortonas). Bedeutung und Wirkung Giordanos in Neapel wird deutlich in einem Vergleich seiner Werke mit einer Arbeit seines Schülers Franceschitto (2. Kapelle rechts: ›Hl. Joseph‹). Da die Vierungskuppel aus militärischen Gründen (sie lag im Bereich der Kanonenkugeln von Castel Nuovo) niedrig gehalten werden mußte, fiel Luca die Aufgabe zu, in ihr einen prächtigen Illusionsraum zu enfalten: Inmitten von luftigen Wolkenmassen vollzieht sich die Apotheose der hl. Brigida.

Im Querhaus hinten das Grab des Künstlers. Dort ein Bild aus seiner Frühzeit: ›Mirakel des hl. Nikolaus‹ (1655). Das Hauptbild gegenüber von Stanzione stellt den ›Hl. Antonius‹ dar.

San Giacomo degli Spagnuoli Nr. 7

Lage: An der westlichen Stirnseite der Piazza del Municipio.

Geschichte: Don Pedro de Toledo, Statthalter Karls V., gründete die Kirche 1540. Sie ist dem Schutzpatron Spaniens geweiht – dem hl. Jakobus von Compostela. Der von Manlio im 16. Jh. errichtete Bau ist heute kaum mehr auszumachen.

Außenbau: Die dreiachsige Fassade, mit einem von Voluten flankierten Obergeschoß, wurde im 19. Jh. durch den Ministerienpalast verbaut.

Innenraum: Zugang durch das rechte Portal der Palastfassade. Die dreischiffige Pfeilerbasilika – in Korrespondenz mit der ehemaligen Fassade – war offensichtlich grau-weiß verputzt –, wie man es in der rechten Chorkapelle heute noch sehen kann.

Ausstattung: In der Chorapsis, durch das Licht der Kuppelfenster beleuchtet, das *Grab Don Pedros de Toledo* (seine sterblichen Überreste ruhen im Dom zu Florenz) – ein Werk des Giovanni da Nola: Don Pedro kniet zusammen mit seiner Gemahlin auf der Tumba

›Mirakel des hl. Nikolaus‹ von Luca Giordano (1655)

(Unterbau, der die Grabplatte trägt), deren Flanken in flachen
Reliefs Szenen aus dem Leben Don Pedros darstellen (Feldzug gegen
die Türken, Einzug Karls V., Seeschlacht von Baia gegen maurische
Seeräuber). Das Grab wird von den üblichen Tugendallegorien
(Justitia, Temperantia, Prudentia und Fortitudo) flankiert.

Castel Nuovo: Triumphbogen Alfonsos I. von Aragon. Links: Ansicht aus dem 16. Jh. Mitte: Ansicht aus dem 17. Jh. Rechts: Ansicht von heute

Castel Nuovo *(Maschio Angioino)* **Nr. 7**

Lage: An der Piazza del Municipio.

Das Castel Nuovo ist die *Königsburg der Anjou* – Residenz und See-festung zugleich. Wahrscheinlich hat sie der Franzose Pierre d'Angi-court im Auftrag Karls I. zwischen 1279 und 1282 errichtet. Mit dem Niedergang des Hauses Anjou verfällt auch die Burg. Unter dem Besitz der *Aragonesen* wird die Ruine wieder neu aufgebaut. Im 2. Weltkrieg haben Bomben die Festung stark zerstört. Alte An-sichten von Neapel (San Martino, Nr. 16, vgl. auch Abb. S. 10) haben geholfen, die Burg in den ursprünglichen Stand zu setzen.

Triumphbogen: Zwischen 1453 und 1470 errichtet zu Ehren des Ein-zugs Alfonsos I. von Aragon, ist er berühmt als *erstes größeres Bau-werk der Renaissance.* Der ganz im antiken Geist erdachte Entwurf stammt wahrscheinlich von Francesco Laurana. Für die Konstruk-tion des Bogens nimmt man den sonst nirgends greifbaren Pietro da Milano an (Urkunden!). Die Attika (brüstungsartige Aufmauerung über dem Hauptgesims) am unteren Bogen zeigt in Basreliefs den Triumphzug Alfonsos I. In der Bogenwölbung wird Alfonso in mitten seiner Familie und den Würdenträgern seines Königreiches vorgestellt.

In den Nischen die 4 Tugenden Justitia, Temperantia, Fortitudo und Prudentia. Darüber erhebt sich ein Segmentgiebel mit zwei monu-mentalen Flußgöttern – wahrscheinlich von der Hand Paolo Roma-nos. Als Abschluß eine Dreiergruppe: Die hll. Georg, Michael und Antonius, von denen sich nur der Erzengel erhalten hat.

70

Der Durchgang verengt sich an seiner Rückseite zu einem Tor, dessen *Bronzetüren* (heute im Vorraum rechts an der inneren Eingangswand) wichtige Ereignisse aus den Regierungsjahren des Königs darstellen: Kampf mit aufständischen Baronen (oben), Sieg über die französische Invasionsarmee (unten), Entscheidungsschlacht gegen die Franzosen (Mitte).

Hof: Am Ostflügel führt die gut erhaltene Freitreppe zur *Sala dei Baroni* (1456–58), deren kühne Gewölbekonstruktionen (Sterngewölbe) sehenswert sind.

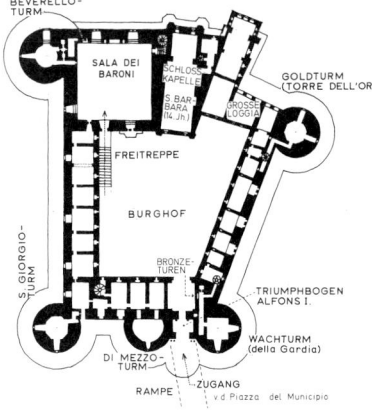

Castel Nuovo: Grundriß

Die ehem. *Schloßkapelle* Santa Barbara zeigt noch die strenge Formensprache des frühen Trecento: mit schmalen Fenstern durchbrochene Längswände und einem quadratischen Chor mit Kreuzrippengewölbe. Im Hauptschiff ein Sparrendach (vielleicht ehem. kreuzrippengewölbt). Urkunden berichten von einer Ausmalung, die Giotto vorgenommen haben soll. Davon ist nichts mehr zu sehen. Lediglich Dekorationen der Fensterleibungen sind erhalten: ornamentale Friese, unterbrochen von Medaillons mit nahezu lebensgroßen Köpfen. Neben Giotto und seinen Gehilfen läßt sich auch die Hand Maso di Bancos nachweisen.

Teatro San Carlo   Nr. 7

Lage: Auf der Piazza del Plebiscito steht man vor der Front des Palazzo Reale. Links anschließend das Teatro San Carlo.

Auf Befehl König Karls III. wurde der Theaterbau in nur 8 Monaten (1737) nach einem Entwurf von Medrano errichtet. Am 4. November (Namenstag des Königs: S. Carlo) fand die Eröffnungsvorstellung statt.

Das Teatro San Carlo zählt zu den *ruhmreichsten Opernhäusern Italiens.* Die neapolitanische Oper übernahm im 17. Jh. das Erbe der florentinischen und römischen Oper. Als ihr Begründer zählt der 1610 geborene Francesco Provenzale. Hauptvertreter der neuen Staatsoper (die Satztechnik tritt gegenüber dem virtuosen Element zurück) war der berühmte Alessandro Scarlatti (1659–1725 – Begründer der ›Da-Capo-Arien‹). Hier entstand auch die ›Opera buffa‹ (Leo, Vinci, Pergolesi). Viele Werke von Rossini, Donizetti und Bellini haben im Teatro San Carlo ihre Uraufführung erlebt. Neben diesen glänzenden kulturellen Ereignissen wurde hier auch ein dunkles Kapitel der jüngsten italienischen Geschichte aufgeschlagen: 1922 feierte man hier den faschistischen Partei-Kongreß und brach anschließend zum ›Marsch auf Rom‹ auf.

*Santa Maria Egiziaca
a Pizzofalcone:
Schnitt und Grundriß*

8 Santa Maria Egiziaca a Pizzofalcone

Mit Piazza del Plebiscito, Palazzo Serra di Cassano, La Nunziatella, S. Maria degli Angeli a Pizzofalcone, Palazzo Cellamare

Santa Maria Egiziaca a Pizzofalcone   **Nr. 8**

Lage: Von der Piazza del Plebiscito unmittelbar hinter dem linken Flügel der Kirche S. Francesco di Paola führt eine kleine Gasse zur Marienkirche.

Cosimo Fanzago, bedeutendster Baumeister, Bildhauer und Dekorateur des 17. Jh. in Neapel, hat die Kirche (1717 vollendet) erbaut. Auffallend das mächtige Rustikaportal, dessen Palastcharakter keinen Sakralbau dahinter vermuten läßt. Im Vorhof ist man überrascht vom eleganten Bau, zu dem eine muschelförmig geschwungene Freitreppe führt. Dieser konvexe Schwung wiederholt sich in der Fassade, deren offener Portikus an Palladios Idee, Säulen mit Rustika-Pfeilern abwechseln zu lassen, erinnert.

Der *Innenraum* wird geprägt durch die riesige *Kuppel.* Der Zentralraum erhält durch die 8 Stichkappenfenster Licht und wird nahezu vollständig ausgeleuchtet. Neben dem Palladio-Motiv fällt auch eines von Borromini auf. S. Agnese (Piazza Navona, Rom) stellt das Vorbild für den Grundriß dar: Ein griechisches Kreuz mit oktogonal ausgeweiteter Vierung. Daraus ergab sich für Fanzago die Möglichkeit, den Grundriß kreisförmig zu gestalten: Kreuzarme und Pfeilernischen organisieren sich zu einem Apsidenkranz.

Piazza del Plebiscito   Nr. 8

Die Piazza wird begrenzt von der Kirche *San Francesco di Paola* und der Fassade des *Palazzo Reale* (vgl. Nr. 15). Die Kirche verdankt ihre Entstehung einem Gelübde Ferdinands I.: Er versprach ihre Gründung, wenn er Neapel zurückerobert hätte. Der von *Bianchi* errichtete Bau (1846) ist eine Abwandlung des römischen Pantheons. Innenarchitektur und Ausgestaltung erinnern aber eher an Michel D'Ixnards Rotunde von St. Blasien im Schwarzwald (1768–1783). An der Nordseite grenzt der *Palazzo della Prefettura* (ehem. Foresteria, 1815) und im Süden der *Palazzo dei Principi*, der schon im 18. Jh. erbaut wurde und später entsprechend dem ›Platz-Ambiente‹ von Laperuta umgestaltet wurde.

Palazzo Serra di Cassano   Nr. 8

Lage: Nahe der Kirche S. Maria Egiziaca an der gleichnamigen Straße, zu der man von der Piazza del Plebiscito (neben dem linken Säulentrakt) gelangt.

Geschichte: Ferdinando Sanfelice (vgl. bes. Nr. 6) hat diesen Palast erbaut. Er blieb jedoch nach dem Tode des Herzogs unvollendet.

Sanfelice hat hier den oberitalienischen Fassadentypus abgewandelt. Im Zentrum der Fassade fällt ein ungegliedertes Wandfeld auf, das von zwei dicht zusammenstehenden Fenstergruppen gerahmt wird. Die flächige Wirkung kommt besonders im sonst bewegt gestalteten Untergeschoß (schlichte Fensterrahmungen) zur Geltung. Zugang zum Treppenhaus durch das linke Portal (rechts: ein Scheinportal). Die Anlage fällt aus dem Rahmen bisher betrachteter Treppenhäuser in Neapel: In einem überwölbten Saal steigen zwei doppelläufige Freitreppen in mehreren Wendungen und Windungen auf (vgl. Pommersfelden und Renaults Louvre-Entwurf). Die besondere Konstruktion ergibt sich aus der Planung der Wagendurchfahrt, die vor der etwas tieferliegenden Via Egiziaca aus erfolgte.

La Nunziatella *(Santa Maria Annunziata)*   Nr. 8

Lage: Am Ende der Via Generale, einer Verlängerung der Via Egiziaca, zu der man von der Piazza del Plebiscito aus gelangt.

Geschichte: La Nunziatella, eigentlich S. Maria Annunziata, ist ein Hauptwerk Ferdinando Sanfelices (1730–1734). Das ehemalige Jesuitennoviziat wurde 1797 in das *Collegio Militare* umgewandelt.

Die Ordnung der Fassade ist streng. Die Seitenflügel sind nach innen angezogen und rahmen einen in der Ebene liegenden Mittelteil. Lediglich der durchbrochene Segmentgiebel sorgt für eine malerische Note. Der Innenraum wird durch ein Langhaus mit Tonnenwölbung geprägt. Die Stichkappenfenster lassen eine ausreichende Beleuchtung zu. Ähnlich wie an der Fassade senkt sich auch das Gewände des Triumphbogens nach hinten. Er markiert den Ansatz der Apsis.

Lage: Die Via Monte de Dio mündet in die malerische Piazza S. Maria degli Angeli. (Zugang auch von der Via Chiaia über einen Lift unter der Brücke!).

Die Kirche wurde zu Beginn des 17. Jh. von den Theatinern gegründet und von Francesco Grimaldi erbaut. Die Fassade dominiert den Platz und die umliegenden Gebäude. Die fast schon klassizistisch anmutende Fassade fügt sich dennoch harmonisch in die Häuserzeile ein. Im Inneren öffnet sich dann ein typischer Barockraum mit einem prächtig ausgemalten Gewölbe (›Szenen aus dem Marienleben‹ von G. B. Benaschi); in der Kuppel das Paradies und in den sphärischen Kuppeldreiecken die vier Evangelisten. In der 3. Kapelle rechts eine ›Hl. Familie‹ von Luca Giordano. Ungewöhnlich (und damit typisch für die Ikonographie Giordanos) ist die thematische Verarbeitung: Maria und Joseph gehen mit dem ›Knaben Jesus‹ (!) spazieren. Der Bildaufbau ist streng klassizistisch. In der Kapelle rechts vom Presbyterium hängt eine ›Verkündigung, die dem hl. Andreas von Avellino erscheint‹ von De Matteis. Beachtenswert sind auch die schönen Laternen der Seitenschiffkuppeln.

Palazzo Cellamare   **Nr. 8**

Lage: Ecke Via Chiaia/Via S. Caterina.

Der Palast wurde Anfang des 16. Jh. von Abt Gian Francesco Carafa in Auftrag gegeben. Damals befand sich diese ländliche Villa vor der Stadtmauer. Die heute noch sichtbare Auffahrtsrampe, die den Palast mit der Landstraße, der heutigen Via Chiaia verband, mag auf diese Situation hindeuten. Seinen heutigen Namen erhielt der Palast von Antonio Giudice, Fürst von Cellamare, der ihn 1722 restaurieren und erweitern ließ. 1784 wohnte hier die deutsche Malerin *Angelika Kauffmann*, 1786–1799 der deutsche Landschaftsmaler *Philipp Hackert* (Hofmaler Köng Franz' II. von Neapel) mit seinem Bruder *Georg*. Goethe hat die beiden zusammen mit Tischbein hier 1867 aufgesucht.

Leider ist der grandiose Palast durch umliegende Gebäude verbaut, so daß seine majestätische Gestalt nur zu erahnen ist. Das ausgestellte Untergeschoß weist Rustikaquader auf. Die beiden nicht verputzten Obergeschosse lassen noch die zarte Gliederung des 16. Jh. erkennen. Das Hauptportal stammt von Ferdinando Fuga, ebenso im Erdgeschoß eine bezaubernde Kapelle von 1726 – wohl sein erstes Werk. Im Park ein schöner Springbrunnen aus dem 16. Jh. Die teilweise von Fischietti ausgemalten Innenräume (1783) sind nur mit einer Sondergenehmigung zugänglich.

Castel dell'Ovo mit Porto Santa Lucia und Via Partenope

9 Castel dell'Ovo

Lage: Als Akzent des südlich auslaufenden Pizzofalcone, ragt die Burg aus dem Meer empor. Ob man vom Palazzo Reale oder von der Villa Comunale kommt – das Bauwerk ist nicht zu übersehen.

Geschichte: Im Altertum wurde die Burginsel *Megaris* genannt. Dort erhob sich eine der berühmten neapolitanischen Villen des Lucullus. Später haben es die Normannen wegen der strategisch wichtigen Lage zur Festung umgebaut. Friedrich II. ließ hier seinen Staatsschatz aufbewahren. Sein Enkel Konradin von Schwaben, der letzte Staufer, verbrachte hier seine letzten Tage vor der Hinrichtung. Der ältere Baubestand ist kaum noch zu rekonstruieren. Die heute sichtbaren Teile stammen wohl überwiegend aus dem 16. und 17. Jh. 1860 hat die Kriegsmarine das Kastell übernommen. Eine Besichtigung ist deshalb nicht möglich.

10 Santa Maria del Carmine

Lage: Vom Castel Nuovo geht man in östlicher Richtung am Hafen (Via Nuovo della Marina) entlang und gelangt nach ca. 1,5 km zu einem Tor. Dahinter liegt die Piazza S. M. del Carmine.

Geschichte: Im 12. Jh. ließen sich die Karmeliter in dieser Gegend nieder. Eine zu dieser Zeit errichtete Kapelle wurde im 13. Jh. weiter ausgebaut, als Margarethe von Burgund und Elisabeth von Bayern Geldmittel zur Verfügung stellten. In diesem Zusammenhang wurde auch eine Erinnerungsstätte für den 1268 auf dem Kirchplatz enthaupteten Staufer Konradin (Sohn Konrads IV. und der Elisabeth von Bayern) geschaffen. Die Saalkirche mit Sparrendach und Seitenkapellen wurde im 16. Jh. (Erdbeben) umgestaltet. Im 17. Jh. wurde eine vergoldete Holzdecke eingezogen, und im 18. Jh. erhielt die Kirche ihre Fassade (Giovanni del Gaizo).

Beachtenswert ist der 75 m hohe *Glockenturm* (von 1631) – ein Wahrzeichen von Neapel. Unter den Ausstattungsstücken fallen besonders die *Statue Konradins von Hohenstaufen* auf, die 1847 nach einem
Modell Thorwaldsens gearbeitet wurde (im Langhaus zwischen der
4. und 5. Kapelle links) und das Bildnis der *Madonna la Bruna* hinter
dem Hochaltar. Es handelt sich um eine spätbyzantinische Marien-
ikone, in der ein schon im 12. Jh. bezeugtes wundertätiges Marien-
bild vermutet wird.

Santa Maria del Carmine: ›Madonna la Bruna‹

Villa Comunale: Fontana di S. Lucia (1606)

II Villa Comunale – Aquarium

Die *Villa Comunale* ist Neapels *Stadtpark*. Er erstreckt sich an der Küstenstraße zwischen Castel dell'Ovo und Mergellina, von der Piazza della Vittoria im Osten bis zur Piazza Principe di Napoli im Westen. Der Plan zur Villa Comunale geht auf das 17. Jh. zurück, als der Strandweg gepflastert und mit Weiden bepflanzt wurde. Im 18. Jh. hat dann Vanvitelli die Gartengestaltung übernommen. Aus diesem Jahrhundert stammt auch der reizvolle Brunnen *Fontana di Santa Lucia*. Er steht in unmittelbarer Nähe des Aquariums.

Das *Aquarium* oder die *Zoologische Station* hat ein deutscher Privatmann, der Stettiner *Anton Dohrn*, 1872 gegründet. Heute ist es ein internationales Forschungsinstitut – z. T. vom italienischen Staat, z. T. von anderen Nationen finanziert. Die Wände des ehemaligen Bibliotheksraumes im 2. Stock (beim Portier oder an der Kasse fragen) sind mit *Fresken von Hans von Marées* ausgemalt. Es ist das umfangreichste und bedeutendste Werk des Malers. Die von Hildebrandt etwas unglücklich angeordnete Scheinarchitektur rahmt die Fresken, deren Schattierungen und Kontraste sich ausgezeichnet mit den Lichtverhältnissen des Raumes vertragen. An der Eingangswand ein prächtiges Seepanorama und gegenüber an der Fensterwand ein schattiger Orangenhain. Die beiden Seitenwände zeigen eine Felsenbucht und das Gruppenporträt ›Anton Dohrn und seine Freunde in der Wirtschaft des Palazzo di Donn'Anna‹. Mit diesem Zyklus wollte Marées das idyllische melancholische Ambiente Neapels darstellen, was ihm – wohl auf Grund seiner kräftigen Farben und seines derben Pinselstrichs – nur teilweise gelungen ist.

I2 Tomba di Virgilio

Mit S. Maria di Piedigrotta, Ascensione a Chiaia, Mergellina und Posillip

Tomba di Virgilio   Nr. 12

Lage: Zugang durch den Parco Virgiliano (nur gegen Sondererlaubnis des Denkmalamtes) am Ende der Riviera di Chiaia nach der Eisenbahnunterführung links. Neben dem Denkmal Giacomo Leopardis die *Crypta Neapolitana* (Reste mittelalterlicher Fresken). Hier führt ein Treppenweg zum Grab.

Das Rundgrab steht auf einem quadratischen Sockel – ein Typus aus den Ländern des hellenistischen Ostens. Dieser Sockel beherbergt die Grabkammer (6 m Seitenlänge), in der die Aschenurnen der Familienmitglieder aufgenommen waren. Das zylindrische Obergeschoß dient der Verzierung. Man datiert das längst ausgeraubte Grab in die augusteische Zeit.

Mergellina und Posillip   Nr. 12

Von der Villa Comunale kommend, fährt man westwärts zur *Mergellina*. Dort, am Jachthafen vorbei, gelangt man zum Pal. Donn'Anna und biegt in eine der Straßen (rechts) ab. Sie führen alle in Serpentinen zum *Capo di Posillipo*, einem Aussichtspunkt mit einem herrlichen Blick auf Neapel, den Golf und Vesuv sowie auf die Phlegräischen Felder. Den Rückweg nimmt man über den Viale Manzoni, auf dem man die aussichtsreiche Via Tomo erreicht, die zum Corso Vittorio Emanuele und zur Innenstadt führt.

Santa Maria di Piedigrotta   Nr. 12

Lage: Am Eingang des großen Posillipotunnels neben der Bahnstation Mergellina.

Die im 16. Jh. und besonders im 19. Jh. grundlegend erneuerte Kirche geht auf einen Vorgängerbau aus dem 14. Jh. zurück.

Beim Ausheben der Fundamente hat man damals eine *Madonnenstatue* gefunden, vor der 1571 *Don Juan d'Austria* für den Sieg in der bevorstehenden Seeschlacht gegen die Türken *(Lepanto)* gebetet hat. In der Nacht vom 7. zum 8. September findet das *Piedigrottafest* statt – ein Volksfest, das auf entsprechende Hof- und Staatsaktionen des 17. Jh. zurückgeht. Damals haben der Vizikönig und sein Hofstaat einen pomphaften Aufzug entlang der Riviera di Chiaia zur Kirche veranstaltet.

Lage: Von der Riviera di Chiaia, gegenüber dem Aquarium, führt eine kleine Gasse hoch zur Kirche.

Geschichte: Auf der Piazzetta stand im 14. Jh. eine Kirche, die durch Erdbeben weitgehend zerstört wurde. Im 17. Jh. plante man einen Neubau, den *Cosimo Fanzago* zwischen 1622 und 1645 errichtete.

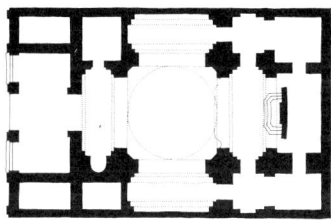

Grundriß

Sein Konzept ging vom Zentralbau aus, das er wegen der beengten Lage der Kirche nicht durchhalten konnte. Das griechische Kreuz weist zwei Armstümpfe auf, während die West-Ost-Achse durch Vorhalle und Chor betont wird. Die dorische Pilasterordnung der dreibogigen Pfeilerhalle ist ein typisches Fanzago-Motiv. Der über die Vierung aufsteigende Kuppelring ist auffallend hoch und die darüber sich erhebende Kuppelschale mit abschließender Laterne entsprechend steil.

Von der *Ausstattung* sind zwei Bilder von *Luca Giordano* beachtenswert (hinter dem Hochaltar und rechts): ›St. Michael im Kampf gegen die bösen Engel‹ und ›St. Anna mit der kleinen Maria, umgeben von Gottvater, der Taube und Engeln‹. Die äußerst dynamischen und in den Farben exzentrisch anmutenden Gemälde zählen zum Frühwerk des Künstlers (1657). Links neben dem Altar ›San Pietro Angelari verzichtet auf die Papstwürde‹ von Francesco de Mura.

Piazza Amedeo: Diese Piazza zählt wohl zu den nobelsten Plätzen Neapels. Man schaut auf einen Reigen edler Patrizierhäuser, deren Fassaden elegant übereinandergestaffelt den Hang des Vomero hinauf zu verfolgen sind. Am Ende des Platzes die *Stazione della Metropolitana* und daneben die *Funicolare de Chiaia*, die bequem zur Via D. Cimarosa hinauf führt. Dort öffnet sich der Park der Villa Floridiana (vgl. Nr. 17).

I 3 Museo Archeologico Nazionale

Lage: Am nördlichen Ende der Via Enrico Pessina (von der Piazza Dante kommend).

Zur Zeit (1988/89) sind etwa drei Viertel der Sammlung nicht zugänglich, da die Räume restauriert werden. Eine Umstellung der Exponate ist jedoch nicht vorgesehen. In der nächsten Zeit sollen nach und nach einzelne Räume wieder geöffnet und andere, derzeit noch zugängliche, geschlossen werden. Um einen Einblick in die Sammlung zu vermitteln, sind die Exponate in ihrer ehemaligen Stellung aufgeführt.

Geschichte der Sammlung

Auf seiner Italienreise schreibt *Goethe* zur Gründung des Museums: »In Neapel wird der König ein Museum bauen lassen, wo alles, was er von Kunstsachen besitzt, das Herkulanische Museum, die Gemälde von Pompeji, die Gemälde von Capodimonte, die ganze farnesische Erbschaft, vereinigt aufgestellt werden soll«. Goethe meint König Ferdinand III., obwohl der eigentliche Gründer des damals so genannten *Königlich Bourbonischen Museums* Karl III. gewesen ist. Elisabeth Farnese, die Mutter Karls, hat ihrem Sohn eine einzigartige Sammlung römischer Antikenfunde vermacht. Hinzu kamen die Kunstschätze der von ihm befohlenen Ausgrabungen in Herculaneum und Pompeji. Im Jahre 1787 hat Goethe die Farnesische Sammlung noch in Capodimonte bewundern können; er rügte allerdings ihre schlechte Aufstellung. Um die Funde aus Pompeji und Herculaneum zu sehen, mußte Goethe nach Portici fahren. Er rühmte das Museum im königlichen Schloß als »das Alpha und Omega aller Antiquitätensammlungen«. Nachdem nicht nur in Pompeji und Herculaneum, sondern auch in vielen anderen Orten des Königreiches Neapel archäologische Funde zusammengetragen wurden, entschloß man sich zur Gründung eines großen Museums in Neapel. Eine ehemalige Reitschule, die Domenico Fontana zu Beginn des 17. Jh. als Universitätsgebäude aus- und umgebaut hatte, schien geeignet zu sein. Das Gebäude, in dem übrigens Giovanbattista Vico zwischen 1697 und 1701 gelehrt hatte, wurde noch einmal erweitert und dann als Museum 1822 eröffnet. *König Ferdinand IV.* weiht es, angesichts der prächtigen Parade der in das Gebäude einziehenden antiken Statuen, »der Pallas und den Musen«. Im Treppenhaus ließ er sich von Canova ein monumentales Denkmal setzen.

Das Museum beherbergt eine Fülle von antiken Stücken, die vom *achten vorchristlichen bis fünften nachchristlichen Jahrhundert* reichen –

Bronzepferd aus Herculaneum

eine in Italien einzigartige Sammlung. Die Wandmalereien stellen sogar die größte Sammlung antiker Malerei dar, die es überhaupt gibt. Wenn es auch arm ist an griechischen Originalskulpturen, so kann man doch die Keramik Griechenlands hier am umfassendsten studieren.

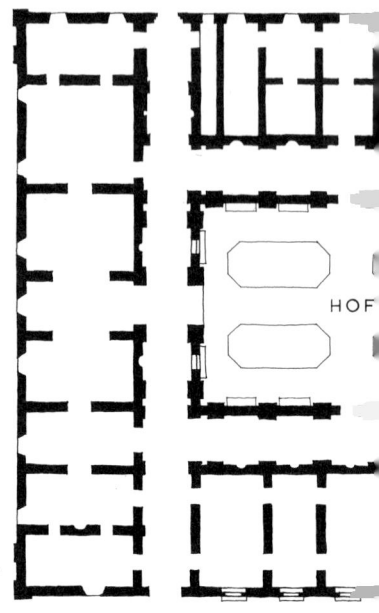

Archäologisches Nationalmuseum:
Orientierungsplan Untergeschoß.
Die römischen Ziffern bezeichnen
die einzelnen Räume, die ara-
bischen Ziffern beziehen sich auf
die Beschreibung der Ausstellungs-
stücke im Text

HOF

Vorhalle

In der Vorhalle des Erdgeschosses steht vor dem zweiten Pfeiler rechts (1) eine Porträtstatue der pompejanischen Priesterin *Eumachia*; im Haar kann man noch Reste von Farbe entdecken. In den Seitengängen zwei Reiterstandbilder (2). Man wendet sich wieder zurück Richtung Eingang und entdeckt in der zweiten Arkade links die Basis einer Statue des *Kaisers Tiberius* (3), die in Pozzuoli gefunden wurde. Gegenüber ein Altar der *Fortuna Redux* (4; *die wiederkehrende Fortuna*, ein Attribut, das häufig auf Münzen aus der Kaiserzeit zu sehen ist). Daneben ein Sarkophag, auf dem der Prometheus-Mythos thematisiert wird (5): In der oberen Reihe erkennt man die olympischen Götter zwischen der ›Nacht‹ (unten) und dem ›Tag‹ (rechts); die Nacht wird als Stiergespann und der Tag als Pferdegespann dargestellt.

Raum I: Man wendet sich nun nach rechts in den Raum I, in dessen Zentrum (gegenüber dem Eingang zum Raum II–VI) die Gruppe der Tyrannenmörder (6) steht.

Es handelt sich dabei um Marmorkopien nach dem Werk des *Kritos* und *Nesiotes* (476 n. Chr.). Die kraftvolle Gewichtsverlagerung der

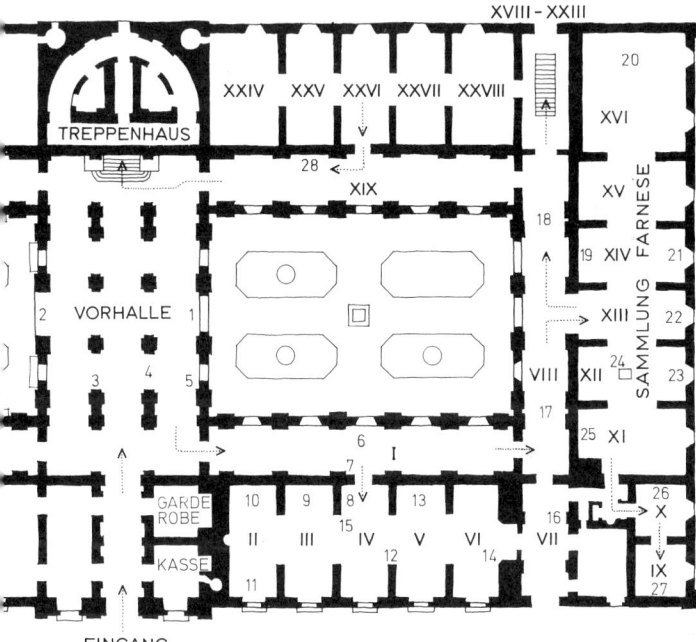

Körperteile und der dynamische Wechsel von Spiel- und Standbein verraten die Blütezeit der griechischen Klassik (der Kopf des Bärtigen ist ein Gipsabdruck). Die beiden heroischen Gestalten stellen *Harmodios* und *Aristogeiton* dar, die 517 Hipparch, einen athenischen Tyrannen, ermordeten. Durch ihre mutige Tat galten sie bei ihren Nachkommen als Mitbegründer der athenischen Demokratie. An der Wand (rechts) ein *Omphalos-Apoll* (7; Farbreste im Haar) aus der 1. Hälfte des 5. Jh. v. Chr. (Omphalos: Nabel der Welt – aus dem Apollonheiligtum in Delphi).

Raum II–VI: In diesem, in einzelne Kabinette aufgeteilten Raum, erhält man einen guten Überblick über die klassische Bildhauerkunst der Griechen (5.–4. Jh. v. Chr.). Es handelt sich um Kopien der römischen Antike von griechischen Originalen (meist in Bronze).

Gleich rechts neben dem Eingang eine zu Tode getroffene Amazone (8) vom griechischen Hauptmeister *Polyklet* (5. Jh. v. Chr.); der Kopf stammt von einer Kopie dieser Figur. Im folgenden Kabinett rechts der berühmte *Doryphoros* (9), der speertragende Achill. Die 1797 in Pompeji gefundene Figur gilt als Vorbild für die nachfolgenden Bildhauergenerationen.

Im folgenden Raum rechts stehen sich zwei Kopien einer Aphrodite (10) gegenüber. Das Original entstand im klassischen Athen (5. Jh. v. Chr.). Das an der gegenüberliegenden Längswand des Raumes hängende *Orpheus-Relief* (11) war Inspirationsquelle für Rilkes Gedicht ›Orpheus, Eurydike, Hermes‹: »Und als plötzlich jäh der Gott sie anhielt und mit Schmerz im Ausruf die Worte sprach: Er hat sich umgewendet –, begriff sie nichts und sagte leise: Wer?« An derselben Wand gegenüber dem Eingang eine Aphrodite (12), Kopie aus dem 5. Jh. v. Chr. Gegenüber, rechts neben dem Eingang, eine in Cumae gefundene Kopie des Diomedes (13) und an der Stirnwand die Kopie einer prächtigen Apollon-Statue (14; 4. Jh. v. Chr.). Im Zentrum des Raumes die Kopie einer schwebenden Nike (15) vom Ende des 5. Jh. v. Chr.

Raum VII: Hier archaisierende Skulpturen aus der frühen römischen Kaiserzeit. Bemerkenswert die Gruppe *Orest und Elektra* (16) aus Pozzuoli.

Raum VIII: Zwei Marmorstatuen aus der Sammlung Farnese fallen auf. In der Raummitte, gleich nach dem Eingang, ein *Krieger mit einem toten Knaben auf der Schulter* (17) und dahinter die Statue einer Frau (18; Kopf und Arme neu). Die Werke stammen aus den Caracalla-Thermen in Rom und werden ins 3. Jh. n. Chr. datiert.

Orientierungsplan der Sammlung Farnese

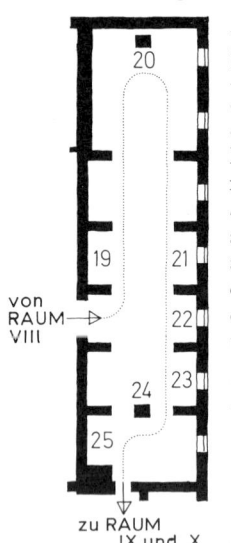

Raum XI–XVI: Die Kabinette in diesem Raum zeigen einzigartige Stücke der Farnese-Sammlung: Eine ›Aphrodite aus Capua‹ (19) – sie stammt von einer Arkade des Amphitheaters – stellt die Kopie eines frühhellenistischen Originals dar. Im letzten Kabinett das Prunkstück der Sammlung – wenn nicht gar des gesamten Museums: Der *Farnesische Stier* (20). Er wurde ziemlich zerstört in den römischen Caracalla-Thermen gefunden (alle Köpfe sind ergänzt). Es handelt sich bei dieser Gruppe um eine 200 n. Chr. entstandene Kopie einer Arbeit von der Hand der hellenistischen Bildhauer Apollonios und Tauriskos (Erwähnung von Plinius!).

Der *Mythos:* Die thebanische Königin Dirke hatte Antiope, die Mutter von Amphion und Zethos als Sklavin gehalten. Es gelang den Söhnen, die Mutter zu befreien. Zur Strafe banden sie Dirke an das Gehörn des wilden Stieres, damit er sie zu Tode schleife. Antiope, hinten links stehend, blickt teilnahmslos dem Geschehen zu.

›Hermes · Euridyke · Orpheus‹, Marmorrelief aus dem 5. Jh. v. Chr.

Gegenüber der Aphrodite von Capua (19) steht die Psyche von Capua (21). Es handelt sich wieder um eine römische Arbeit, wohl in der Zeit Hadrians entstanden (117–138). Nebenan der Kopf eines bärtigen Dionysos (22). Darunter ein Sockel mit dem Thema entsprechenden Reliefs: Ein Panther unter einer Rebe, Musikinstrumente und ein Kantharos, Trinkgefäß des Dionysos (Rückseite). Im folgenden Kabinett Torso einer hellenistischen Aphrodite (23) und daneben der berühmte *Herakles Farnese* (24), eine römische Kopie nach

Lysipp (4. Jh. v. Chr.). Die im 16. Jh. gefundene Statue stand bis zu ihrem Abtransport nach Neapel im Treppenhaus des Palazzo Farnese in Rom (heute dort ein Gipsabguß).

An dieser Kopie kann man Römisches und Griechisches studieren. Auf die Hand des griechischen Bildhauers *Lysipp* deuten Haltung und Gestik der Figur: Da sich die Person aufstützt, werden Spiel- und Standbein im Schreitmotiv aufgelöst. Das kraftlose Herabfallen des linken Armes wird durch die geöffnete Hand sehr schön zum Ausdruck gebracht. Der römische Kopist hat das Original genau studiert. Von seiner Hand dürften auch die etwas voluminös herausgearbeiteten Muskelpartien stammen. Goethe, der in Rom die Statue noch bewunderte, bedauerte, daß dieses prächtige Werk die Ewige Stadt bald verlassen müsse.

Auf dem großen Sarkophagkasten (25) rechts unter dem Herakles sind Szenen aus der Jugend des Achill dargestellt. Zu Beginn des Trojanischen Krieges hat man Achill in Frauenkleider gesteckt, da ihm ein früher Tod prophezeit wurde. An den Wänden Reliefs mit tanzenden Satyrn, einer Dionysosszene und eine aus dem Leben des Telephos.

Raum IX und X (Zugang hinter dem Sarkophag; 25): Hier sind einige hellenistische Figuren aufgestellt, im 1. Raum u. a. Aphroditefiguren – an der Rückwand z. B. zwei Versionen der *Badenden Aphrodite* (Doidaises; 26). Bemerkenswert im folgenden Raum eine Weihung des pergamenischen Königs Attalos (27) – Kopie nach einem Figurenrelief in Athen mit Schlachtendarstellung von der Akropolis in Athen.

Wir wenden uns wieder zurück in die Räume XI–XVI und von dort in den Raum VIII. Hier führt eine kleine Treppe hinunter in die *Räume XVIII–XXIII.* Sie bewahren *ägyptische Altertümer.* An den Wänden der Treppe Reliefstücke mit Hieroglyphen. In den weiteren Räumen Gegenstände, die den ägyptischen Totenglauben demonstrieren. Ins Erdgeschoß zurückgekehrt, begeben wir uns in die *Räume XX–XXIII (vorgeschichtliche Sammlung)* und die *Räume XXIV–XXVII:* Vorbei an weniger beachtenswerten dekorativen Skulpturen gelangt man in den Raum XXIX.

›Herakles-Farnese‹

›Der Farnesische Stier‹

Raum XXIX: Hier sind Statuen aus farbigem Stein aufgestellt. Es fällt eine Nachbildung des Kultbildes der *Artemis von Ephesos* (28) auf. Ihr riesiger Tempel galt als eines der sieben Weltwunder. Ihr Säulenleib ist mit Brüsten übersät. Auf ihren Armen stehen Löwen. Weitere Tiere, wie Hirsche oder Bienen schmücken ihr Gewand. Auf dem Umhang um ihren Hals stehen zwischen weiblichen Gestalten die Sternbilder des Stieres, der Zwillinge und des Krebses. Auf seiner dritten Kleinasienreise predigte der Apostel Paulus in Ephesos gegen den Artemiskult. Nach einer stürmischen Versammlung forderte man seine Ausweisung.

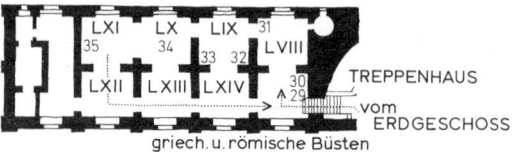
Fresken und Mosaiken aus Pompeji, Herculaneum und Stabiae

Wir wenden uns dem großen Treppenhaus zu und gehen bis zum
Zwischengeschoß. Gleich nach Betreten des *Raumes LVII* rechts das
berühmte, als ›Kitsch-Kachel‹ häufig verkaufte *Cave-Canem-Mosaik*
aus Pompeji (29). Daneben ein weiteres Mosaik, das einen Hahnen-
kampf (30) darstellt. Der Zugang zu *Raum LVIII* wird von zwei Säulen, mit Mosaiken geschmückt (aus Pompeji), flankiert. An der Fensterwand links ein Gemälde, die ›Drei Grazien‹ (31) darstellend. Im
folgenden *Raum LIX* (dessen Zugang ebenfalls von zwei mosaikver-
zierten pompejanischen Säulen flankiert ist) liegt ein großes Mosaik-
bild in der Mitte auf dem Boden (32). Es stellt das Dionysos-Thema
dar: Vor einem Altar und einer Statue des Dionysos ein gefesselter
Löwe, umgeben von Amoretten und weiblichen Figuren. Links
neben dem Zugang zum folgenden Raum ein farbenprächtiges

Theaterszene auf einem Mosaik aus Pompeji

Mosaik ›Vorbereitung für eine Theateraufführung‹ (33). Die Mosaiken im *Raum LX* stammen von den Fußböden der Casa del Fauno
in Pompeji (Nr. 28): Ein geflügelter Genius auf einem Panther (34).
Der mit Efeu bekränzte Genius hält ein Trinkgefäß. Der Panther
trägt Weinlaub um den Hals. Es handelt sich also auch hier um eine
dionysische Szene. Die Thematik dieses Gottes klingt auch im
Rahmenwerk, Masken- und Weinlaubmotive, an. Im folgenden
Raum LXI das berühmte ›Alexander-Mosaik‹ (43), wahrscheinlich
die Schlacht von Issos (333 v. Chr.) darstellend. Das im 4. Jh. v. Chr.
entstandene und heute stark beschädigte Mosaik erzählt die entscheidende Phase der Schlacht: Alexander, ohne Helm, stürmt auf seinem
Roß Bukephalos auf Dareios III. zu. Der Kriegszug der Perser gerät
ins Stocken. Die Pferde straucheln und scheuen. Die Hilflosigkeit
verratende Geste des Perserkönigs und die erschrockenen Gesichter
der Krieger machen glänzend die letzte Phase der Niederlage deut-

lich. Meisterhaft, wie die Gruppe aus dem Raum plastisch entwickelt wurde. Die extremen perspektivischen Verkürzungen (Pferd im Vordergrund), dynamische Pferdeleiber und der Gestenreichtum der Figuren werden erst wieder zu Beginn der Renaissance in den Schlachtenbildern von Paolo Ucello erreicht.

In den *Räumen LXII-LXIV* sind römische Porträts und Köpfe von griechischen Statuen ausgestellt.

Das Obergeschoß

Durch das Treppenhaus gelangt man in das Obergeschoß. Ein riesiger Mittelsaal öffnet sich dem Eintretenden. An der Decke ein Fresko mit dem Triumph der Künste und Wissenschaften unter Karl Ferdinand IV. (P. Bardellino, 1781). An der Rückwand steht der ›Atlas Farnese‹, eine hellenistische Statue. Auf dem Fußboden ein Meridian mit Sternbildern. Durch die Öffnung in der Südwand fällt jeweils am Mittag ein Sonnenstrahl auf das entsprechende Sternbild.

Die *Räume LXVI–LXXVIII* enthalten *Malereien.* Man sollte sich auf die Besichtigung dieser Abteilung beschränken, da sie die interessantesten Stücke zeigt.

Die antiken Bilder aus den Vesuvstädten Pompeji, Herculaneum und Stabiae stellen eine einzigartige Sammlung dar. Sie wurden bei früheren Grabungen aus den Wänden geschnitten, da man noch nicht wußte, in welcher Weise sie zu konservieren sind. Leider sind die Bilder damit dem Dekorationssystem entnommen, für das sie eigens gemalt worden sind. In Pompeji und Herculaneum kann man sich

Archäologisches Nationalmuseum: Orientierungsplan 1. Obergeschoß

›Der Kentaur Chiron lehrt Achill die Leier spielen‹, Fresko aus Herculaneum

überzeugen, welche Farbenpracht sie angesichts ihrer großflächigen und zart gegliederten Wandfelder entfaltet haben.

Im *Raum LXVI* Teile von Wänden aus dem 4. Stil der pompejanischen Wandmalerei (vgl. S. 162). Die illustonistische Architekturmalerei wird verklärt durch Groteskornamente. Im *Raum LXII* sind Beispiele italienischer Grabmalereien zu sehen: Fragment eines Frieses mit tanzenden Frauen (Ruvo, 5. Jh. v. Chr.; *Raum LXVII*).

Auffallend immer wieder die zarten Spielereien mit Tier- und Architekturmotiven: So hängen z.B. an Häuserwänden Fische, Geflügel oder ein Hase (aus der Villa des Diomedes, Pompeji, *Raum LXVIII)*. Im *Raum LXIX* steht man vor Wandfragmenten einer *Villa in Boscoreale* (bei Pompeji). Im folgenden Raum fallen kleine mythologische Szenen auf: Herkules bei Omphale (sie nimmt seine Waffen), Triumph des jugendlichen Dionysos, Orest und Pylades (sie wollen Iphigenie entführen). Es handelt sich z.T. um Bilder, die aus den Architekturrahmungen der pompejanischen Villen herausgeschnitten worden sind. Im *Raum LXXI* sind die großen Bilder aus der Basilika von Herculaneum zu sehen. In den folgenden *Räumen LXXII und LXXIII* kann man antike Kopien studieren. Auffallend die Darstellung des ›Antiope-Mythos‹, der uns schon vom ›Farnesischen Stier‹ her bekannt ist (vgl. Raum XI–XVI, Nr. 20). In den *Räumen LXXIV und LXXV* weniger interessante Arbeiten. Im *Raum LXXVIII* sind Wände aus der Villa des Agrippa Postumus, eines Enkels des Augustus, in Boscoreale (bei Pompeji) ausgestellt: Hier wird der dritte Stil am reinsten vorgeführt (vgl. S. 161): Der Schwarz-Rot-Kontrast (rote Wand über schwarzem Sockel) wird durch ein weißes Ornamentsystem gegliedert.

Die *Räume XC–XCVI* beherbergen Figuren, Geräte, Gefäße und Möbel aus Bronze. Im *Raum XCV* werden technische Geräte ausgestellt. Die Geschirrsammlung im *Raum LXXXII* ist ebenfalls sehenswert. Es fällt ein Tablett mit Tellern, Früchteschalen und reich verzierten Trinkgefäßen auf. Die Abteilungen mit Terrakotten *(Raum LXXXVI–LXXXVIII)* und Waffen *(Raum LXXIX)* sind ebenfalls einen kurzen Streifzug wert.

Im *Raum XCVI* steht eine Nachbildung der archäologischen Zone von Pompeji aus dem Jahre 1879 (Maßstab 1:100). An den Wänden Stilleben und Tierbilder aus Pompeji und Herculaneum.

In den *Räumen XCVII–CVII* (Zugang über die Empore des Raumes XCVI) sind Keramiken aus dem antiken Mittelmeerraum sowie Medaillons zu sehen.

Besonders interessant dürften hier Vergleiche zwischen griechischen und italienischen Vasen sein. Die im *Raum XCII* ausgestellten *Vasen* sind Grabbeigaben aus Cumae (8. Jh. v. Chr).

Archäologisches Nationalmuseum:
Orientierungsplan 2. Obergeschoß

Ihr Stil reicht vom Spätgeometrischen (vorwiegend Ornamente und ornamental aufgefaßte Figuren) über das Attische (schwarzfigurige Gefäße) bis zum Hellenistischen (voluminöse, dynamische Figuren). Besonders schöne Beispiele attischer rotfiguriger Keramik vom Ende des 5. Jh. und Anfang des 4. Jh. v. Chr. im *Raum C*. In der Mitte des *Raumes CI* stehen 5 kolossale Volutenkratere aus Apulien; sie waren als Grabvasen bestimmt. Im folgenden *Raum CII* ebenfalls Beispiele apulischer Keramik mit Grabreliefs in weißer Farbe und Darstellungen des Verstorbenen.

In dem an *Raum CV* angrenzenden Korridor eine Medaillen- und Gemmensammlung.

Museo Nazionale di Capodimonte: Gartenfassade

I4 Museo Nazionale di Capodimonte

Lage: Im Norden der Stadt. Die Via S. Teresa degli Scalzi führt direkt auf das Museum. Am Ende der Straße (ca. 1 km vom Mus. Arch.) eine prächtige Parktreppenanlage, über die man die Hügelkuppe von Miradois erreicht. Dort in einem Park das Museum.

Geschichte: König Karl III. ließ im Zuge des Ausbaues einer Kette von Jagdrevieren rings um die Stadt Neapel auch auf dem Hügel von Capodimonte einen Palast errichten. 1738 begann man mit den Arbeiten am Bau, und schon 1758 konnten sämtliche Bestände der Farnesischen Sammlung untergebracht werden. Winckelmann gehörte zu den ersten Besuchern der Galerie, und im Jahre 1761 kam Fragonard nach Capodimonte, um einige Bilder zu kopieren. Als Napoleon seinen Bruder Joseph Bonaparte in Neapel als König eingesetzt hatte, ließ dieser die Sammlung in den Palazzo degli Studi (dem späteren Museo Nazionale) hinunterschaffen, um sich in den Räumen einzurichten. Erst 1952 wurden die Bestände aus dem Nationalmuseum wieder nach Capodimonte gebracht, nachdem das Gebäude umfangreich renoviert worden war.

Der Bau beschreibt ein langgezogenes Rechteck mit drei Innenhö-
fen. Die äußeren Querbalken ragen über die Breite des Mittelbaues
hinaus. Es fallen zwei Pilasterordnungen auf: unten dorisch und oben
toskanisch (der dorische Pilasterschaft bekommt eine Basis und ein
Zierband; dafür fällt die Kannelierung weg).

Rundgang durch die Sammlung

Zur Gemäldesammlung gelangt man durch das Treppenhaus in das
2. Obergeschoß. Die Räume 13 und 25 bis 31 sind wegen Restaurierungsarbeiten geschlossen; es ist damit zu rechnen, daß weitere
Räume in der nächsten Zeit folgen. Viele Bilder aus den anderen
Räumen sind abgehängt, um gereinigt zu werden.

Die Renaissance-Bronzen aus dem 1. Obergeschoß befinden sich
nunmehr im *Raum 2* (Teppiche von Bernart von Orley).

Im *Raum 8* ist jetzt die berühmte ›Tavola Strozzi‹ (vorher in San
Martino) zu sehen, die aus dem Palazzo Strozzi in Florenz stammt
und eine Ansicht Neapels im 15. Jh. zeigt. Man erkennt das Castel
Nuovo, die große Mole und die im 18. Jh. zerstörte Hafenfestung
Torre San Vincenzo (vgl. Abb. S. 10/11).

Das Farnesekästchen vom 1. Obergeschoß ist im *Raum 17* aufgestellt. Darüberhinaus ist das 1. Obergeschoß unverändert.

Folgende Umstellungen sind auch noch für die nächste Zeit gültig:

Raum 12: Raffael.
Raum 15: Florentiner Manierismus (außer Vasari).
Raum 17: Hier hängt eine Auswahl der Bilder aus den Räumen 14
und 15.
Raum 37: Monsu, Rosa, Ribera.
Raum 42: Lorrain, Lanfranco, Caravaggio.
Raum 43 bis: de Beuckelaer.
Raum 44: Italienische Barockmaler.
Raum 45: Veduten und Porzellan.

Um eine Vorstellung von dem Museumsbestand zu vermitteln, ist
nachfolgend die alte Hängung aufgeführt. Auch kann man davon
ausgehen, daß nach den Restaurierungs- und Renovierungsarbeiten
die ursprüngliche Aufstellung wiederhergestellt wird.

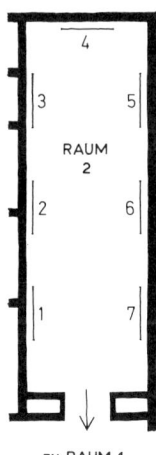

zu RAUM 1

Durch eine kleine Vorhalle hindurch kommt man in den *Raum 2*. Dort die berühmte *Teppichserie*, entstanden nach den Entwürfen von Bernart von Orley in Brüssel: Dargestellt wird die *Schlacht von Pavia* (24. April 1525) zwischen Kaiser Karl V. und Franz I. von Frankreich um die Herrschaft in Italien. Die Schlacht endete mit einem Sieg Karls V.: 1. Vormarsch der kaiserlichen Truppen. 2. Angriff auf die französische Artillerie. 3. Sturm auf das französische Lager. 4. Einbruch in das Lager. 5. Angriff der Spanier. 6. Gefangennahme Franz' I. 7. Flucht der Franzosen. Man sollte auch die ›Nebenszenen‹ betrachten, in denen das Kriegsgenre detailliert ausgemalt wird. Interessant auch das Stadtbild von Pavia (5).

Raum 4: Simone Martinis Krönungsbild (1317; sign. ›Simon de Senis me pinxit‹). Es stellt die Krönung Roberts des Weisen durch den hl. Ludwig dar (s. Abb. S. 12).

Raum 5 und 6: Von Masaccio und Masolino, zwei Malern der florentinischen Frührenaissance, sind eine Kreuzigung und zwei Tafeln eines Schneewunder-Altars aus S. Maria Maggiore, Rom, ausgestellt. Die Unterscheidung beider Meister ist nicht ganz einfach, doch fällt hier auf, daß Masolino (Schneewunder-Altar) weicher und zarter formuliert als der ältere Masaccio, dessen Christus rauh und kompakt vorgestellt wird.

Raum 7: Hier fallen besonders zwei Meister auf: *Filippino Lippi* und *Raffael*. Von Lippi stammt die ›Verkündigung‹ (ca. 1483/85). Man blickt auf das Arnotal und Florenz, dessen einzelne Gebäude genau zu identifizieren sind. Vom 17-jährigen Raffael sind die beiden Fragmente mit der Gestalt Gottvaters überliefert. Das ehemalige Altarbild für Città di Castello wurde 1789 bei einem Erdbeben zerstört. Es stellte die Krönung des Nikolaus von Tolentino dar.

Raum 8: Das eigenartige Doppelbildnis, dessen Signatur ›Jaco. Bar.‹ noch nicht identifiziert werden konnte, gehört wohl in die Thematik der Humanistenbilder: Bücher, Dodekaeder und mathematische Konstruktionen verweisen auf die wissenschaftlichen Fundamente der Künste.

Raum 10: Das um 1510 entstandene Bildnis des Kardinals Alexander Farnese (1534: Papst Paul III.) soll von Raffael gemalt worden sein. In

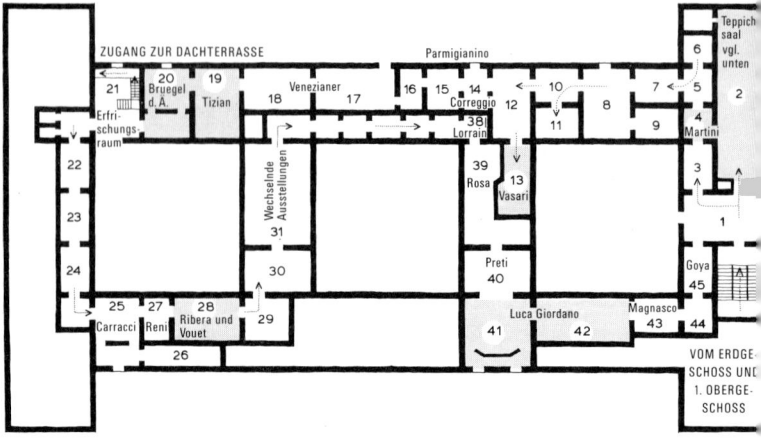

Museo Nazionale di Capodimonte: Orientierungsplan 2. Obergeschoß

den Stanzen des Vatikans befindet sich ein ähnliches Farnese-Porträt von Raffael. Doch ist die Ausführung teilweise so grob, daß man dieses Bild einem Gehilfen zuschreiben möchte.

Raum 11 und 12: Hier befinden sich Werke der Hochrenaissance aus Neapel und Süditalien sowie einige Arbeiten von Florentiner Manieristen.

Raum 13: Von *Vasari*, dem Architekten, Maler und Künstlerbiografen, stammen drei große Tafelbilder – zwei Darstellungen im Tempel und eine Allegorie der Gerechtigkeit. Vasaris Stil resultiert aus dem Studium Michelangelos – ihn nachzuahmen, so verkündete er, lehre die Geheimnisse der Malerei. *La bella maniera* – die Art des Michelangelo – wurde zum Programm der Akademien. Unter dem daraus abgeleiteten Begriff *Manierismus* sind viele Künstler des 16. Jh. zu sammeln. Die Vorliebe für exzentrische Kompositionen, deren Grundmuster die *Figura Serpentinata* ist, sowie kühle Farben und zunehmend auch profan-mythologische Themen prägen ihre Arbeiten. Ein typisches Beispiel für den Manierismus in thematischer und stilistischer Hinsicht stellt Vasaris ›Gerechtigkeitsallegorie‹ dar: Zu Füßen der Gerechtigkeit kauern angekettet *Eitelkeit* (alter Mann mit Krone und Geld), *Haß, Zorn* und *Neid*. Dem Frieden (zwei Tauben) wird der Lorbeerkranz zugesprochen; er wird von *Tempus* (Kronos/Saturn) als ›immerwährenden Frieden‹ präsentiert.

Zum Vergleich sind in diesem Raum noch weitere Manieristen wie z.B. Pulzone und Passignano ausgestellt.

Raum 14 und 15: In diesen Räumen lernt man *Correggio* (Antonio Allegri) kennen. 1489 geboren und 1534 gestorben, zählt der Künstler zu den Begründern der italienischen Barockmalerei. Der meist in Parma lebende und arbeitende Künstler hat das Licht als Bewegungsfaktor, ähnlich wie Caravaggio, doch nicht in dem starken Helldunkelkontrast, gestaltet. Die hier ausgestellten Werke stammen aus der Frühzeit: ›La Zingarella‹ (1515) – die ›Zigeunermadonna‹ – wohl eine ›Ruhe auf der Flucht‹ darstellend. Das ›Verlöbnis der hl. Katharina‹ von 1517, in dem Figur und Landschaft eine bewegte Einheit bilden. Von Correggio stammen ferner die Tafel mit dem hl. Antonius Abbas (S. Filippo Neri) und die beiden Nischenfiguren des hl. Joseph und eines Stifters.

Auch *Parmigianino* (Francesco Mazzola, 1503–1540), ein Zeit- und Ortsgenosse von Correggio, ist mit einigen Bildern vertreten: Eine junge Dame, pompös gekleidet, stellt die römische Kurtisane Antea dar. Die Hl. Familie mit dem Johannesknaben wird um 1528 datiert. Parmigianino hat viel von Correggio gelernt, doch herrscht bei ihm noch die typisch manieristische Malweise – verführerisches Raffinement, dekorative Farbigkeit – vor.

Raum 16, 17 und 18: An einer Bronzegruppe des aus Flandern stammenden *Giovanni da Bologna* (Jean Boulogne) geht man vorbei zu einem bemerkenswerten *Giovanni Bellini:* Die ›Transfiguration‹ von 1480 spielt sich in der oberitalienischen Landschaft ab (Raum 17). Von dort zu weiteren venezianischen Künstlern des 16. Jh.: *Palma Vecchio* und *Dosso Dossi* (Raum 18) zu *dem* Venezianer *Tiziano Vecellio.*

Raum 19: Im *Tizian*-Saal begegnet man dem größten Besitztum der Galerie. Der um 1477 in Pieve di Cadore Geborene war Schüler von Giovanni Bellini und später von Giorgione. Er ist ca. 99 Jahre später in Venedig gestorben. Die *Farnese-Portraits* bilden Tizians größte heute noch erhaltene Bildnisgruppe. Das nicht ganz vollendete Gruppenbildnis von 1546 zeigt Alessandro Farnese, Günstling des Borgia-Papstes Alexander VII. und später Papst Paul III., mit seinen beiden Enkeln Alessandro und Ottavio. Daneben das 1543 entstandene Einzelporträt, von dem Theodor Hetzer gesagt hat: »Es gibt kein grandioseres Beispiel der verewigenden Steigerung menschlicher Hinfälligkeit und Leidenschaft als das Bildnis des greisen Farnesepapstes, Pauls III.« Weitere Bildnisse zeigen Philipp II. als Vierundzwanzigjährigen und Karl V. (1548; letzteres dürfte nur teilweise von seiner Hand sein) sowie die von 1546 stammende Darstellung des Pier Luigi Farnese, Herzog von Parma und Piacenza, Sohn Pauls III. Ferner sind eine Danae, eine büßende Maria Magdalena und Tizians Tochter Latinia (Werkstattarbeit?) zu sehen. Eine ausgezeichnete

Tizian: ›Papst Paul III.‹

Portraitbüste Pauls III. von Guglielmo della Porta (um 1546) ist ebenfalls beachtenswert.

In diesem Saal hat man nicht nur tiefe Einblicke in die Kunst Tizians erhalten, sondern darüberhinaus grundsätzlich in die der venezianischen Schule: Die vorwiegend dunklen Braun- und Goldtöne, die Vorliebe für die Darstellung kostbarer Stoffe und glitzernder Ornamente erinnern noch an die in Venedig immer lebendig gebliebene byzantinische Tradition.

Raum 20: Ein totaler Szenenwechsel: Aus der aristokratischen Welt Tizians gelangt man in das derb-bäuerliche Ambiente Bruegels. *Pieter Bruegel d. Ä.* (1525/30–1569) hielt sich zwischen 1551 und 1554 in Italien auf. 1553 war er in Neapel, wo er durch seine Freundschaft zu Giulio Clovio auch Zugang zum Künstlerkreis um Alessandro Farnese fand. Sein bedeutendstes Bild in Neapel ist *Der Blindensturz* (1568), eine Allegorie der menschlichen Torheit nach Matthäus 15,14: »Wenn aber ein Blinder den anderen leitet, so fallen sie beide in die Grube.« Im Hintergrund eine Kirche und davor ein dürrer Baum, übliches Requisit, um die Dürftigkeit des Glaubens bei den Menschen anzuprangern. Neben diesem ›Lehrbild‹ ein weiteres von Bruegel: ›Der Misanthrop‹, der von der ›Welt‹ (in einer Glaskugel) bestohlen wird. Sein heuchlerischer Spruch, ›weil die Welt so treulos ist, lege ich Trauer an‹, wird von Bruegel entlarvt: Vorn wird sein dicker Geldbeutel (Zeichen der Habgier) sichtbar; im Hintergrund der Schäfer – Gegenbild wahrer, naiver Treue.

Ausgezeichnete Werke stellen ebenfalls die Flügelaltäre von *Joos van Cleve* und die Phantasielandschaften des *Herri met de Bles* dar. *Cranachs* ›Christus und die Ehebrecherin‹ sowie eine ›Hl. Familie in der Kirche‹ von einem Meister aus dem Umkreis des Konrad Witz sorgen für eine, wenn auch sehr dürftig vertretene, deutsche Note in diesem Raum.

Pieter Bruegel d. Ä.: ›Der Blindensturz‹

Es folgt der Erfrischungsraum (21); von dort gelangt man über eine Treppe zur *Dachterrasse*. Lohnender Ausblick über Neapel, den Golf und den Vesuv.

Raum 22–24: Hier finden wechselnde Ausstellungen aus den Beständen der Handzeichnungen statt.

Raum 25: Annibale und *Agostino Carracci* machen den Besucher mit einer neuen Variante der Barockmalerei Italiens bekannt. Die bei Parmigianino und Correggio auffallenden manieristischen Symptome fehlen. Statt dessen bemühen sich die Carracci um einen eher strengen und klaren Duktus. Auffallend die Neigung für Landschaftsmalerei. Annibales ›Herkules am Scheidewege‹ (1595–97, als Deckenbild im Palazzo Farnese, Rom, gemalt) und die ›Landschaft mit dem hl. Eustachius‹ führen das am deutlichsten vor Augen.

Raum 27: Guido Renis Atalante- und Hippomenes-Bild (ca. 1625) erzählt die Geschichte vom Wettlauf der Liebenden (der Sieger erhält die Braut). Komposition und Ausführung sind noch strenger, fast schon klassizistisch geraten.

Raum 28: In diesem Raum kann man die verschiedenen Möglichkeiten der Hell-Dunkel-Malerei in der Folge *Caravaggios* kennenlernen: Caravaggios ›Geißelung‹ (aus S. Domenico Maggiore). Der scharfe Lichtkontrast wurde zum Kanon der jüngeren neapolitanischen Malerschule des Barock erhoben. Der Spanier *Ribera* (hl. Hieronymos) war einer der eifrigsten Vertreter dieser Malerei in Neapel (vgl. S. 16). *Vouets* ›Beschneidung‹ und *Caracciolos* ›Christus an der Säule‹ führen verschiedene Möglichkeiten dieser Malweise vor.

Die *Räume 29, 30, 31* sind ebenfalls reserviert für wechselnde Ausstellungen.

Raum 32 bis 37: Hier lernt man an einigen Beispielen den *neapolitanischen Hochbarock* kennen: Andrea Vaccaro, Francesco Guarino, Micco Spadaro oder Bernardo Cavallino, ein Schüler Stanziones – sie alle wandeln auf den Wegen von Caravaggio oder Ribera. Im Raum 36 fällt ein *Desiderio Monsù* auf. Dieser eigenwillige Meister aus dem 16 Jh., in öffentlichen Sammlungen kaum zu finden, ist mit einem unheimlichen Genre vertreten: ›Titus zerstört den Tempel von Jerusalem‹.

Raum 38: Schon von weitem fällt ein prächtiger *Claude Lorrain* auf. Seine überaus zarten Landschaften, die utopistisch verklärt arkadische Sehnsuchtsgegenden vorstellen, sind über Europa und Amerika verstreut. Die um 1669 entstandene ›Landschaft mit der Nymphe Egeria‹ (über den Tod des Numa Pompilius klagend) stellt einen Kontrast zu dem nun folgenden Landschafter *Salvatore Rosa* dar:

Mattia Preti: Modell-Bild für das Pest-Fresko (1656; Mus. Naz. di Capodimonte) ▷

Raum 39: Rosas Schlachtenbild stellt in düsteren Farben rasende Massenszenen dar (vgl. S. 17).

Raum 40: Hier hängen zahlreiche Werke des Kalabresen *Mattia Preti* (vgl. S. 18). Die steilen Verkürzungen, das flackernde Licht und die dramatischen Bewegungen sind von Caravaggio, Guercino und Tintoretto angeregt. Die ›Rückkehr des verlorenen Sohnes‹, das ›Gastmahl des Balthasar‹ sowie das ›Gastmahl des Absalon‹ geben Proben von seinem Können.

Raum 41 und 42: Luca Giordano (vgl. S. 18) zählt wohl zu Neapels größten Barockmalern. In den beiden Räumen sind einige Meisterwerke versammelt: Die ›Madonna del Rosario‹ von 1657 zählt zu den frühesten Arbeiten des Künstlers. 1659 sind die beiden Gastmähler (Herodias und Hochzeit zu Kanaa) entstanden, 1663 die ›Lukrezia‹, ein betörender Rückenakt, ganz im venezianischen Geiste. Eine famose Gruppenkomposition – gegliedert in zwei Bildzentren – wird in seinem ›Franz Xaver und Francesco Borgia‹ vorgestellt. Im *Raum 42* kann man noch drei großformatige Schlachtenbilder Giordanos bewundern. Sie sind um 1690 entstanden und stellen folgende Szenen dar: Semiramis verteidigt Babylon; Horatius Cocles kämpft am Pons Sublicius gegen Porsenna, Amazonenschlacht.

Raum 42 ^{bis}: Nur kurz zu erwähnen sind drei Schlachtenbilder von Salvatore Rosa, eine ›Hagar in der Wüste‹ von Solimena, ein Fischstilleben von Recco und zwei eigenwillige, fast schon komisch zu nennende Interieur-Szenen von Traversi.

Raum 43: Marieschi, Magnasco und *Pannini* sind oberitalienische Maler des 18. Jh. Pannini stellt lyrische Ruinenstücke vor. In den Arbeiten Magnascos kann man einen späteren Nachklang manieristischer Kunst beobachten. Das flackernde Licht und die vorwiegend in dunklen Tönen gehaltenen Formen erinnern an die Kunst El Grecos oder Tintorettos. Sein Pinselstrich weist dagegen schon auf das 19. Jh. – auf die Kunst der französischen Impressionisten.

Raum 44 und 45: Ruinenlandschaften und Hirtenstücke – das sind die beliebtesten Themen des 18. Jh. Die Neapolitaner *Coccorante* und *Pagano* stellen solche Motive vor. Kurz vor dem Ausgang trifft man auf die lebensgroßen Bildnisse des spanischen Königspaares Karl IV. und Marie-Louise von Parma von *Francisco Goya* (um 1790). Das Herrscherpaar ist nicht nur kritisch distanziert, sondern häßlich und böse wiedergegeben worden. Das gilt besonders für die Monarchin, die zusammen mit ihrem Geliebten, dem Staatsminister Godoy, ihren Gatten unter Druck gesetzt hat. Nach seiner erzwungenen Abdankung zog sich Karl IV. wieder in seine Heimat Neapel zurück und widmete sich der Jagd. So hat ihn Goya treffend charakterisiert – als einfältigen, zu keiner Herrscherwürde befähigten Jäger.

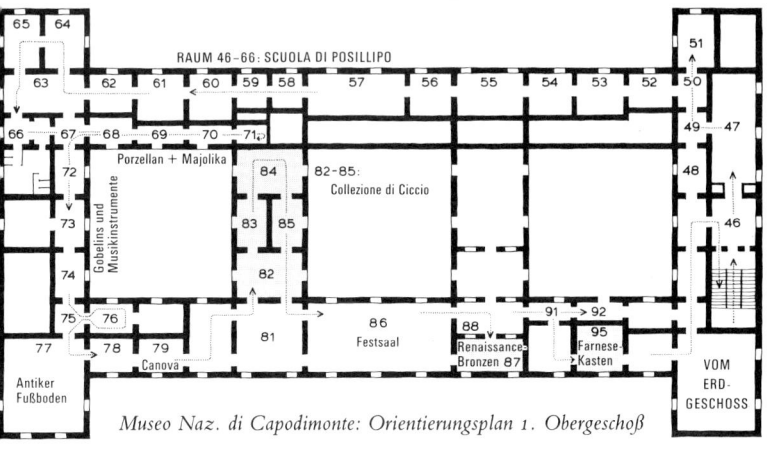

Porzellan + Majolika

82–85:
Collezione di Ciccio

Gobelins und Musikinstrumente

Festsaal

Renaissance-
Bronzen

Farnese-
Kasten

Canova

Antiker
Fußboden

VOM
ERD-
GESCHOSS

Museo Naz. di Capodimonte: Orientierungsplan 1. Obergeschoß

1. Obergeschoß: Die historischen Räume des Palastes mit Gemälden und Skulpturen des 19. Jh. sowie einem Kunstgewerbemuseum.

Man beginnt mit dem Rundgang gleich im Anschluß an das Treppenhaus mit den *Räumen 46 und 47.* In diesen und den folgenden Räumen *(bis Raum 66)* kann man Beispiele der ›Scuola di Posillipo‹ kennenlernen. Es handelt sich hier um eine Schule von Landschafts- und Genre-Malerei um Philipp Hackert und Alexandre Dunouy, die als italienische Variante der ›Ecole de Barbizon‹ gelten konnte.

Die *Räume 68 bis 71* enthalten eine reiche Auswahl aus der königlichen Porzellan- und Majolikasammlung sowie neapolitanische Gobelins aus dem 18. Jh. In den *Räumen 72 bis 75* weitere Gobelins und einige Musikinstrumente. Im großen Ecksaal *(Raum 77)* fällt ein antiker Fußboden mit geometrischen Marmormustern auf. Er wurde in einer der Villen des Tiberius auf Capri gefunden.

Im *Raum 79* sollte man einen Blick auf ein lebensgroßes Gipsmodell von Antonio Canova, dem führenden Klassizisten Italiens, werfen. Es stellt Lätitia Bonaparte, die Mutter Napoleons I., dar.

In den *Räumen 82–85* ist die Collezione de Ciccio, eine kunstgewerbliche Sammlung, untergebracht. Die ersten beiden Räume enthalten einzigartige Majoliken aus dem 15. und 16 Jh., die *Räume 83 und 84* schöne Stücke aus der Porzellan-Sammlung. Sie wird ergänzt durch eine Sammlung riesiger Chinavasen aus dem 17. und 18. Jh. Beachtenswert sind auch die Kleinbronzen, Murano-Gläser und besonders die toskanischen Terrakotta-Reliefs des 15. Jh.

Der große Festsaal (Raum 86) wurde 1835/38 von Künstlern unter der Leitung von Antonio Niccolino und Salvatore Giusti dekoriert.

Der *Raum 87* ist wohl der bedeutendste. Er enthält eine Sammlung von *Bronzeskulpturen der italienischen Renaissance.* Giovanni da Bolognas ›Merkur‹ – eine verkleinerte Replik des Originals von 1564 im Bargello zu Florenz – demonstriert den gezierten Stil des Manierismus. Daneben ›Herkules bezwingt den eurymanthischen Eber‹ von demselben Künstler. In den Vitrinen qualitative Kleinbronzen von Pollaiuolo, Ricci und Bandinelli. Dann einige Stücke aus der farnesischen Kunstkammer, wie z.B. Helm und Schild des Ottavio Farnese.

Im *Raum 91* befindet sich die Medaillen- und Münzsammlung. Im folgenden *Raum (92)* wird mittelalterliches Kunsthandwerk gezeigt. Es fallen die deutschen Elfenbeinarbeiten aus dem 17. Jh. auf: Ein Krug mit Jagdszenen und ein ovales Tablett mit Bildern aus Ovids ›Metamorphosen‹.

Im *Raum 95* ist schließlich der berühmte *Cofanetto Farnese* (Abb. unten) aufgestellt. Dieses Kästchen aus vergoldetem Silber ist zwischen 1548 und 1561 für den Kardinal Alessandro Farnese angefertigt worden. Vasari nennt den Cellini-Schüler Sbarri als Meister. Im Kästchen wurden wahrscheinlich Bücher und Manuskripte aufbewahrt. An der Innenseite des Deckels ist der Raub der Proserpina dargestellt. An den Ecken die 4 Göttergestalten Mars, Minerva, Diana und Bacchus. Die Flachreliefs zeigen Taten des Herkules, dem ›Schutzpatron‹ der Farnese.

›Farnese-Kästchen‹

Einen kleinen Ausflug durch den Schloßpark sollte man unbedingt unternehmen, der mit herrlichen Ausblicken auf den Vesuv überrascht. Die Anlage wird durch 5 große Alleen, die sich sternförmig ausbreiten, gegliedert. Das Konzept geht auf einen Plan von Sanfelice zurück. Von ihm stammen auch die Gebäude der *königlichen Porzellanmanufaktur* und die kleine *San Gennaro-Kapelle* am Ende der linken Allee.

15 Palazzo Reale

Lage: An der Piazza del Plebiscito.

Geschichte: Ferrante I., Sohn des Alfons von Aragon, plante in der Nähe des heutigen Palazzo einen neuen Palast. Die hierfür schon vorgelegten Pläne von Giuliano da Sangallo von 1488 wurden allerdings nicht verwirklicht. Erst als 1599 der Vizekönig Don Fernandes Ruiz de Castro einen Palastbau beschlossen hatte, wurde dieser lange Zeit später gebaut. *Domenico Fontana* entwarf einen prachtvollen Palast. Er konzipierte drei nebeneinanderliegende Innenhöfe und eine in die Länge weit ausgedehnte Fassade. Damit nahm er Abschied vom herkömmlichen Würfelpalast der Renaissance. Im Jahre 1602 konnte das Erdgeschoß bezogen werden. Die weiteren Arbeiten kamen nur zögernd voran. Das Projekt wurde abgewandelt: An der linken Seite des Hofes erbaute Picchiatti ein Treppenhaus. 1837 hat ein Brand den Nordostflügel weitgehend zerstört. So wurde

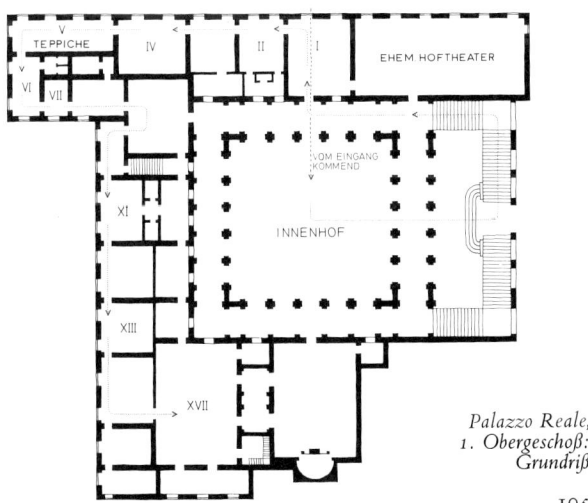

*Palazzo Reale,
1. Obergeschoß:
Grundriß*

Palazzo Reale: Fassade an der Piazza del Plebiscito. In den Nischen Statuen von Herrschern aus dem Königreich Neapel, von links nach rechts: Roger, Friedrich II. von Hohenstaufen, Karl I. v. Anjou, Alfons I. v. Aragon, Kaiser Karl V., Karl v. Bourbon, Joachim Murat, Vittorio Emanuele

der Palast noch einmal neu überdacht, um- und weitergebaut. Die dem Meer zugewandte Seite wurde nach Osten verlagert und um ein Geschoß erhöht.

Die Fassade: Das Erdgeschoß ist in seiner gesamten Länge als Pfeilerportikus gestaltet. Die Geschoßhöhen nehmen von unten nach oben gleichmäßig ab. Entsprechend ist auch die Säulenordnung dorisch – ionisch – korinthisch. Ansonsten ist die Fassade nüchtern, aber klar gegliedert und architektonisch durchdacht.

Ebenso nüchtern ist der quadratische Innenhof gehalten, an dessen linker Seite ein architektonisch äußerst reizvolles Treppenhaus anschließt, das zu den königlichen Gemächern führt.

Museum: Man wendet sich zur linken Treppenhaushälfte und gelangt von dort in die historischen Räume.

Raum I: Zwei herrliche Gobelins nach Le Brun, Allegorien der Luft und des Feuers darstellend. Die Elemente werden durch Vögel, einen Sturmgott sowie Hephaistos als Waffenschmied repräsentiert.

Raum II: An der Decke ist der Triumphzug des Alfons von Aragon dargestellt (Corenzio). An den Wänden· Bilder von Ribera (›Besuch der Hl. Familie beim hl. Bruno‹), Stanzione (›Einkleidung des hl. Ignatius‹), und Honthorst (›Orpheus spielt bei den Tieren‹).

Raum V: Die Teppichserie aus dem I. Raum findet hier ihre Fortsetzung mit anderen Elementen: Erde und Wasser. Entsprechend sind Pflanzen, Obst, Ackergerät sowie Neptun und Amphitrite zusammen mit Meeresfrüchten dargestellt. An der Decke ist wieder ein Fresko von Corenzio bemerkenswert. Es zeigt die kriegerischen Handlungen der spanischen Könige.

Palazzo Reale: ›Das Feuer‹ oder ›Die Schmiede des Vulkan‹ (Gobelin)

Raum VI: Das Bildnis des Pier Luigi Farnese soll von Tizian stammen. Man ist jedoch viel eher geneigt, an andere oberitalienische Maler zu denken, etwa an Künstler aus dem Umkreis des Parmigianino. In unmittelbarer Nähe eine ›Hl. Familie‹ von Filippino Lippi. Daneben: Jan Lys ›David als Sieger‹.

Raum VII: Hier ein Meisterwerk von Mattia Preti (vgl. S. 18): ›Rückkehr des verlorenen Sohnes‹ – Fracanzano hat einen Apostelkopf gemalt und A. Vaccaro einen prächtigen Orpheus. Um ihn tummeln sich Tiere, unter ihnen sogar im Hintergrund ein Dromedar. Die sich drohend nähernden Mänaden, denen er bald zum Opfer fallen wird, wagen noch nicht, ihn zu ergreifen. Vaccaro hat auch Jacob und Rahel sowie die hl. Katharina im Gebet gemalt. Die Darstellung von Lot und seinen Töchtern stammt von Stanzione. Luca Giordano hat den Erzengel Gabriel und eine Verkündigung gemalt.

Raum XIII: In diesem Raum fallen niederländische Künstler auf – Portraits aus dem 17. Jh. und die bekannten ›Geldwechsler‹ von Marinus van Roymerswaele.

Raum XVII, auch Herkules-Saal genannt: Die Dekorationen sind erneuert. P. Doranti hat die Wandteppiche mit der Geschichte von Amor und Psyche geschaffen (ca. 1780).

16 Museo Nazionale di San Martino

Lage: Auf dem Vomero. Anfahrt mit der Funicolare (Talstation gegenüber der Galleria Umberto).

Geschichte: Karl von Anjou, ältester Sohn Roberts d. Weisen, hat im Jahre 1325 das Kloster für die *Kartäuser* gründen lassen. Unter den Baumeistern wird auch Tino da Camaino genannt. Im 16. Jh. wurde das Kloster erneuert, und im 17. Jh. konnte der junge Architekt Cosimo Fanzago erste Proben seines Könnens abgeben.

1866 wurde in dem Kloster auf Betreiben des Archäologen Fiorelli das *Nationalmuseum* eingerichtet: Gemälde, Skulpturen und Kleinkunst sowie Kuriosa aus Neapel machen seinen Besitz aus.

Kirche San Martino (1): An der linken Seite des Vorhofes öffnet sich die Vorhalle der Kirche. Ihre Fassadendekoration stammt von Fanzago. An den inneren Stirnwänden Fresken von Spadaro: Verfolgung der Kartäuser in England (1644). Das Innere ist kreuzgewölbt, querschifflos und als *Pfeilerbasilika* konzipiert. Fanzago hat die Marmordekorationen gestaltet.

Ausstattung: Die Wölbung des Langhauses weist eine Himmelfahrt Christi von Lanfranco (1638) auf. In den Arkadenzwickeln ein Prophetenzyklus von Ribera (1638–43). In der zweiten Kapelle links eine Apotheose des hl. Bruno von Stanzione. Von der ersten Seitenkapelle rechts gelangt man in die Dornenkranzkapelle mit Stuckdekoratio-

San Martino: Großer Kreuzgang

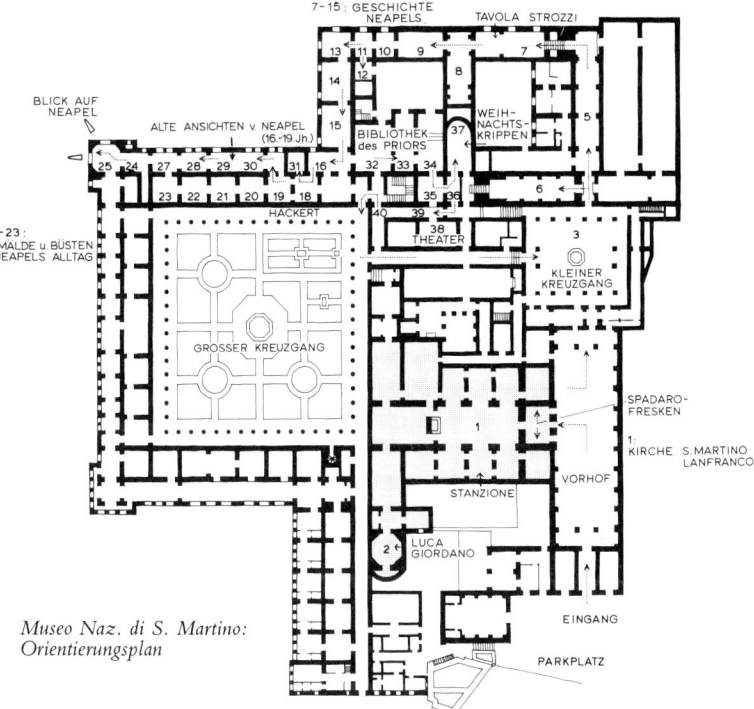

7-15 : GESCHICHTE NEAPELS   TAVOLA STROZZI

Museo Naz. di S. Martino:
Orientierungsplan

nen von Vaccaro. Im Zentrum der Apsis eine ›Anbetung der Hirten‹
von Guido Reni (1641). An den Seitenwänden der Apsis 4 große
Wandbilder von Caracciolo (1622), unter denen eine Fußwaschung
auffällt. Hinter der Apsis die Sakristei und dahinter die *Cappella del
Tesoro* (2) mit herrlichen Gewölbefresken von *Luca Giordano.* Sie
zählen zu seinem letzten Lebenswerk (1704). Im Deckenbild ist der
›Triumph der Judith‹ dargestellt (vgl. Abb. S. 17).

Nach Verlassen der Kirche kommt man links in den kleinen *Kreuzgang* (3) mit hübschem Ziehbrunnen von Felice nach Entwürfen von
Dosio.

Rundgang durch das Museum

Zur Zeit ist nur ein kleiner Teil der Sammlung zugänglich, die Abteilung der Weihnachtskrippen bis auf weiteres geschlossen. Die
Restaurierungsarbeiten werden noch viele Jahre in Anspruch nehmen. Die ›Tavola Strozzi‹ befindet sich nunmehr im Museo Nazionale di Capodimonte. Folgende Räume sind zugänglich und haben
ihre endgültige Aufstellung gefunden:

Raum 6: Spätmittelalterliche italienische Skulptur und Renaissance-Möbel.

Raum 7: Französische, flämische und italienische Meister des 15. und 16. Jh.

Raum 8: Pietro Bernini (Vater des berühmten Gianlorenzo Bernini) Marmorskulptur des hl. Martin, entstanden um 1605, kurz vor der Übersiedlung von Vater und Sohn nach Rom.

Raum 9–13: Napoletanische Meister des 17. Jh., u. a. Caracciolo.

Raum 14, 15: Italienische Barockmaler, Francesco de Rosa, Andrea Vaccaro.

Raum 16–30: Geschichte Neapels in Veduten und Porträts.

Raum 18: Historische Ereignisse, wie z. B. die Pest von 1656, auf großformatigen Tafeln.

Raum 19: Höfische Ereignisse von Neapel.

Raum 20: Lichtvolle Veduten von Neapel und dem Golf aus dem 18. Jh.

Raum 21: J. Ph. Hackert ›Ernte bei Carditello‹, um 1800.

Um einen Überblick über die Sammlung zu vermitteln, ist die alte Aufstellung der Exponate nachfolgend aufgeführt.

Wenn man den kleinen Kreuzgang verläßt, gelangt man durch ein Vestibül zum Raum 6 (links). Wieder zurück, durchmißt man Raum 5 und gelangt über eine kleine Treppe in den Raum 7. Von hier bis zum Raum 15 kann man die *Geschichte Neapels* (nach Herrschern und wichtigen Daten geordnet) kennenlernen.

Vom Raum 15 gelangt man rechts in die Räume 16, 31, 30 und 29. Im Raum 29 werden *alte Ansichten* von Neapel aus dem 16. bis 19. Jh. (meistens von einheimischen Künstlern gemalt) vorgestellt.

Zurück in den Raum 30, gelangt man rechts in den Raum 19: Hier ein *Modell des Klosters* und der anschließenden Burg *(Castel S. Elmo)*.

Neben Schiffsmodellen und nautischem Gerät eine Serie großformatiger Veduten von Philipp Hackert. Er stellt die Häfen der neapolitanisch-sizilianischen Königreiche dar.

Die anschließenden Räume 20 bis 23 zeigen Gemälde und Büsten aus dem historischen Alltag Neapels.

Vom letzten Raum (23) erreicht man durch einen Korridor die Südost-Ecke des Klosters. Dort (Raum 25) ein *Belvedere* mit prächtigem Ausblick über die Stadt. Auf dem gleichen Wege zurück, gelangt man über die Räume 18 bis 16 in den Raum 32. Dieser und der folgende (33) bildeten die Bibliothek des Priors. Der Majolikafuß-

›Il Presepio di Cuciniello‹, eine der berühmtesten neapolitan. Weihnachtskrippen

boden (17. Jh.) mit Tierkreiszeichen. An der Decke der Triumph des katholischen Glaubens, die Apotheose des hl. Martin und die Übergabe der Kartäuserregel an den hl. Bruno.

Im anschließenden Raum 34 ein Korkmodell des Poseidon-Tempels in Paestum mit einer inwendig aufgestellten Weihnachtskrippe.

In den Räumen 35 bis 37 trifft man auf eine neapolitanische Spezialität: die *Weihnachtskrippen aus dem 18. und frühen 19. Jh.* – eine der interessantesten Selbstdarstellungen neapolitanischen Lebens.

In den folgenden Räumen und Korridoren 38–40 wird die Geschichte der neapolitanischen Theater in zahlreichen Modellen, Masken, Plakaten, Programmzetteln und Bildern erzählt.

Über den Raum 40 gelangt man in den *großen Kreuzgang,* dessen Grundform noch aus dem 14. Jh. stammt. Die Umgestaltung im 16. und 17. Jh. war nur dekorativer Natur. Die barocken Motive, wie kannelierte Hermenpilaster in den Bogenzwickeln und Lilienarabesken über den ausschwingenden Konsolen stammen von Fanzago. Von der *Spianta S. Martino* führen lange und gewundene *Treppenanlagen* hinunter in die Stadt. Obgleich der Weg sehr mühsam ist, sollte man ihn dennoch wagen. Man erhält einzigartige Einblicke in Hinterhöfe, kleine Plätze, Dachgärten, vor dem großartigen Panorama der Stadt, dem Golf und dem Vesuv.

17 Villa Floridiana-Museo Nazionale della Ceramica ›Duca di Martina‹

Lage: Am Südhang des Vomero unweit des Castel S. Elmo. Zugang entweder von dort (Funicolare von der Talstation gegenüber der Galleria Umberto) oder von der Villa Comunale (Funicolare oberhalb S. Teresa a Chiaia). Eingang: Via Cimarosa 77.

Geschichte: Im Jahre 1816 hat König Ferdinand das Grundstück erworben, um für seine Gemahlin, Lucia Migliaccio Partanna, Herzogin von Floridia, eine Villa bauen zu lassen. Der Baumeister war *Antonio Niccolini.* Ende des 19. Jh. erwarb ein Freund des deutschen Zoologen Anton Dohrn die Villa. 1913 ging sie in Staatsbesitz über und wurde nach dem Zweiten Weltkrieg (schwere Verwüstungen) als Keramikmuseum eingerichtet.

Der *Park* mit seinen verschlungenen Wegen, die zu künstlichen Ruinen und Rundtempelchen führen, variiert den ›englischen Parktypus‹. Die *zweigeschossige Villa* ist in strenger dorisch-ionischer Pilastergliederung gehalten. Die zurückhaltend verwendete Bauplastik läßt den Schritt vom Spätbarock zum Klassizismus ahnen. Sein nüchterner Schematismus kommt an der Südfront – der Schauseite zum Meer – zur Geltung: Die Dachkante bildet eine an keiner Stelle unterbrochene Horizontale. Die Verteilung der Fenster – im Zentrum eng und an den Seiten weiter auseinander stehend – vermag ebenfalls keine Bewegung in die Fassade zu bringen. Vielleicht haben dafür die verloren gegangenen Vasen und Kandelaber auf der Balustrade gesorgt.

Das Museum   Nr. 17

Die reiche Sammlung von *Placido di Sangro, Herzog von Martina,* wurde 1931 dem italienischen Staat gestiftet.

Sockelgeschoß. Hier befinden sich zahlreiche *Ostasiatica:* Japanisches und chinesisches Porzellan, Bronzen, Lackarbeiten, Jade und Bergkristalle.

Erdgeschoß: Die *Majolika-Sammlung* umfaßt italienische, französische und spanisch-islamische Stücke. Ferner sind Gläser, Goldschmiedearbeiten, Elfenbein, Emaillen sowie ausgezeichnete *Möbel* zu sehen. Die Gemäldesammlung umfaßt Arbeiten von Micco Spadaro und Giacomo del Pò. Im Raum 21 ein dem Marco Cardisco zugeschriebener Christuskopf aus dem beginnenden 16. Jh. und im Raum 22 eine ›Grablegung‹ (Miniatur) von Giulio Clovio.

Obergeschoß: Eine qualitätvolle Sammlung erstrangiger *Porzellane* aus allen europäischen Werkstätten.

18   Palazzo Cuomo – Museo Civico Filangieri

Lage: Vom Corso Umberto I. biegt man in die Via del Duomo (Richtung Norden). Nach 150 m auf der linken Seite der Palast.

Geschichte: Der Palast wurde zwischen 1464 und 1490 für den neapolitanischen Kaufmann *Angelo Cuomo* gebaut. 1880 hat man den Palast vollständig abgebrochen, um Raum für die neu anzulegende Villa del Duomo zu schaffen. Die Fassaden wurden nach altem Befund wieder aufgebaut; die Innenräume hat man allerdings umgestaltet. Fürst *Gaetano Filangieri* hat die Kosten übernommen und seine Kunstsammlung gestiftet.

In der Fassadengliederung verspürt man das Vorbild der florentinischen Frührenaissance. Das gilt besonders für die groben Rustikaquadern des Untergeschosses und die Gestaltung des Rundbogenportals. Die eigenartige Fensteranordnung entspringt sicherlich nicht dem Plan des Architekten, sondern deutet auf eine wechselvolle Baugeschichte. An der südlichen Seitenfassade kann man noch mittelalterliche Bauformen in den Profilen der Fenster erkennen.

Das Museum   **Nr. 18**

Eingangsraum: Antonio Canova, der italienische Klassizist, hat 1804 die Terrakottabüste Ferdinands I. von Bourbon geschaffen. Sie diente als Studie für das Reiterdenkmal Ferdinands I. auf der Piazza del Plebiscito. In der Nähe eine weibliche Büste von Cattieri oder eines ihm nahestehenden Künstlers aus dem 18. Jh. Jac. della Pila und Tomm. Malvito haben die Skulpturen (nur noch in Fragmenten) aus dem 14. und 15. Jh. gestaltet. Ferner chinesische Fahnen und Waffen.

Obergeschoß: Die Gemäldesammlung weist interessante Stücke aus dem 17. und 18. Jh. auf. Hier nun die wichtigsten: Zwei Landschaften von Frans van Bloemen, eine hl. Magdalena von Guercino, Ruinenstücke und Veduten von Pannini und Marieschi; Francesco de Mura hat die ›Anbetung der Hirten‹ gemalt. Die beiden Bozzetti (›Gastmal des Balthasar‹ und ›Triumph der Galathea‹) stammen von Luca Giordano, von Boucher ›Venus und Amor‹, von A. Vaccaro ›Hl. Agatha‹ und ›Hl. Magdalena‹. Die drei Gemälde von *Ribera* bilden den Hauptakzent der Sammlung: ›Kopf Johannes d. T.‹ (1647), ›Ägyptische Maria‹ (1651), ›Gottvater mit Engel‹. Mattia Preti: ›Begegnung von Peter und Paul vor den Toren Roms‹.

Palazzo Cuomo

Die Vitrinen enthalten u. a. Kleinplastiken, Stoffe, Majolika und Porzellan.

Während des 2. Weltkrieges wurden die Bestände nach Nola in Sicherheit gebracht. Deutsche Soldaten legten dort ein Feuer und vernichteten damit Bilder von Botticelli, Luini, Stanzione, Preti, Solimena und Luca Giordano.

19   Die Katakomben von Neapel

S. Maria della Sanità, S. Gennaro extra moenia, S. Severo alla Sanità

Allgemeines: Katakomben (griech., lat.: ›catacumbae‹) bedeutet *unterirdische Grablegungen.* Diese sind in langen Gängen (Korridoren), zuweilen auch übereinander angeordnet. Die Katakomben sind, wie für antike Friedhöfe üblich, außerhalb der Stadt angelegt. Nach Rom sind die Katakomben von Neapel die bedeutendsten in Italien. Sie verdanken ihre Bewahrung der Bestattung der Bischöfe des 4. bis 8. Jh.

Santa Maria della Sanità: Die Kirche, deren grüne Majolikakuppel schon von weitem zu sehen ist, wenn man sich auf dem Weg vom Archäologischen Museum nach Capodimonte befindet, liegt im malerischen ›Valle della Sanità‹, so benannt nach zahlreichen Wundern und Wunderheilungen, die sich hier abgespielt haben sollen. Zugang über Treppen von der Via Santa Teresa degli Scalzi oder unterhalb der Hochstraße über die Via della Sanità nahe des Palazzo Sanfelice. – Die Grotta di San Gaudioso ist der älteste Teil der Kirche (s. u.). Im Mittelalter ist das Kirchengebäude zerfallen und erst im 16. Jh. durch Dominikanermönche wiederaufgebaut worden. Den heutigen Bau errichtete der Dominikaner Giuseppe Donzelli im 17. Jh. Auf ihn geht die schon erwähnte und in Neapel einzigartige Majolikaverkleidung der Vierungskuppel zurück.

Grotta di San Gaudioso: Die Anlage stammt aus dem 5. oder 6. Jh. Zu dieser Zeit wurde ein Bischof Gaudiosus aus Abitinae (Afrika) als Gründer eines Klosters genannt. Die Mosaikinschrift und das Rundbild des Bischofs sind erhalten. In einem anderen Nischengrab ein Lünettenfresko mit dem hl. Petrus.

San Gennaro extra moenia Nr. 19

Lage: Von der Via S. Teresa degli Scalzi kurz hinter S. Maria della Sanità links ab und hinauf zum Fuß der Anhöhe von Capodimonte. Am Ende der kleinen Straße die Kirche S. Gennaro extra moenia. Die Eingänge befinden sich gegenüber der Ostwand der Kirche.

Der Urbau von S. Gennaro war das Kultzentrum eines frühchristlichen Gräberbezirks (Coemeterialkirche; 2.–10. Jh.). Hier wurden Bischöfe, Herzöge von Neapel und Märtyrer bestattet. Der in Neapel größte Katakombenkomplex mit vielen Verästelungen ist bislang noch nicht vollständig erforscht worden.

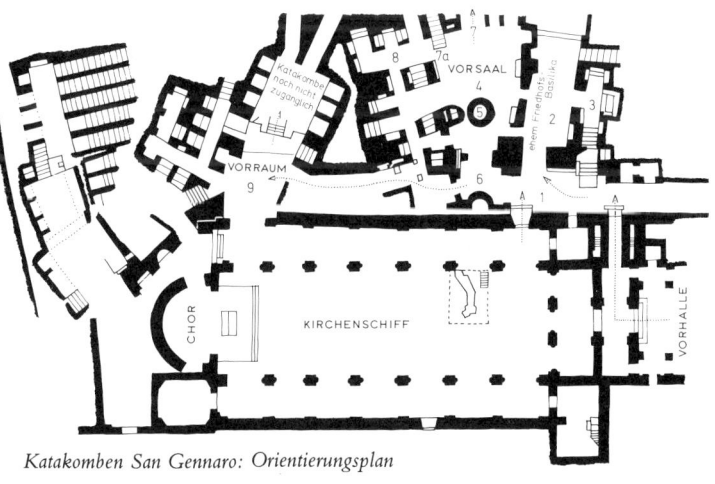

Katakomben San Gennaro: Orientierungsplan

Vom Vorhof (1) gelangt man in die alte *Friedhofsbasilika* (2). Im hintersten Raum ein Bischofsthron: Rechts ein Kindergrab mit Ornamenten (3). Rechts neben der Basilika der Vorsaal (4) mit Taufbrunnen (5) und dem Oratorium des Johannes (6). Am hinteren Ende öffnet sich ein Korridor mit Grabkammern (7). Dort Fresken aus dem Alten Testament (Moses schlägt Wasser aus den Felsen). Man wendet sich wieder dem Ausgang des Korridors zu und gelangt in den Vorsaal. Gleich rechts führen Treppen (71) in das zweite Stockwerk. Man gelangt in ein Cubiculum (Wohn- und Schlafzimmer), in dem Groteskenornamente aus dem 2. Jh. zu sehen sind und weitere frühchristliche Fresken aus dem Alten Testament. Links neben dem Korridor-Zugang ein Fresko des Kirchenpatrons (8). Zurück zum Vorhof und weiter rechts zum nächsten Vorraum (9), der zu einer älteren, noch nicht zugänglichen Katakombe führt.

San Severo alla Sanità   Nr. 19

Lage: Von S. M. della Sanità weiter den Hügel von Capodimonte hinauf. Nach wenigen Metern die Kirche S. Severo alla Sanità. Zugang links von der Kirche Salita dei Cinesi 74.

Hier wurde Bischof Severus (362–408) bestattet. In den Korridoren noch weitere Bischofs- und Märtyrergräber, sowie Malereien aus dem Anfang des 5. Jh.

20 Kloster der Kamaldulenser

Auf einer Bergkuppe am nordwestlichen Stadtrand von Neapel. Zufahrt über den Vomero und Antignano (vor dem Tunnel der Piedigrotta rechts ab zum Corso Vitt. Emanuele) oder über Capodimonte (westlich des Museums dem Viale Colli Aminei folgen).

Das Kloster wurde im Jahre 1582 von den Kamaldulensern gegründet. 1012 hatte der hl. Romualdus in Camaldoli (bei Arezzo) einen den Benediktinern nahestehenden Orden gegründet.

Die Kirche *S. Maria Scala Coeli* ist weiter nicht bemerkenswert – ein einfacher Saal mit Seitenkapellen. Stanzione hat das Abendmahlsbild an der Eingangswand gemalt. Interessanter ist der Klosterbezirk. Vom *Belvedere dei Camaldoli* genießt man einen herrlichen Blick auf den Golf von Neapel. Bei gutem Wetter kann man im Süden Sorrent und Capri sehen. Über den Posilipp geht der Blick nach Norden auf die Phlegräischen Felder. Der nach Sizilien spazierende J. G. Seume zählte diesen Aussichtsplatz zu den *schönsten Punkten in Italien* – gerade wegen der imposanten Kraterlandschaft der Phlegräischen Felder.

Fumarolen der Solfatara

2I   Die Phlegräischen Felder

Mit Pozzuoli, Arco Felice, Grotta Pace, Cumae, Die Sibyllengrotte, Capo Miseno,
Piscina Mirabilis, Cento Camarelle, Bacoli, Baiae

Die Phlegräischen Felder   **Nr. 21**

Campi Flegrei – das sind die *flammenden Felder*, die *vulkanische Zone*,
die auch die Inseln Nisida, Procida und Ischia umfaßt. Sie gehören
zur Campanischen Ebene, in der über 50 Eruptionszentren nachgewiesen sind. Die Campi Flegrei erreichen ihren höchsten Punkt mit
dem Bergrücken von Camaldoli (457 m). Das jüngste Eruptionszen-
trum ist der im Jahre 1538 entstandene Monte Nuovo (133 m) zwischen Küste und Averner See. Die Griechen haben mit diesem Gebiet
Unterweltsmythen verknüpft, die Homer und später vor allem Vergil dichterisch gestaltet haben. Die Römer haben die Phlegräischen
Felder wegen ihrer Heilquellen sehr geliebt. Baiae wurde zum vornehmsten Badeort im Imperium Romanum. Aber auch in wirtschaftlicher und politischer Hinsicht gewann dieses Gebiet rasch an
Bedeutung. Pozzuoli (Puteoli) war Roms wichtigster Handelshafen,
und seit der Zeit des Kaisers Augustus hat man Miseno zum Kriegshafen ausgebaut.

Die Phlegräischen Felder: Orientierungsplan

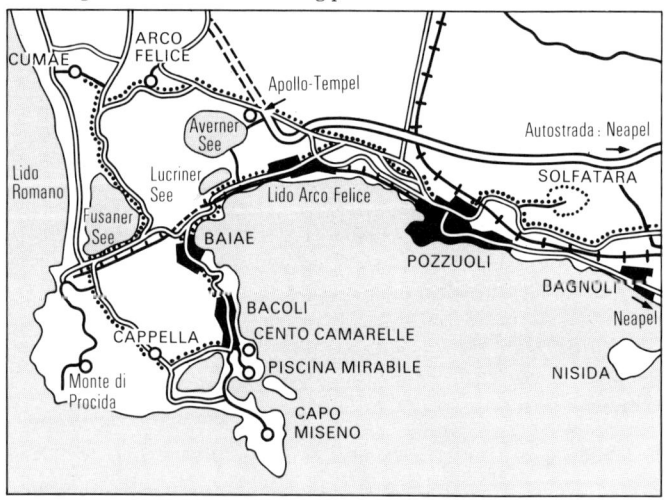

Die *Solfatara:* Strabon hat die Solfatara *Hephaistu agora* genannt, und die Römer *Forum Vulcani* – den Markt des Hephaistos oder Vulcan. Matthäus Merian, der berühmte Basler Geograph, hat in seiner ›Topographia Italiae‹ die schöne Beschreibung notiert: »Und gibt der Boden ein Getös von sich, wenn man mit den Fuß daran stoßet, als ob Alles hohl wäre. Da höret man gleichsam der Feuerflammen Rauschen und Krachen, und wie ein siedendheißes Wasser brodeln. Es bedünkt etliche Leute, als stünden sie auf der Hölle Dach, und fürchten sich auch, die da glauben, daß allhier das Fegefeuer sei: wie sie denn sagen, daß man oft Wehklagen hier gehöret und unbekannte Gesichter von Menschen und Vögeln, sonderlich an Sonntagen gesehen habe.« Die Solfatara ist ein runder Krater von ca. 250 m Durchmesser. Aus seinem Boden strömen Gase (kohlen- und schwefelsäurehaltig) und Fumarolen (Wasserdampf bis zu 160 °C). Die Tätigkeit der Solfatara ist starken Schwankungen unterworfen. Früher lag die Stelle der stärksten Dampfentwicklung ungefähr 150 m nördlich der ›Bocca Grande‹ in der Nähe der Ruinen des alten Dampfbades. Die Dampftätigkeit wird gesteigert bei Annäherung einer brennenden Zigarette an die Dampfquellen. Dieses ›Solfatara-Phänomen‹ ist übrigens bei allen Dampfquellen der Welt zu beobachten, auch bei solchen, die keinen Schwefelwasserstoff enthalten, da die Kondensation des überhitzten Dampfes vermehrt wird (vgl. Abb. S. 117).

Pozzuoli   Nr. 21

Als in Athen der Tyrann Peisistratos herrschte, haben im Jahre 529 v. Chr. Griechen aus Samos die Stadt gegründet. Damals hieß die Stadt *Dikaiarcheia* – d. h.: Die Stadt, in der das Recht herrscht – eine Anspielung auf Samos, wo der von Schillers Ballade her bekannte Tyrann Polykrates eine Schreckensherrschaft errichtet hatte. 338 eroberten die Römer das Gebiet und bauten nach den Punischen Kriegen *Puteoli* zur ersten Hafenstadt des Reiches aus. Es verlor dann bald wieder an Bedeutung, als man unter den Kaisern Claudius, Nero und Trajan den Hafen von Ostia ausbaute. Der Apostel Paulus verbrachte hier einige Tage und besuchte das Grab des Vergil. Im Mittelalter war Pozzuoli ohne Bedeutung. Hin und wieder kamen berühmte Besucher zu einem Kurzaufenthalt, wie z. B. im Jahre 1227 Kaiser Friedrich II. Dieser Kurzaufenthalt zog Entscheidendes nach sich: Wegen seiner Erkrankung mußte Friedrich den längst versprochenen Kreuzzug absagen und wurde deshalb von Papst Gregor IV. mit dem Bann belegt.

Von dieser Stadt hat die *Pozzulanerde* ihren Namen. Die graubraune vulkanische Asche wird gerne bei Wasserbauten verwendet, weil sie, mit gebranntem Kalk vermengt, einen sehr harten Mörtel bildet.

Von Neapel kommend, liegt gleich nach dem Ortseingang rechts das *Amphitheater.* Es wurde, wie das römische Kolosseum, zur Zeit der Flavier erbaut (1. Jh. v. Chr.). Ein Vorgängerbau ist aus der Zeit des Augustus überliefert. Das flavische Theater konnte über dreißigtausend Besuchern Platz bieten. Der Oberbau ist stark zerstört, weil die Anlage bis ins 16. Jh. als Steinbruch benützt wurde. Sogar Bauernhäuser und Ställe sollen in seinen Mauern einmal gestanden haben. Bei Ausgrabungen im Jahre 1933 fand man eine Statuengruppe, so daß man annehmen kann, daß das Theater, ähnlich wie die Arena in Verona, mit solchen geschmückt war. Die unterirdischen Räume, seit 1947 vollständig freigelegt, bestehen aus drei Gängen – zwei geraden, in der Längsachse des Ovals, und einem gebogenen, der der Rundung folgt. Der längere der beiden Gänge wurde zu Beginn der Vorstellung geschlossen und dann geöffnet, um für den Szenenwechsel Kulissen daraus emporzuziehen.

Im Stadtzentrum, nicht weit vom Hafen, liegt das sog. *Serapeum.* In einer großen Kultnische hat man eine Serapisstatue gefunden, weswegen man es lange Zeit für ein Heiligtum des ägyptischen Gottes Serapis hielt. Es handelt sich aber offensichtlich um ein *Macellum,* eine öffentliche Markthalle. Dem Gott Serapis war der Schutz dieses Marktes anvertraut.

Die *Markthalle* bildete einen quadratischen Hof mit vielen kleinen Geschäftskammern, die sich zum Zentrum hin öffneten. Dort stand – wie übrigens auch in Rom (S. Stefano Rotondo auf dem Caelius) – ein Rundbau, aus 16 Säulen gebildet; die Säulen schmücken heute das Schloßtheater von Caserta (s. Nr. 22).

Im Laufe der Jahrhunderte hat sich der Boden immer wieder abwechselnd gesenkt und gehoben, so daß das Macellum unter Wasser, und zwar Mineralwasser, steht. Von Zeit zu Zeit wird die Anlage leergepumpt und gereinigt. Dieses geologische Phänomen wird *Bradyseismus* genannt. Es handelt sich dabei um Erdbewegungen, die ihre Ursache in Verlagerungen des noch nicht erstarrten Magmas in der Erdtiefe haben. Diese bewirken Hebungen und Senkungen einzelner Erdschollen. Freßspuren von Meeresmuscheln an den Säulenschäften weisen auf diese zeitweisen Bodensenkungen und -hebungen hin.

Inmitten der Altstadt steht der *Dom S. Proculo* aus dem 11. Jh. 1634 wurde er erneuert, 1964 brannte er aus und wird seitdem restauriert. Die in diesem Zusammenhang vorgenommenen Grabungen haben Reste antiker Tempelanlagen freigelegt (3./2. Jh. v. Chr.). Unter diesen vermutet man noch ältere Fundamente aus dem 5. Jh. v. Chr.

Flavisches Amphitheater: Unterirdische Gänge mit den Zellen für die Raubtiere

Pozzuoli: Serapeion

Arco Felice Nr. 21

Von Pozzuoli führt die antike *Via Domitiana* in die Ebene von Cumae. Über diese Straße (von Pozzuoli Richtung Cumae fahrend) führt der Arco Felice, ein *Bogentor* aus flavischer Zeit (1. Jh. n. Chr.). Der Bergrücken des Monte Grillo wurde 20 m tief und 6 m breit abgetragen. So wurde ein Verbindungsweg zwischen den auf dem Bergrücken liegenden römischen Villen geschaffen (Überreste heute noch sichtbar).

Grotta Pace Nr. 21

Wenige Kilometer westlich von Pozzuoli, auf der Straße Richtung Cumae und Baiae, breiten sich zwei Kraterseen, der *Lukriner* und der *Averner See*, aus. Auf den Averner See hat man an dem Kiosk kurz hinter der Kreuzung (Baiae–Cumae) einen wunderschönen Blick. Es ist dies so ziemlich genau der Standort, den Ende des 18. Jh. der deusche Landschaftsmaler *Philipp Hackert* (damals Hofmaler des neapoletanischen Königs Franz II.) eingenommen hat, um sein Bild

›Averner See mit Blick auf Baiae und Misenum‹ (München, Neue Pinakothek) zu malen. Linker Hand sind die Reste des sog. Apollon-Tempels zu sehen; in Wahrheit dürfte es sich um Reste einer Thermen-Anlage handeln. Genau gegenüber dieses Standortes ist am Rund des Seeufers eine Gaststätte zu erkennen. Rechts von ihr öffnet sich in der Steilwand eine Grotte, die sog. *Grotta Pace* (›Pace‹ soll der Name eines spanischen Abenteurers gewesen sein, der in dieser Höhle im 16. Jh. einen Schatz gesucht hat). Es handelt sich um den Zugang zu einem Tunnel, der zur Zeit des römischen Kaisers Agrippa von dem Architekten Cocceius gebaut wurde – deswegen auch der andere Name *Grotta di Cocceio*. Der leicht ansteigende Tunnel durchquert in ca. 1000 m Länge den Monte Grillo. Der Ausgang ist heute ebenfalls zu sehen, und zwar ca. 450 m nach dem Arco Felice (Richtung Cumae). Hier überquert die Straße Reste einer gepflasterten Römerstraße, die linker Hand aus dem Tunnel herausführt und sich rechter Hand in einem Feld verläuft. Die Fortführung ist dann bis zum archäologischen Gelände von Cumae zu denken. In der Tat sollte dieser Tunnel Cumae und die Küste mit dem Averner See und Baiae verbinden. Im 2. Weltkrieg wurde dieser Tunnel als Munitionsdepot verwendet. Explosionen haben ihn weitgehend unzugänglich gemacht.

Cumae   Nr. 21

Geschichte: Nach der Überlieferung soll Cumae schon 1050 v. Chr. gegründet worden sein. Wie Ausgrabungen zeigen, war es schon vor den Griechen besiedelt. Die Griechen brachten aus der Stadt Chalkis das Alphabet und vor allem den Apollonkult mit. Sie beherrschten das gesamte Gebiet der Campi Flegrei und kämpften siegreich gegen die Etrusker und Italiker. Im 5. Jh. v. Chr. wurde Cumae (Kyme) schließlich von den Samniten erobert und danach von den Römern.

Cumae ist *Zentrum des Apollonkultes in Italien* gewesen. Nach seinem Vater war Apollon der am höchsten Verehrte unter den Göttern. Apollon war Entsühner und Reiniger des Menschen. Seine ethischen Gesetze ließ Apollon von der Pythia in Delphi – der delphischen Sibylle also – verkünden. Sie war die ältere Schwester der *cumäischen Sibylle*. Aus ihren oft vieldeutigen Antworten auf Fragen nach der Zukunft wurden Weisungen für das sittliche Zusammenleben der Menschen abgeleitet. Apollon oder ›Phoibos, der Leuchtende‹, wie ihn manchmal Homer genannt hat, ist zum Sonnengott geworden und wurde in nachantiker Zeit oft mit Christus gleichgesetzt. Ein christlicher Pilger aus dem 4. Jh. erinnert sich an die Überlieferungen seiner Vorfahren: »Die Sibylle zog ein langes Gewand an und begab

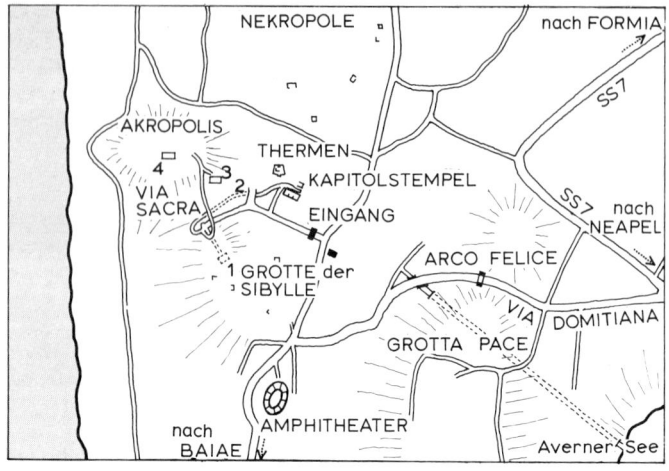

Cumae: Orientierungsplan

sich in den innersten Raum der Basilika, und inmitten dieses Raumes
sprach sie, auf einem Thron sitzend, ihre Weissagungen.« Im 1. Jh. n.
Chr. kam dann der Kult zum Erlöschen. Ein letzter Hinweis auf diese
Stätte findet sich im Reisetagebuch eines Malteserritters von 1632.

Die Sibyllengrotte (1)   Nr. 21

Im Mai 1932 hat der neapolitanische Archäologe Maiuri die Grotte
wiederentdeckt. Man betritt, von Norden kommend, einen unterirdischen Gang – *dromos* genannt – mit trapezförmigem Querschnitt.
Auf der rechten Seite sind Lichtöffnungen angebracht, so daß der
Gang in verhaltenes Licht getaucht ist. Nach 130 m endet der
Dromos in einer großen rechteckigen, gewölbten Halle. In den drei
Wänden öffnen sich drei Nischen. Die drei kleineren Abgänge führen zu Zisternen. In seiner ›Aeneis‹ hat *Vergil* die Grotte folgender-
maßen beschrieben: »Als man ans Tempelportal/ein der Wand des
euböischen Felsens/eingehaunes, gewaltiges/großes Gewölbe
gekommen –/hundert räumige Wege/und hundert gewaltige
Schlünde/führen dahin, in hundert Stimmen/wird nunmehr Sibyl-
lens/Wahrsagung laut . . ./« (6. 42–47; E. Peterich). Die ›hundert Tunnel‹ und ›hundert Tore‹ entsprechen wohl den Luft- und
Lichtschächten.

Cumae: Zugang zur Sibyllengrotte

Cripta Romana (2; rechts vom Ausgang der Sibyllengrotte), ein anti-ker Tunnel, der die Verbindung mit dem Burgverließ und der Grotta Pace herstellen sollte. Früher vermutete man hier die Sibyllengrotte. Weiter rechts sind Reste einer römischen Thermenanlage und das Forum.

Auf dem Weg zur Akropolis, man geht auf der *Via Sacra,* der heiligen Prozessionsstraße, rechts der *Apollon-Tempel* (3) der Griechen. Es ist nur noch der Stufensockel erkennbar. An der Ostseite Reste eines noch älteren Vorgängerbaus.

Auf der Akropolis gelangt man zum sog. *Jupiter-Tempel* (4). Aus der griechischen Periode stammen nur einige Fundamentmauern an der Westseite (5. Jh. v. Chr.). Die übrigen Reste sind aus augusteischer Zeit. Aber auch sie sind kaum zu identifizieren, weil sie sich mit den griechischen Überresten und Fragmenten einer christlichen Basilika vermischen. Im Zentrum der Anlage fällt ein rundes, mehrfach abgestuftes Becken auf. Es handelt sich hier wohl um eine christliche Taufwanne.

Nach Osten blickend, kann man noch große Teile der alten römischen Mauer entdecken – im Norden und Süden Reste von griechischen Mauern aus dem 5. Jh. v. Chr.

Vom Burgberg aus kann man auch den schönen Sandstrand sehen. In der Nähe zieht sich ein dichter Wald mit Steineichen entlang. Hier landete, wie Vergil sang, Aeneas: ». . . die Schnäbel/dreht man gegen das Meer; die zackigen Zähne der Anker/fesseln die Schiffe; den Strand bedecken sie Heck nahe bei Heck./Und mutig schwingt sich die Jugend, entflammt von heißer Begierde/auf die hesperische Erde hinaus . . .« (›Aeneis‹ 6. 3–6; E. Peterich).

Das Gebiet um Capo Miseno Nr. 21

Misenum war der Hafen von Cumae – die wichtigste soziale und politische Voraussetzung der cumäischen Seemacht. Im 1. Jh. v. Chr. baute Augustus diesen Hafen zum Flottenstützpunkt aus. Heute dient der Hafen immer noch der Marine. Südlich des Hafens lag die antike Stadt. Ganz in der Nähe Reste einer Thermenanlage. In die sem Gebiet hatte der ›praefectus classis‹, der Oberbefehlshaber der Flotte, seine Wohnung. Zu den bekanntesten Präfekten gehören Plinius der Ältere und Tiberius Claudius Anicetus, der auf Befehl Neros dessen Mutter in ihrer Villa am nahegelegenen Lukriner See ermordet hat.

Am Fuße des steilen Hügels, der das Kap bildet, liegt ein Süßwasserbehälter, die *Grotta della Dragonara.* Ganz in der Nähe soll eine Villa des Lucullus gestanden haben.

Misenum – der Name kommt vom Trompeter Misenus, einem Begleiter des Aeneas. Er ertrank im Meer und wurde hier beigesetzt: »Aber der fromme Aeneas ertürmt auf dem Gipfel des hohen/Berges, welcher noch heute von ihm den Namen Misen führt/und ihn auch ewig behält, ein Grabmal von ragender Größe,/pflanzt des Helden Tuba darauf und Rüstung und Ruder.« (›Aeneis‹ 6. 233–236; E. Peterich).

Piscina Mirabilis   Nr. 21

Diese *größte Zisterne des Römischen Reiches* ist das interessanteste Denkmal der Phlegräischen Felder (Zugang: Südl. Ausgang von Bacoli, Via della Piscina Mirabile/Custode: Via A. Greco 16).

Der Behälter sollte die Flotte mit Süßwasser vorsorgen. Er ist über 70 m lang und ca. 30 breit. Das Wasser hat man aus den immerhin 68 km entfernten Hirpiner Bergen herangeführt. Die Wasserleitung versorgte nicht nur Misenum, sondern das gesamte Gebiet von Neapel.

Zwei Treppen führen in das Innere und überraschen den Besucher mit einer phantastischen Architektur: 12 Reihen von je vier kreuzförmigen Pfeilern, die durch Bögen untereinander verbunden sind, tragen das Tonnengewölbe. Das Innere ist mit Signinum verkleidet, einer Mischung aus Kalk, Pozzulanerde und Backsteinsplittern. An der Westwand hat sich der Zufluß befunden. Man vermutet, daß auf dem Dach Schöpfräder montiert waren, um Wasser zu entnehmen. Das mittlere Querschiff war das Klärbecken. Sein Niveau ist etwas tiefer und leicht geneigt. An seinem unteren Ende befand sich eine Abflußöffnung. 12 000 m³ Wasser dürfte das Becken gefaßt haben.

Cento Camarelle   Nr. 21

Am Ortsende von Bacoli, unmittelbar am Rand der Steilküste, befindet sich ein riesiger *Süßwasserbehälter* – Cento Camarelle – (Zugang: Via Cento Camarelle 165). Die beiden Stockwerke stammen aus verschiedenen Bauperioden. Das untere mit niedrigeren Parallelgängen aus republikanischer Zeit und das obere wahrscheinlich aus augusteischer Zeit. Die vier Korridore, miteinander in Verbindung stehend, werden durch ein Tonnengewölbe abgeschlossen.

Bacoli   Nr. 21

Das römische Bauli war die Sommerfrische vieler römischer Imperatoren. Hier hatte Pompejus seine Villa, Hortensius am Strand seine Fischteiche und ebenfalls eine Villa. Die Anlage ging dann an Drusus, den Stiefsohn des Augustus, und später an seine Enkelin Agrippina, die Mutter Neros. Das als *Grab der Agrippina* (*Sepolcro d'Agrippina* – am Ortseingang, von Pozzuoli kommend – dem Hinweisschild nach links folgen) bezeichnete Haus, von dem nur spärliche Ruinen zu sehen sind, war in Wahrheit eine römische Villa.

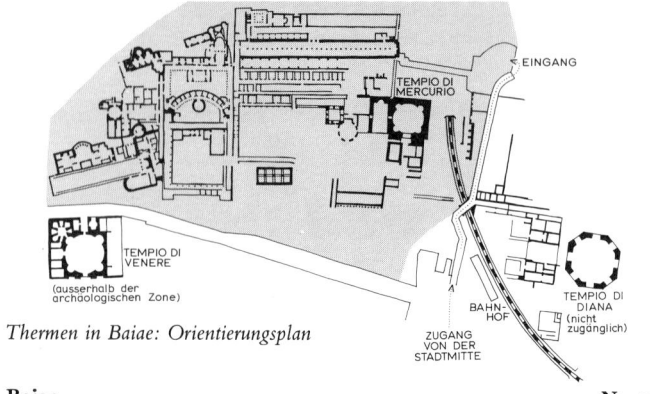

Thermen in Baiae: Orientierungsplan

Baiae **Nr. 21**

Im 6. Gesang der ›Odyssee‹ wird geschildert, wie *Odysseus* (und nach ihm Aeneas) am Averner See in das Totenreich hinabgestiegen ist. Ganz in der Nähe hat Odysseus einen Gefährten, *Baios,* beigesetzt. Nach ihm wurde die Stadt benannt. Auch und besonders Baiae war römischer Kur- und Badeort. Die Annalen des Livius berichten, daß schon 178 v. Chr. Konsuln den Ort als Heilstätte aufgesucht haben. Auch in nachantiker Zeit wird der Ort immer wieder wegen seiner Thermen erwähnt. Seneca und Boccaccio sprachen von Baiae, und die Renaissance-Architekten suchten die antiken Gebäude auf, um die kühnen Kuppelkonstruktionen zu vermessen.

Wenn man hinter dem Bahnhof in westlicher Richtung eine kleine Treppe hinaufsteigt, erblickt man rechts den *Tempel der Diana.* Er vermittelt einen prächtigen Eindruck der Kuppelkonstruktion, da er, gleichsam aufgeklappt, erhalten geblieben ist. Ca. 50 m weiter der Eingang zur *archäologischen Zone.* Man gelangt zum *Merkur-Tempel.* Die völlig erhaltene Kuppelwölbung zeigt an vielen Stellen noch die Struktur des Aufbaus. Nach gelehrter Humanistentradition wurden diese Rundbauten Tempel genannt. In Wirklichkeit handelte es sich natürlich um monumentale *Badesäle.*

Hinter dem ›Merkur-Tempel‹ die *Terma di Sosandra* – eine zum Meer hin geöffnete flachbogige Exedra (nach einer Seite hin offener Raum mit Sitzbänken) mit Badezellen. Vor der Exedra eine Aussichtsterrasse mit einem Schwimmbassin. Außerhalb des Grabungsbezirks in Hafennähe sind noch Reste eines *Venustempels* zu sehen (2. Jh.). Es handelt sich auch hier um einen ehemaligen Badesaal. Die im Obergeschoß angebrachten Fenster formen sich hier erstmalig zu einem Lichtgaden.

Baiae: Tempel der Diana

22 Caserta

Geschichte: Bis zum 18. Jh. war Caserta ein unbedeutendes kleines Dorf. 1734 wurde der Bourbone *Karl III.* König von Neapel. 1750 kaufte er das tief verschuldete Herzogtum Caserta und beschloß, aus diesem Dorf ein *italienisches Versailles* zu erbauen; Caserta sollte als Hauptstadt Neapel ersetzen. Zunächst war das Schloß als eine riesige Festung geplant. Dann aber berief der König den damals berühmtesten Architekten Italiens – *Luigi Vanvitelli* (zu seiner Biographie vgl. S. 33). Die Arbeiten am Bau begannen 1752. Ein Jahr nach dem Tode Vanvitellis, 1774, wurde der Palast vollendet.

Bei der Grundsteinlegung zum Schloß mußten zwei Linienregimenter und zwei Schwadronen Kavallerie so aufgestellt werden, daß sie den Grundriß markierten. Eine kurze Unterbrechung erfuhren die Arbeiten, als Karl III. 1759 König von Spanien und sein Sohn Ferdinand sein Nachfolger in Neapel wurde. Noch von Madrid aus überwachte der König die Arbeiten am Palast, so daß die Errichtung zügig voranging. Nachdem der Bau für vollendet erklärt war, fehlten noch die Kuppeln und die Ecktürme. An der Innenausstattung und an der Gartenanlage arbeitete man noch bis in die folgenden Jahrhunderte.

In seiner Lebensbeschreibung Philipp Hackerts (›Schriften zur Kunst‹) hat Goethe den Palast gerühmt. Am 14. März 1787 notierte er: »Das neue Schloß ist ein ungeheurer Palast, eskurialartig, ins Viereck gebaut, mit mehreren Höfen; königlich genug« (Ital. Reise, 2. Teil).

1. Entwurf Vanvitellis für die Fassade des Schlosses

Caserta: Schloß und Park

Die Fassade

Man muß sich dem Schloß, d. h. seiner Fassade, langsam nähern. Nur so kann man ihre Struktur und damit auch das Anliegen Vanvitellis erkennen. Die Fassade, selbst eher nüchtern und statisch, wird durch den ankommenden Besucher zum Leben erweckt. Bleibt man stehen, erstarrt die Fassade zur Kulisse. Leider wurde Vanvitellis Konzept – ein zweites Vollgeschoß und die Erhöhung des Mittelrisalit durch eine Mittelkuppel – nicht mehr ausgeführt. Auch fehlen die Ecktürme, die mit der Mittelkuppel zusammen einen wichtigen vertikalen Akzent gebildet hätten. So dominiert einzig die Horizontale. Die im Dreiecksgiebel eingesetzte ›Bahnhofsuhr‹ wirkt peinlich.

Glücklicherweise hat man die Fassade nicht nachträglich verputzt. Die originale Farbigkeit ist die des Baumaterials – einer Kombination von Werkstein und Backstein. Die Farbigkeit der Fassade oder besser: die farbliche Stimmung des Baukörpers wechselt mit den Jahreszeiten und den unterschiedlichen Wetterverhältnissen. Die Architektur wird durch die Natur und den Menschen gebildet, und vollständig erst zur Wirkung gebracht – ein sicherlich beabsichtigtes Kalkül in Vanvitellis Konzept.

Caserta: Treppenhaus von Vanvitelli

Das Treppenhaus

Über 116 Marmorstufen führt eine prachtvolle Freitreppe in das erste Geschoß. Hier öffnet sich eine große Vorhalle, von der man in die einzelnen Königsgemächer und in die Palastkapelle gelangt.

In seinem Treppenplan hat Vanvitelli sich nicht an die neapolitanische Treppentradition gehalten (vgl. Nr. 6). Er vermied die Experimente des ›barocchetto‹ und hielt sich lieber an den klassischen Typus der *Drei-Rampen-Treppe*. Sie steigt in einem von geraden Wänden begrenzten Rechtecksaal auf. Interessant die architektonische Verknüpfung zwischen Vestibül und Treppen: Vom Umgang des Vestibüls erfolgt der Anstieg – einige Stufen haben sich schon zwischen die Vestibülpfeiler geschoben. Das erinnert an die zeitgenössischen ›Carceri‹ – an die Labyrinth-Grafiken – Piranesis und an davon inspirierte Theaterkulissen. Das von Starace 1769 ausgeführte große *Deckenfresko* stellt den Zyklus der Jahreszeiten und Apoll dar.

Das obere Vestibül

So wie die Fassade unter den Blicken der Ankommenden sich zu bewegen scheint, so wächst das obere Vestibül gewissermaßen unter den Schritten des die Treppe Hinaufsteigenden empor. Inmitten der

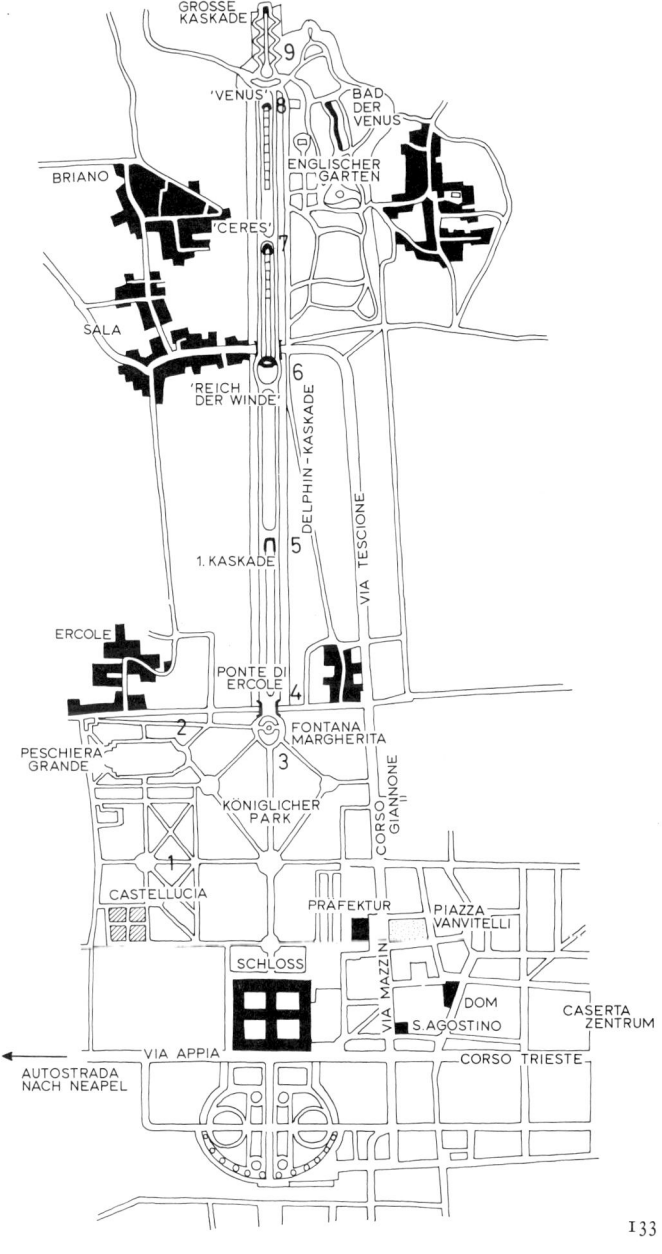

GROSSE
KASKADE

9

'VENUS'
8

BAD
DER
VENUS

BRIANO

ENGLISCHER
GARTEN

'CERES'
7

SALA

'REICH
DER WINDE'

6

DELPHIN-KASKADE

VIA TESCIONE

1. KASKADE

5

ERCOLE

PONTE DI
ERCOLE

4

FONTANA
MARGHERITA

2

3

PESCHIERA
GRANDE

KÖNIGLICHER
PARK

CORSO GIANNONE

1

CASTELLUCIA

PRÄFEKTUR

PIAZZA
VANVITELLI

VIA MAZZINI

DOM

S.AGOSTINO

CASERTA
ZENTRUM

SCHLOSS

VIA APPIA

CORSO TRIESTE

AUTOSTRADA
NACH NEAPEL

oktogonalen Pfeilerhalle ist man wieder an Stiche von Piranesi erinnert. Die steilen Proportionen des Mittelraumes stürzen auf eine *Rundkuppel* zu und heben dadurch diesen Raum über das Umgangsniveau hinaus.

Die Palastkapelle

Gegenüber dem Treppenaufgang führt die mittlere Tür des Vestibüls in die Palastkapelle. Die Grundform geht auf J. Hardouin-Mansarts Schloßkirche in Versailles zurück. Wahrscheinlich hat der König den Architekten zu dieser *Versailles-Reminiszenz* angeregt. Freilich hat Vanvitelli das französische Vorbild stark ›italienisiert‹. In Versailles ist der Chor mit umlaufenden Seitenschiffen und Emporen versehen. Dagegen hat Vanvitelli die Apsis mit reliefartigen Strukturen ausgestaltet und nüchtern abgeschlossen.

Piano Reale

Die Seitenportale des Vestibüls auf dem Piano Reale führen links in das Appartement des Königs und rechts in das der Königin. Die im Palast vorherrschende monumentale Architektur wird hier zurückgenommen, um Wohnkomfort möglich zu machen. Vanvitelli hat die Wohnflügel in zwei Raumreihen unterteilt, so daß jeder Raum sein Spiegelbild in der gegenüberliegenden Hälfte des Planes wiederfindet.

Die Appartements

Erst Ferdinand II. hat gegen 1785 die Ausstattung der Appartements des Mitteltraktes (vom Vestibül zur Eingangsfassade) angeordnet. Das *Appartamento Nuovo* wurde zwischen 1807 und 1845 eingerichtet. Thronsaal und Hochzeitszimmer sind mit Wanddekorationen, Gold- und Stuckarbeiten ausgeschmückt. Im Westtrakt gelangt man anschließend zum *Appartamento del Re* mit Dekorationen aus dem 19. Jh. und von dort in den Mitteltrakt. Von hier erstreckt sich nach Osten das *Appartamento Vecchio,* in dem seit dem Ende des 18. Jh. der König wohnte. Im Zentrum des Osttraktes ein Ovalraum mit einer über 1200 Figuren zählenden Weihnachtskrippe. Im Mittelpunkt (zum Treppenhaus) befinden sich ferner Räume mit Vanvitelli-Zeichnungen, Stichen und Modellen.

Das Hoftheater

Zugang in den Ecken des westlichen Hofes. Der Zuschauerraum (500 Sitzplätze) ist in das Geschoßsystem des Sockels integriert worden, und zwar so, daß der oberste der 5 Ränge unter dem Flachge-

Caserta: Große Kaskade

wölbe und der unterste Rang zusammen mit dem Parkett sogar noch unter dem Hofniveau zu liegen kamen. Crescenzo hat die malerischen Dekorationen ausgeführt. Die Alabastersäulen stammen aus dem Serapis-Tempel von Pozzuoli (S. 121).

Der Park   Nr. 22

Es ist kaum möglich, die gesamte Parkanlage in kurzer Zeit zu Fuß zu durchmessen. Vom Schloß zur *großen Kaskade* – die Hauptachse der Anlage – muß man 3 km zurücklegen. Aber man sollte eben nicht nur der Kaskade zustreben, sondern in der Parkanlage auf dem einen oder anderen Weg wandeln.

Die zahlreichen Parkbrunnen erhalten ihr Wasser vom unweit gelegenen Monte San Silvestro. Die *Castellucia* (1) stellt eine kleine Festung dar, in der die königlichen Prinzen im Kriegshandwerk unterrichtet wurden. 1819 entstand daraus ein Gartenpavillon. Auf der *Peschiera Grande* (2), einem großen Wasserbecken, veranstaltete der junge Ferdinand Seeschlachten. Das Hauptmotiv des Parks beginnt mit dem Canalone an der *Fontana Margherita* (3). Es folgen zahlreiche Brunnen, Kaskaden und langgestreckte Bassins bis hin zur großen Kaskade.

Von der Fontana Margherita – sie war als monumentale Anlage geplant – führt eine Brücke (4; *Ponte di Ercole*), geschmückt mit Marmorstatuen, Herkules und 5 Monate darstellend. Man gelangt zur ersten Kaskade (5; *Cascata dei Delfini*): Aus einem künstlichen Felsenaufbau ragen riesige wasserspeiende Delphine. Fortan verläuft das Wasser unterirdisch.

An Ende des darunterliegenden Rasenstreifens eine Portikus-Architektur mit Figuren, die das Reich des Äolus (der Winde) vorstellen (6). Es folgt ein Wasserbecken, das bald in 7 Stufen übergeht, über die das Wasser herabstürzt. Dort thront *Ceres Trinacria,* die Göttin Siziliens (7). Nach einer erneuten Rasenfläche stößt man wieder auf Stromschnellen, deren oberste Venus und Adonis zieren (8).

Auf der obersten Terrasse steht man schließlich der *großen Kaskade* gegenüber (9). Das skulpturale Programm beschreibt den Mythos von Aktäon und Diana. Aktäon betrachtet Diana beim Bade und wird zur Strafe in eine Hirschkuh verwandelt. Seine eigenen Jagdhunde fallen über ihn her und zerreißen ihn.

Dieser barocke Park bildet eine Art *künstliches Universum,* vorgestellt als *arkadisch-utopische Welt.* Der Eindruck des Paradiesischen, eines immerwährenden Arkadiens, kommt im unendlich sich hinziehenden Park zum Ausdruck. Natürlich wollte sich der barocke Potentat ein ideologisches Denkmal setzen. Das Unbegrenzte gerät zum absolutistischen Machtsymbol.

Die Stadt Caserta   Nr. 22

In der Gegend des kleinen Dörfchens *La Torre* plante Karl von Bourbon eine Residenzstadt nach dem Vorbild von Versailles. Vanvitelli begann schon mit der Planung. Auf Kupferstichen kann man sehen, wie neben dem Schloßplatz lange Straßenzüge ein verhältnismäßig großes Gebiet gliedern. Häuserblocks, kasernenartig aufgereiht, flankieren die Straßen, dann und wann unterbrochen von aufragenden Kirchtürmen und Kuppeln. Zur Ausführung dieses Planes kam es jedoch nicht. Allmählich entwickelte sich aber im Osten des Schlosses das Städtchen Caserta. Bis 1819 führte der Ort den Namen *Villa Reale,* dann übernahm er den Namen des nahegelegenen Schlosses. 1842 zog der Bischof des damals schon fast verlassenen Caserta Vecchia in die neue Stadt.

Der *Dom,* eine ehemalige Pfarrkirche, wurde von Pietro Bianchi erbaut – Baubeginn 1822. Es handelt sich um eine dreischiffige Pfeilerbasilika im klassizistischen Stil.

In der Nähe eine kleine Saalkirche – *Sant' Agostino* (Via Mazzini). Ihre Architektur soll auf Pläne von Vanvitelli zurückgehen.

Die Via Mazzini führt auf die *Piazza Vanvitelli.* Dort steht ein im Jahre 1879 entstandenes Denkmal des Architekten.

Caserta Vecchia   Nr. 22

Das kleine Städtchen liegt in 400 m Höhe, 10 km nordöstlich von Caserta entfernt. Der im Jahre 1153 geweihte *Dom* dieses intimen mittelalterlichen Städtchens ist eine der schönsten Kirchen in der Umgebung. In ihm mischen sich viele Stilelemente. Man kann sarazenische, normannische und apulische Merkmale unterscheiden und auch kleine Kuriosa entdecken – z.B. den ansteigenden Boden des Kirchenschiffes, um die ungleich hohen Säulen auszugleichen. Kuppel und Vierung sind ebenfalls sehenswert.

Auf dem Gipfel der Anhöhe prachtvolle *Burgruinen* aus dem 13. Jh.

23 Capua

Die Geschichte Capuas ist eng mit dem nur wenige Kilometer entfernten *S. Maria Capua Vetere* verbunden (vgl. S. 144). Das antike Capua besteht demnach aus zwei Städten, die beide an der Via Appia liegen. Das heutige Capua, am Volturno gelegen, war in der Antike eine Art Vorfestung und Flußhafen des eigentlichen Capua, dem das heutige S. M. Capua Vetere entspricht.

Velleius Paterculus (römischer Geschichtsschreiber) datierte die Gründung von Capua auf 800 v. Chr. Aus dieser Zeit stammen erste etruskische Gräberfunde. Livius hat die alte Etruskerstadt nach dem gleichlautenden Fluß *Volturnus* genannt. Spätere Gräberfunde aus dem 8.–4. Jh. v. Chr. lassen auf griechische Besiedlung, zumindest auf eine Vorliebe für griechische Importe schließen. In der Schilderung der Belagerung Capuas im 2. Punischen Krieg wurden Ringmauern mit Toren genannt. Diese wurden geschleift und im 1. Jh. n. Chr. von den Römern wieder neu aufgebaut. Im Jahre 59 v. Chr. beschloß Caesar die Neugründung der Stadt. Die damals in Rechteckform aufgerichteten Mauern zeichnen sich im Ortsbild noch heute ab.

Im Jahre 594 wurde Capua von den Langobarden besetzt und sein Klerus zeitweise sogar nach Neapel vertrieben. Da man in Capua antike Texte und frühchristliche Kanontafeln gefunden hat, wurde die Stadt bedeutsam für die Vermittlung der antiken Bildung. Im 9. Jh. wurde die Stadt von den Sarazenen eingenommen. Die Grafen gaben ihre Residenz auf und zogen in das Küstengebirge.

Kaiser Friedrich II. von Hohenstaufen hat der Stadt im 13. Jh. zu neuer Blüte verholfen. Von dieser Zeit zeugt das prächtige Brückentor, von dem aber nur noch der Unterbau zu sehen ist.

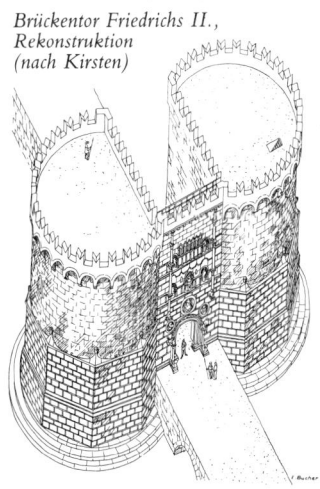

Brückentor Friedrichs II., Rekonstruktion (nach Kirsten)

Das Brückentor   Nr. 23

Friedrich II. hat die westliche Volturnusbrücke aus dem 2. Jh. v. Chr. mit einem Doppelturmtor befestigt. Im 2. Weltkrieg wurde es zerstört. Über dem Torbogen, gerahmt von zwei Türmen, scheint ein horizontales Zahnschnittgesims und darüber ein reich profilierter renaissancehafter Knickgiebel gelegen zu haben. Die Räume in den beiden Turm-obergeschossen waren durch gotische Kreuzgewölbe und Tonnen-gewölbe eingedeckt. Die Anlage dieser Räume wäre zu vergleichen mit der staufischen Jagdkapelle. Seit 1557 hat man den plastischen Schmuck der Eingangsfassade abgetragen. Reste davon sind noch im Museo Campano (vgl. S. 140) zu sehen. Der Durchgangsbogen war von Löwen auf Säulen flankiert. Darüber zwei männliche Büsten – wahrscheinlich Köpfe von Richtern. Über dem Scheitelpunkt der Bögen eine große weibliche Büste (Personifikation der kaiserlichen Gerichtsbarkeit), unmittelbar darüber in einer spitzbogigen Nische auf einer Thronbank der Kaiser. Das ganze Programm deutet wohl auf die antike Macht und Würde der kaiserlichen Gewalt und Gerichtsbarkeit – eine typische ›Friedrich II.-Thematik.‹

Der Dom

Lage: Von der Piazza dei Giudici führt die Via del Duomo zum Dom.

Der Dom wurde im 16. Jh. gegründet. Nach Zerstörungen durch Luftangriffe des 2. Weltkriegs wurde er fast vollständig wieder auf-gebaut. Der Campanile ist im Lombardischen Stil errichtet. Vor dem Eingang ein Atrium, dessen Säulen aus römischen Tempeln stammen (3. Jh.). Der romanische Zustand der Erbauungszeit wird in der drei-schiffigen Hallenkirche sichtbar. 18 antike Granitsäulen tragen das Gewölbe. Der Taufstein mit Evangelistensymbolen stammt aus dem 11. Jh. und der Osterleuchter mit Szenen der Kerzenweihe und den 3 Marien am Grabe aus dem 13. Jh. In der linken Seitenkapelle kann man noch Reste von Kosmatenarbeit sehen.

Die vom Domplatz ausgehende Hauptstraße Capuas, der Corso Gran Priorato di Malta, führt zum Campanile der 1258 gestifteten Kirche *San Domenico*; in ihrer Sakristei antike Säulen.

In der Nähe die dreischiffige Säulenbasilika *Santi Rufo e Carponica*. Sie wurde im 12. Jh. erbaut und gibt ein gutes Beispiel für langobar-dische Baukunst (Freskenspuren aus dem 9. Jh. in älteren Grabkapel-len). Im südlichen Seitenschiff eine ›Maria Orans‹ aus dem 11. Jh.

Gegenüber die Kirche *San Marcello* aus dem 12. Jh. An ihrem Seiten-portal herrliche romanische Reliefs (Samsons Kampf mit dem Löwen – Die drei Engel bei Abraham).

In der Via dei Principi Langobardi die Kirchen *San Giovanni* und *San Salvatore* aus langobardischer Zeit. In S. Salvatore befindet sich eine sehr schöne Krypta.

Von S. Rufo erreicht man durch eine kleine Gasse *Sant' Angelo* (ver-steckt in der Straße östlich der Kirche SS. Annunziata). Die dreischif-fige Säulenbasilika wurde im 16. Jh. gebaut. Bis 1704 gehörte sie der Abtei Monte Cassino.

Daneben die schon erwähnte Kirche *SS. Annunziata.* Sie ist im 13. Jh. gegründet worden. Von Domenico Fontana stammt die Kuppel. Die Skulpturendecke ist aus vergoldetem, bemaltem Holz mit Szenen aus dem Leben Jesu.

Von hier gelangt man wieder auf die Piazza dei Giudici mit dem Rathaus *(Palazzo Comunale)* aus dem 16. Jh. Seine Fassade ist mit Götterstatuen aus dem römischen Amphitheater geschmückt. Daneben die Kirche *Sant' Eligio* aus dem 18. Jh.

Museo Campano   Nr. 23

Lage: Wenn man der Via del Duomo folgt, gelangt man zu einem Arkadengang und stößt auf einen antiken Brunnen. Gegenüber führt die Via Roma zum Museum, das im Palazzo Antignano untergebracht ist. Der gut restaurierte Palast stammt aus dem 15. Jh.

Das Museum wurde im Jahre 1874 gegründet und enthält eine ausgezeichnete Sammlung vorrömischer und römischer Gegenstände aus Kampanien: Heiligtum der Muttergottes von Capua, Tontafeln aus dem 4. Jh. v. Chr.; Tuffblöcke mit oskischen Inschriften, die über Ferkelopfer für Jupiter und Juno im Zusammenhang mit Volksfesten berichten. Sitzende Frauenfiguren aus Tuffstein, gefunden in einem Tempel der Mater Matuta (Göttin der Mutterschaft). Die Frauen tragen Wickelkinder in den Armen – wahrscheinlich handelt es sich hier um Weihgaben von Schwangeren. Am interessantesten dürften wohl die Reste des Skulpturenschmuckes vom Brückentor sein. Die *Statue Friedrichs II.* ist kopflos und schlecht erhalten. Gut erhalten sind die beiden das Tor flankierenden Köpfe. Es soll sich um eine *Capua fidelis*, eine Personifikation der Stadt, und um den Kanzler des Kaisers, Pier delle Vigne, handeln. Von letzterem hat Dante einmal gesagt, daß er »beide Schlüssel zum Herzen Friedrichs in den Händen hielt«. Man verneint aber neuerdings diese Bedeutung und nimmt an, daß es sich um Darstellungen von Richterköpfen handele (vgl. S. 137).

In einer anschließenden *Pinakothek* sind viele beachtenswerte Gemälde aus dem 16.–18. Jh. ausgestellt, darunter ein Triptychon von Scacco und eine Ecce-Homo-Darstellung von Vivarini.

In der Nähe des Museums der *Palazzo Fieramosca* (gegenüber dem Rathaus führt die Via Fieramosca zum Palast) aus dem 16. Jh. Das schöne Portal und der Säulenhof sind beachtenswert.

In der Nähe von SS. Annunziata ist noch ein *Normannenschloß* aus dem 11. Jh., das *Castello delle Pietre*, zu besichtigen. Es ist aus Steinen vom antiken Amphitheater von S. Maria Capua Vetere (vgl. S. 144) errichtet worden.

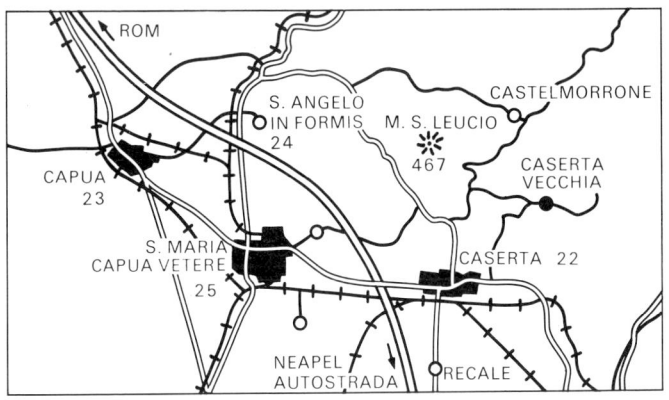

Das Gebiet zwischen Capua und Caserta

24   Sant'Angelo in Formis

Lage: Nur wenige Kilometer hinter Capua Richtung S. M. Capua Vetere biegt links eine kleine Straße nach S. Angelo in Formis ab. Am Fuße des Monte Tifata (604 m) breitet sich ein kleines Dorf aus, an dessen höchster Stelle die Kirche steht.

Geschichte: Das Kloster S. Angelo in Formis wurde über einem ehemaligen *Tempel der Diana Tifata* errichtet. Im 6. Jh. entstand wohl eine erste christliche Kirche, die einige Cella-Wände des Tempels benützt haben dürfte. Dieses Kirchlein wurde 938 vom Bischof von Capua an die Benediktiner von Monte Cassino abgetreten. Der Ort des Klosters war damals unter der Bezeichnung *Bogen der Diana* bekannt. *Arcus* wurde dann durch das mittelalterliche *forma* ersetzt. Im 11. Jh. ließ Desiderius das Kloster und eine Kirche zu Ehren des Erzengels Michael bauen – S. Angelo in Formis.

Die Kirche

Ein wuchtiger Campanile mit Zwillingsfenstern steht neben dem Kirchenbau. Durch einen Portikus mit Spitzbogen gelangt man in die Kirche. Die drei Längsschiffe des Inneren werden durch Säulen mit korinthischen Kapitellen gegliedert. Gleich hinter dem Eingang bemerkt man auf dem Boden Reste einer Inschrift aus schwarzen Mosaiksteinchen. Es handelt sich hierbei um eine Inschrift aus dem Jahre 74 v. Chr., die über den Bau des Diana-Tempels Auskunft gibt. Der Fußboden der Kirche ist bis zum Querschiff noch der des Tempels der republikanischen Zeit; auf ihm stehen die Säulen. Das Mosaik vor dem Hauptaltar dürfte wie die Säulen ebenfalls aus republikanischer Zeit (um 50 v. Chr.) stammen. Es ist ziemlich sicher, daß sie den Säuleneingang des Tempels gebildet haben.

S. Angelo in Formis: Innenraum; in der Chorapsis Fresko ›Majestas Domini‹

Die Fresken

Abt Desiderius hat vermutlich aus Konstantinopel Künstler kommen lassen, die die Klosterangehörigen ausgebildet haben. Stilvergleiche mit byzantinischen Miniaturen heben das byzantinische Element deutlich heraus. Die im späten 11. Jh. entstandenen Fresken stellen die *reichsten Zeugnisse reiner byzantinischer Freskomalerei in Italien* dar.

Die Fresken der Kirchenfront stehen zeitlich am Ende der Arbeiten. Sie stellen Szenen aus dem Eremitenleben des hl. Antonius dar. Bedeutender sind die Fresken des Innenraumes. Der *thronende Chri-*

stus in der Apsis dominiert. Ihm zur Seite die Symbole der vier Evangelisten. Darunter in der Mitte der Patron St. Michael zwischen den Erzengeln Gabriel und Raphael. Neben ihm der Ordensstifter (erneuert) St. Benedikt und gegenüber der Abt Desiderius.

Der Bilderschmuck des Hauptschiffes lief in drei übereinanderliegenden Bändern von der Apsis zur inneren Eingangswand. Auf der nördlichen Langhauswand, beginnend links oben mit dem bethlehemitischen Kindermord und endend rechts mit der Himmelfahrt Christi, werden *Christusszenen* dargestellt; desgleichen auch auf der südlichen Langhauswand, nur daß es sich hier um einen Erzählstreifen handelt. In den Zwickeln über den Arkaden sind Sibyllen, alttestamentarische Könige und Propheten dargestellt. Auf der inneren Westwand erkennt man das *Jüngste Gericht* mit Christus in der Mandorla. Unten rechts ein Teufel mit Judas im Arm. Auf den Wänden des Seitenschiffes werden *Szenen aus dem Alten Testament* erzählt: Vertreibung aus dem Paradies, Kain und Abel. Links: Arche Noah, Turmbau zu Babylon, Abraham und Isaak.

Auswahl und räumliche Verteilung der Szenen – das ikonographische Programm also – wurden in Konstantinopel ersonnen, wie Vergleiche mit ähnlichen Programmen aus Kirchen des Byzantinischen Reiches zeigen – z. B. die Höhlenkirchen in Kappadokien (im Tuffgebiet um Ürgüp-Göreme).

S. Angelo in Formis: Fresko ›Gefangennahme Christi‹

25 Santa Maria Capua Vetere

(Zur Geschichte der Stadt vgl. die Ausführungen über Capua, Nr. 23, S. 137).
Am Ausgang der Stadt (Richtung Capua) rechts eine große archäologische
Zone mit einem gut erhaltenen *Amphitheater*. Die Grundrißgestaltung ist
ähnlich wie die vom Amphitheater in Pozzuoli (Nr. 21, S. 120). Die Ausmaße
entsprechen etwa denen des Colosseums in Rom. Der ganze Bau war in
Ziegelmauerwerk aufgeführt. Man vermutet, daß 50 000 Zuschauer auf den
Rängen Platz gefunden haben. Vom zweiten Stockwerk sind Gewölbebögen
nur im Südosten und im Nordwesten sichtbar. Dort sind auch die Bogenab-
schlüsse der Erdgeschoßgewölbe fast ganz erhalten.

Unmittelbar neben dem Wächterhaus im Bezirk des Theaters sieht man noch
ein schönes *Mosaik* aus dem 2. Jh. n. Chr. Es stellt Nereiden und Tritonen dar
und stammt aus einer römischen Villa. Hinter dem Wärterhaus Zugang zum
Antiquarium mit interessanten Stücken aus der archäologischen Zone, darunter Kaiserporträts.

Zum *Mithras-Heiligtum* gelangt man über den Corso Umberto (Schlüssel
beim Wärter des Amphitheaters). An der Kreuzung mit der Via Anfiteatro
steht nahe die Kirche Sant' Erasmo; dort zweigt eine kleine Straße (Via
Mordi) ab, die zum Mithräum führt. Es handelt sich hier um ein unterirdi-
sches Heiligtum aus dem 2. Jh. n. Chr., das erst 1922 entdeckt wurde. An
seiner hinteren Wand – der Grundriß beschreibt ein ›L‹ – befindet sich ein
gut erhaltenes Fresko: *Mithras tötet den Stier*.

Durch den *Triumphbogen des Hadrian* aus dem 2. Jh. gelangt man über den
Corso Umberto I. in die Stadt und biegt rechts in den Corso Garibaldi ein.
Dort steht der *Dom*. Im 5. Jh. aus römischen Gebäuden errichtet und im 8. und
17. Jh. vergrößert. 100 Jahre später wurde er noch einmal umgebaut, aber
äußerst unglücklich.

S. Maria Capua Vetere: Amphitheater

Der Ausbruch des Vesuv vom Jahre 1631

26   Der Vesuv und die Vesuvvillen

Der Vesuv   **Nr. 26**

Zufahrt: Man verläßt Neapel über die Piazza della Libertà, rechts am Bahnhof
vorbei zur Autobahn. Diese verläßt man in Resina und folgt den zum Vesuv
ausgeschilderten Tafeln. Unterhalb des Kraters ein großer Parkplatz, von
dem man zu Fuß den Kraterrand erreichen kann. Ca. 2 km vor diesem Parkplatz führt eine Straße zur Talstation eines Sesselliftes, der einen bis zum Kraterrand transportiert – allerdings nicht bei starkem Wind, der am Gipfel
eigentlich immer weht.

Im Altertum trug der Vulkan einen Kegel, den *Monte Somma.* Dieser
war damals 2300 m hoch. Nach mehreren Ausbrüchen stürzte der
Kegel ein, so daß ein riesiger Krater entstanden ist. Das besonders
fruchtbare Vulkangebiet war auch im Altertum bereits dicht besiedelt. Im Jahre 63 n. Chr. erschütterte ein Erdbeben die Region –
Anzeichen für den verheerenden Ausbruch des Vesuvs im Jahre 79.
Unter Aschenregen und Lavaströmen erstickten Pompeji, Herculaneum und Stabiae. Zu dieser Zeit bildete sich der Kegel des heutigen
Vesuvs und damit der von Neapel zu sehende *Doppelgipfel.* In den
Jahren 202, 472, 512, 785, 933, 1036, 1139, 1306, 1500, 1631 (einer
der heftigsten Ausbrüche, der Torre del Greco zerstörte), 1794, 1822

(Alexander von Humboldt schaute zu), 1871, 1872, 1906 und 1944 waren erneute Ausbrüche zu beobachten. Seit dieser Zeit scheint der Vulkan erloschen zu sein.

Die Vesuvvillen Nr. 26

Villa Pignatelli di Montecalvo (San Giorgio a Cremano, Largo dell'Arso 4): Leider ist die vielleicht Sanfelice zuzuschreibende Villa vollständig ruiniert. Auf ihn deuten die zweigeschossige Fassade mit großer Pilasterordnung sowie das Diamantquaderportal und die ein- und ausschwingenden Gesimslinien. Vom ebenfalls ovalen Obergeschoß über dem Vestibül hat man einen herrlichen Blick zum Meer und zum Vesuv.

Villa Aquino di Caramanico oder *Villa Vannucchi* (San Giorgio a Cremano, Corso Roma 47, im Zentrum des Ortes): Die Villa entstand um 1775 und zählte damals zu den größten und schönsten Villen der Vesuvküste. Der Palast ist dreigeschossig und kommt dem Stile Fugas sehr nahe. Darauf deuten die Kolossalpilaster. Im Inneren öffnet sich ein Pfeilervestibül. Von dort gelangt man in den Hof. Die Hofwände sind mit Loggien versehen.

In der *Via Cavalli di Bronzo* finden sich z. T. bezaubernde Villen aus dem 18. und beginnenden 19. Jh.

Cappella dell'Addolorata: Die Kapelle befindet sich in der *Villa Caracciolo di Avellino* (Via Pessina). Der heute als Pfarrkirche dienende Bau wurde um 1750 errichtet. Der teils dekorierte Innenraum beschreibt ein Rechteck, über dem sich ein hohes Muldengewölbe erhebt.

Die Villen an der Via Pessina: Diese im 18. Jh. entstandenen Villen, zu denen auch die *Villa Caracciolo* gehört, wurden z. T. im 19. Jh. restauriert oder umgebaut. – Die *Villa Cariati* oder, wie sie heute genannt wird, *Villa Cerbone* (Nr. 22) überrascht mit einer reizvollen Doppeltreppe, die elliptisch in die Höhe geführt wird. – Die *Villa Lignola* (Via G. A. Galante 2) wurde 1742 begonnen. – Wiederum beachtenswert das Treppenhaus. Sein Baumeister war sicherlich von ähnlichen Anlagen Sanfelices angeregt: Über drei Stockwerke führen gegenläufige Rampen, die nach den Flanken etwas ausschwingen.

Portici Nr. 26

Der Stadtkern des um 728 erstmals erwähnten Städtchens wurde beim Vesuvausbruch von 1631 zerstört. An der Piazza S. Ciro die Hauptkirche *Santa Maria della Natività* von 1642. Im Inneren ein Hochaltarbild von Luca Giordano. Am östlichen Ausgang des Ortes der prachtvolle Palazzo Reale.

Palazzo Reale

Geschichte: Antonio Canevari hat die Pläne zum Palast entworfen, den man zwischen 1738 und 1752 erbaut hat. Die für Karl von Bourbon errichtete Residenz wurde reich ausgestattet; u. a. enthielt sie eine kostbare Porzellansammlung, die man im 19. Jh. nach Capodimonte brachte (vgl. Nr. 14). Seit 1738 wurde im nahen Herculaneum gegraben. Mit den Fundstücken hat man im Palast ein kleines Museum eingerichtet. Als man 1752 mit dem Bau von Caserta begonnen hatte, vernachlässigte man das noch nicht ganz vollendete Schloß. Der Palast gelangte in Staatsbesitz und beherbergt heute die *Agronomische Fakultät der Universität von Neapel.*

Der Bau wird von einem Straßenhof in zwei Hälften geteilt. Die jeweils dreigeschossigen Hauptteile sind mit niedrigen Flügelbauten versehen. Die durchweg in nüchternem Klassizismus gehaltene Fassade wird durch flache Kolossalpilaster gegliedert. Die südliche, dem Meer zugewandte Front ist ebenfalls mit zwei Flügelbauten versehen, die im weiten Bogen die Aussichtsterrasse und das untere Gartenparterre umgreifen. Die Terrasse ist mit einer etwas vorstehenden Exedra versehen.

Die *Palastkapelle* wurde 1749 an Stelle des schon eingerichteten Theaters erbaut. Ein intimer Zentralbau mit einem rechteckigen Presbyterium – hier wurde offensichtlich das Bühnenhaus umgebaut – fallen auf.

Der große *Park* wird heute im oberen Teil von der Ferrovia Circumvesuviana durchschnitten. Man begegnet dort einigen Brunnen und Gartenarchitektur aus dem 18. Jh., die zum Teil nach pompejanischem Vorbild gestaltet worden sind. Im unteren Teil befand sich ein großer Fischteich, in dem sogar Delphine gehalten wurden.

Der Corso Garibaldi und seine Villen

Villa Menna (Nr. 125)

Die Familie *d'Amendola* hat dem Baumeister Muzio Nauclerio den Auftrag zum Bau der Villa gegeben. Sie wurde im Jahre 1742 errichtet. Der weit auslaufende Bau weist ein von Stuckarbeiten völlig überladenes Vestibül auf. Die Treppenhäuser sind ebenfalls reich stuckiert, wirken jedoch nicht so überladen. Das Hof-Konzept gliedert sich in das der Vesuv-Villen-Architektur ein: Aussichtsterrassen flankieren den Hof und öffnen sich zu Gärten, in denen man bis hinunter zum Meer spazieren kann. Dort stößt man auf eine schöne Freitreppe, die heute allerdings durch eine Badeanstalt und durch die Eisenbahn viel von ihrer einstigen Wirkung eingebüßt hat.

Villa Buono (Nr. 189)

Die auch *La Riccia* genannte Villa hat Bartolomeo di Capua, Fürst von Riccia, in Auftrag gegeben. Um 1750 wurde sie fertiggestellt. Sie war mit prächtigen Gartenanlagen versehen, die heute weitgehend verschwunden sind – wahrscheinlich durch Um- und Neubauten im 19. Jh. Auf der gegenüberliegenden Straßenseite die *Palastkapelle,* ein feindekorierter Rechtecksaal mit einem Muldengewölbe.

Villa Lauro-Lancellotti (Nr. 237)

Pompeo Schiantarelli hat hier zu einem eigenen Stil gefunden, der sich von der im 18. Jh. gängigen Vanvitelli- und Fuga-Schule vollständig gelöst hat: Auffallend die Rustikagliederung der Fassade, deren 9 Achsen in Dreiergruppen zusammengefaßt sind. Ein mit Pfeilern gegliedertes Vestibül durchzieht das Erdgeschoß. Niedrige Seitenflügel mit Terrassen und eine Freitreppe begrenzen den Hof.

Die im Jahre 1742 entstandene *Villa Meola* (Via Marconi 51) und die 1754 erbaute Villa an der Via Gravina 12 (heute *Collegio Landriani)* sind wegen ihrer interessanten Treppenhäuser sehenswert. Die in Hafennähe erbaute *Villa d'Elboeuf* wurde 1711 von Sanfelice errichtet. Heute sind nur noch die Portale und die zum Strand hinablaufenden Treppenanlagen zu sehen. Umbauten aus dem 19. Jh. und die in unmittelbarer Nähe entlang geführte Bahnlinie haben den Palast ruiniert.

Resina   Nr. 26

Er ist nicht sicher, ob Resina – über den Häusern von Herculaneum – schon in antiker Zeit gegründet wurde. Im oberen Ortsteil *Pugliano* steht die vom hl. Petrus gegründete Kirche *Santa Maria a Pugliano.*

Die interessantesten Villen aus dem 18. Jh. sind die *Villa Caravita* von D. A. Vaccaro. Hiervon jedoch nur noch einige spärliche Überreste am Corso Garibaldi 112. Der *Palazzo Correale* (Corso Ercolano 59) mit schöner Fassade. Von Resina nach Torre del Greco verläuft am Meer die ca. 2 km lange *Miglio d'Oro,* die *goldene Meile,* mit berühmten Gärten und Lustvillen aus der Bourbonenzeit.

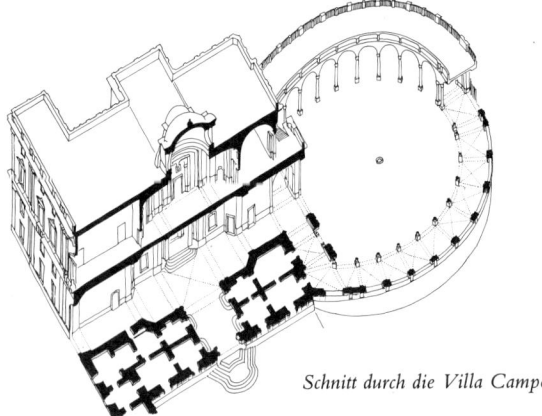

Schnitt durch die Villa Campolieto

Villa Campolieto

Um 1700 hat Luigi Vanvitelli den Palast für die Familie *Casacalenda* erbaut. Es handelt sich hier um ein Hauptwerk des Architekten. Vanvitelli ging von der üblichen Stadtvillen-Situation aus: An der Straße erhebt sich ein wuchtiger Palastblock, zweigeschossig und von einer mächtigen Attika-Balustrade abgeschlossen.

Die Fensterrahmungen des Untergeschosses sind einfach und die des Obergeschosses mit Dreiecksgiebeln versehen. In der Mittelachse der Fassade erscheint das rahmenlose Bogenportal. Ein etwas nach innen gezogenes Wandfeld steigt über dem Portal auf. Es wird – in der Entsprechung zum unteren Geschoß – durch eine rundbogige Balkontür markiert.

Man kann sagen, daß der *Innenhof* sich zu einem zentralen Innenraum konzentriert hat. Er wird durch Säulen, Tonnen- und Kreuzgewölbe akzentuiert. Die rechte Querachse führt zum Garten, die linke zu einer *Drei-Treppen-Anlage,* die ihrerseits in das Obergeschoß führt. Im Zentrum der *Apsidensaal* mit dem Grund- und Aufriß des darunterliegenden Raumes. Über ihm wölbt sich eine große *Kuppel.*

Die dem Meer zugewandte *Aussichtsterrasse* unterscheidet sich von den anderen Villen erheblich. Anstelle der weit ausgreifenden Seitenflügel hat Vanvitelli eine Kolonnade ringförmig vor die Rückfront des Palastes gesetzt. So wandelt man innerhalb der Bogenarchitektur (innen Säulen, außen Pfeiler) im Schatten und kann die Ausblicke auf Meer und Garten genießen.

Villa Favorita

Ferdinando Fuga hat diese Villa für den *Fürsten von Jaci und Campofiorito* im Jahre 1768 erbaut. Später wurde die Villa königlicher Besitz, und heute befindet sich in ihm das Militärinstitut.

Der breite Fassadentrakt weist 11 Achsen auf. Besonders reizvoll sind die volutengerahmten Mezzaninfenster über den seitlichen Portalen. Der Hauptsaal erstreckt sich ellipsenförmig durch den gesamten Mitteltrakt. Hier befand sich der berühmte Marmorfußboden aus Capri – heute im Museo di Capodimonte (Nr. 14).

Torre del Greco   Nr. 26

Geschichte: In dem seit dem 6. Jh. bekannten Ort erbaute Kaiser Friedrich II. die *Turris Octava*, den 8. Turm einer Befestigungsanlage gegen die drohende Sarazenengefahr. Die Vesuvausbrüche von 1631, 1794 und 1861 haben den Ort immer wieder vernichtet.

Villa del Cardinale

Am südöstlichen Ortsausgang (Via Nazionale 122) steht die 1744 erbaute Villa. Sie ist Sommersitz der neapolitanischen Kirchenfürsten. Eine schöne Doppeltreppe steigt unter dem Hofportikus in die Seitenflügel auf. Im großen Mittelsaal des Obergeschosses kann man noch Fresken aus dem 18. Jh. sehen.

Villa Palomba

Der nicht weit von der Villa del Cardinale entfernte Bau (Via Nazionale 101) wurde 1742 für die Familie *del Gallo* errichtet. Die Fassade steigt zur Mitte hin auf. Im Inneren ein verblüffendes Treppenhaus. Die Dekorationen sind ebenfalls sehr phantasiereich.

Die an der Via Nazionale 352 gelegene *Villa Aurisicchio* ließ sich ein Jagdaufseher aus bourbonischer Zeit erbauen, um seinen König dort zu empfangen. Dazu ist es allerdings nie gekommen. – Etwas weiter, an der Via Nazionale 401 steht die *Villa Bruno*, deren Haupttrakte um einen rechteckigen Hof gebaut worden sind. Terrassen erstrecken sich zum Meer. – Die *Villa Prota* (Via Nazionale 521) ist aus Teilen eines Vorgängerbaus aus dem 16. Jh. errichtet worden. Einige Teile sind noch an der Rückwand des Palastes zu erkennen. Von der Aussichtsterrasse genießt man einen herrlichen Blick auf das Meer und auf den Vesuv.

Das römische Wohnhaus im Altertum

(Pompeji und Herculaneum)

Die ersten städtischen Wohnhäuser wurden von Griechen in Süd- und von Etruskern in Mittelitalien erbaut. Das *Atriumhaus* setzte sich im 4. Jh. v. Chr. für ganz Italien durch. Hier wurde zum ersten Mal das Problem gelöst, wie die praktischen Bedürfnisse der Wohnhäuser mit den Konstruktionen eines Holzhauses zu vermitteln sind. Der Grundriß ordnet sich axialsymmetrisch um das *Atrium* (2), dem zwei zur Straße hin offene *Tabernae* (Werkstatt oder Laden; 1) vorgelagert sind. Um das Atrium sind die Schlafräume (*Cubicula*; 5) und kleine Seitenflügel (*Alae*; 3) angeordnet. Vom Atrium gelangt man schließlich in den Wohn- und Speiseraum (*Tablinum*; 4) und von dort in den *Garten* (6). Weitere Zimmer und Küche ergänzen das Wohnhaus.

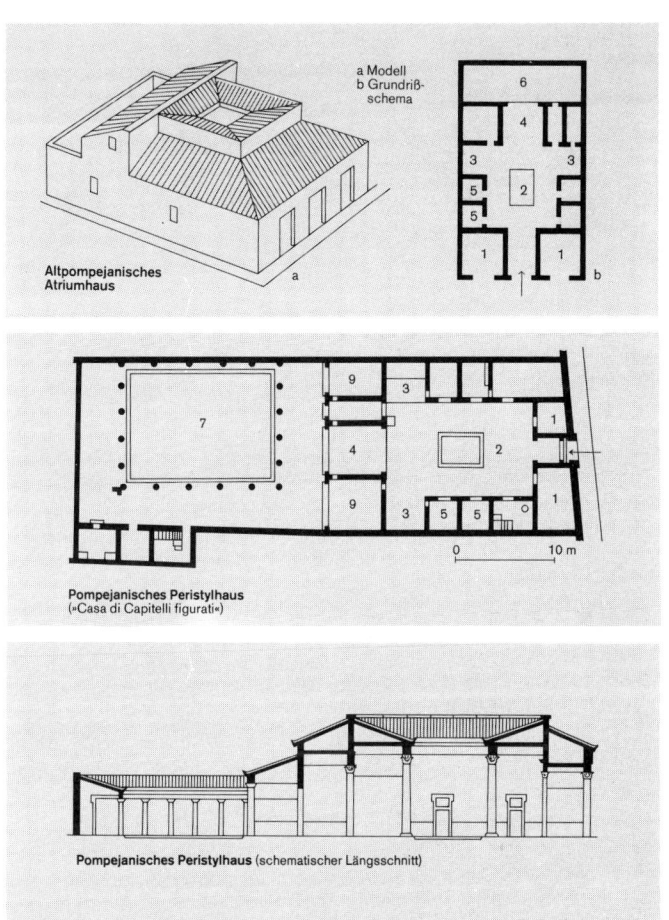

a Modell
b Grundriß-
schema

Altpompejanisches Atriumhaus   a   b

Pompejanisches Peristylhaus
(»Casa di Capitelli figurati«)

0   10 m

Pompejanisches Peristylhaus (schematischer Längsschnitt)

Das *altpompejanische* Haus entspricht in seiner Anlage dem altrömischen. Seine Dachführung ermöglicht eine abgestufte Raumhöhe und Lichtführung. Das *Peristylhaus* ist eine erste Erweiterung des Atriumhauses (vgl. Abb. 2): Wie beim Atriumhaus liegen auch hier die Nutzräume an der Straße vor dem Atrium. Um das Atrium herum gruppieren sich Schlaf- und Eßräume sowie die Empfangshalle. An den großen Wohn- und Eßraum in der Achse des Atriums schließen sich weitere Eßräume (*Triclinium*; 9) an. Von dort gelangt man in das *Peristyl* (Säulenhalle im offenen Hof; 7). Dieses System kann man besonders gut in Pompeji (Casa dei Capitelli figurati, Casa del Fauno) studieren.

In der *Casa Loreius Tiburtinus* in Pompeji begegnet man einer der vielen Modifikationen des Peristylhauses. Dem Achsensystem des Hauses ist ein schmales Peristyl zugeordnet. Die Gartenterrasse ist etwas aus der Hausachse verschoben. Ein schmaler Kanal, von Pergolastützen zum Garten hin begrenzt, verbindet ein offenes *Grottentriclinium* mit einem Aussichtszimmer an der westlichen Schmalseite der oberen Plattform. Am Südrand erkennt man einen Säulenbaldachin, der den Kreuzpunkt der beiden Gartenfluchten markiert. Unter dem Säulenbau ein Grottenbrunnen.

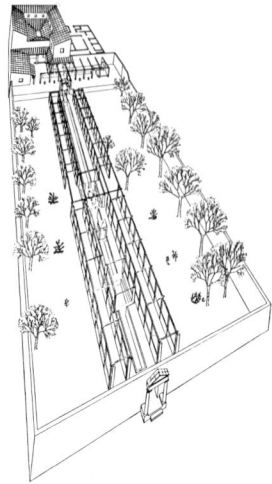

Oftmals gehen Atrium und Peristyl ohne verbindendes Raumprogramm ineinander über. Bei manchen Wohnhäusern – deren Besitzer meistens reiche Patrizier gewesen waren – gliedert sich der Grundriß in mehrere Atrien und Peristyle. Dadurch teilt sich die gesamte Anlage in einen *Wohn-Peristyl-Bereich* und in einen *Garten-Peristyl-Bereich,* wie das z.B. bei der *Casa del Fauno* der Fall ist (vgl. S. 172). Die Raumgruppen bewahren dadurch ihre Selbständigkeit; sie sind lediglich durch schmale Durchgänge verbunden.

Pompeji: Rekonstruktion der Casa di Loreius Tiburtinus

Die Casa dei Cervi in Herculaneum gehört zum *vornehmsten Typus der Stadtvilla* am Südrand der antiken Stadt. Sie ist bis zum Rand der steilen Stadtmauer vorgezogen. Eine große *Aussichtsterrasse* führt hinunter zum Meer. Das Atrium ist direkt von der Straße zugänglich, und zwar von einem der in Nord-Süd-Richtung verlaufenden Cardines. Das Triclinium ist zur Hauptachse gedreht. Darauf folgt eine *gestaffelte Raumgliederung.* Der Säulenhof ist von Kryptoportiken (Eingang zu einem gedeckten Gang, dessen Wände ins Freie führende Öffnungen haben) begrenzt. Ein Pfeilerbaldachin führt auf die Terrasse, an der zwei vorgezogene Ruheräume die Südfront der Häuser flügelartig rahmen.

Die architektonischen Konstruktionen dieser drei Häusertypen – dem *Atrium-, Peristyl-* und ausgesprochenem *Patrizierhaus* – bleiben sich ähnlich: Die Atriumkonstruktion wird durch zwei den Raum überspannende Deckenbalken (atrium tuscanicum) gebildet. Beim Atrium tetrastylicum stützen vier Säulen den Ringbalken der Lichtöffnung. Sollten mehrere Stützen eingezogen werden, weil sich das Atrium räumlich ausgedehnt hat, dann nimmt es schon peristylartige Züge an, da dieses durch eine Säulenstellung gebildet wird. Meistens liegt das Tablinum zwischen Atrium und Peristyl oder Garten, mit dem es durch ein großes, bis fast auf den Boden reichendes Fenster verbunden ist. Im Atrium standen Hausaltar, Herd und Eßtisch. Später wurde die Küche in einen der Räume verbannt. Das hängt mit den gestiegenen Ansprüchen der Familien zusammen, die dann auch Repräsentationsbedürfnisse artikulierten. Diese wurden im Atrium, das nun als prächtige Empfangshalle hergerichtet wurde, und natürlich im Peristyl, befriedigt. In der weiteren Differenzierung und Ausgestaltung des römischen Wohnhauses wechseln die Raumachsen ab, und die Raumweiten nehmen zu. Daraus entwickelten sich dann schließlich die großen Villen der Kaiserzeit, wie z.B. die Villa Adriana in Tivoli bei Rom.

Herculaneum: Casa dei Cervi

27 Herculaneum

Geschichte: Die antike Stadt lag am Westabhang des Vesuvs. Im Norden und Süden war sie durch Täler geschützt. Die Küstenstraße Neapel–Pompeji führte durch die Stadt. Theophrastos (ca. 370–287 v. Chr.) berichtet, *Herkules* habe bei seiner Rückkehr aus Iberien diese Stadt gegründet. Es ist nicht sicher, ob Griechen oder Etrusker der Stadt den Namen gegeben haben. Am Ende des 5. Jh. v. Chr. wurde Herculaneum von den *Samniten* erobert, die Sulla dann später vertrieben hat. 89 v. Chr. wurde sie *römisches Municipium*, das Cicero zu den wichtigsten Zentren Campaniens zählte. 63 n. Chr. richtete ein Erdbeben große Schäden an, die Neubauten und Reparaturen notwendig gemacht haben. Noch während des Wiederaufbaus der Stadt kam das Ende. Heißer Lavaschlamm ergoß sich während des *Vesuvausbruchs im Jahre 79* in mehreren Schüben über die Stadt und erstickte sie. Der Schlamm erstarrte zu Tuff. Er konservierte die Gebäude, besonders die Holzteile der Gebäudekonstruktionen, so daß sich nirgends eine bessere Vorstellung von der Verwendung des Holzes im römischen Hausbau gewinnen läßt als hier. Als der Fürst d'Ellboeuf im Jahre 1709 einen Brunnenschacht anlegen ließ, entdeckte er die Stadt. Zunächst stieß man auf die Mauern des Theaters. Rücksichtslos wurden Kostbarkeiten, wie Marmorverkleidungen und Statuen, in die verschiedenen Museen Europas verkauft. Erst unter dem Patronat des Königs von Neapel, Karl III., begannen die regulären *Ausgrabungen.* Sie dauerten von *1738 bis 1765.*

Bei der *zweiten Grabungsperiode (1828–1855)* legte man die Häuser von oben her frei und führte keine Stollen mehr durch den Tuff, durch die viele Mauern zerstört worden waren.

Die *dritte Grabungsperiode (1869–1875)* stand unter der Schutzherrschaft von Vittorio Emanuele II: Sie wurde bald beendet, da die Bewohner von Resina sich verständlicherweise energisch gegen die notwendige Enteignung von Häusern und Gelände wehrten. 1904 versuchte der Archäologe Karl Wald-

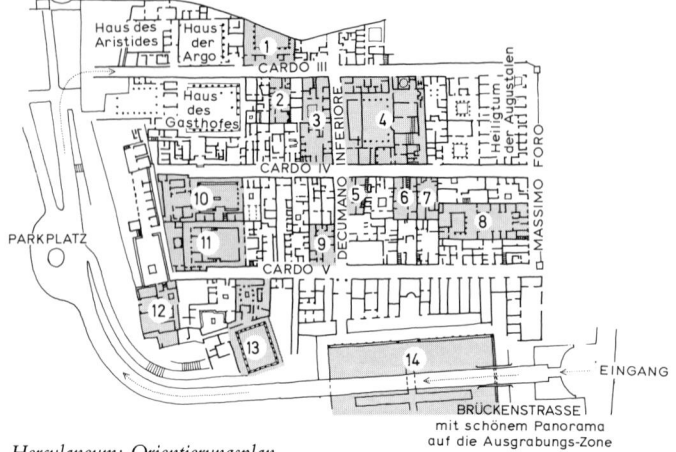

Herculaneum: Orientierungsplan

1 Haus des Genius	6 Haus der	10 Haus des Mosaik-
2 Haus des Skeletts	verkohlten Möbel	atriums
3 Haus mit der	7 Haus des Neptun	11 Haus der Hirsche
Holzwand	und der Amphitrite	12 Vorstädtische Thermen
4 Hauptthermen	8 Haus der Zwei-	13 Haus des Telefo-
5 Das samnitische	hundertjahrfeier	Reliefs
Haus	9 Bäckerei	14 Turn- und Sporthalle

stein ein internationales Grabungsteam einzusetzen. Das Vorhaben scheiterte an der italienischen Regierung. Unter *Amedeo Maiuri* wurden die Grabungen im Jahre 1927 wieder aufgenommen. Man setzte sich das Ziel, alle Funde am Ort selbst zu erhalten und durch wenige Rekonstruktionen ein originelles Bild von der Vergangenheit zu vermitteln.

Wahrscheinlich war Herculaneum nur um zwei Drittel kleiner als Pompeji. Es zählte 5000 Einwohner. Der gute Erhaltungszustand des Straßenpflasters weist auf eine geringe Betriebsamkeit. Da sich in vielen Häusern Netze und Angelgeräte fanden, nimmt man an, daß die Bewohner vorwiegend vom Fischfang lebten.

Das Stadtbild wird von einem Netz rechtwinklig sich kreuzender Straßen durchzogen – wahrscheinlich nach dem Vorbild Neapels. An die Straßenzüge grenzen rechtwinkelige Wohnblöcke *(insulae)* an. Die breiteren, parallel zur Küste verlaufenden West-Ost-Straßen nennt man *Decumani* und die schmaleren, von Norden nach Süden verlaufenden *Cardines* (vgl. S. 5).

Rundgang

Vom Eingang der archäologischen Zone (Scavi di Ercolano) führt eine breite Straße um das Ausgrabungsgelände herum und hinunter zum Eingang in die antike Stadt. Man geht also parallel zu den Cardines und nach der Biegung parallel zu den Decumani. Man betritt den westlichen Cardo III und damit den Teil der Stadt, der in der zweiten Grabungsperiode ausgegraben wurde. Man geht links am Haus des

Aristides und am Haus des Argus vorbei und gelangt zum *Haus des Genius* (*Casa del Genio*; 1). Er verdankt seinen Namen einem kleinem geflügelten Genius, der hier einen Leuchter verzierte. Bei diesem Haus handelte es sich um einen Patriziersitz mit Atrium, Peristyl und Parkanlage. Der Zugang von der Straße führt direkt in den Garten, der auf drei Seiten in Säulenhallen zu umgehen war. Dort ein dreieckiges Brunnenbecken, das Skulpturen schmückten. Die vorher genannten Häuser schließen sich im Konzept an dieses Haus an.

Gegenüber der Casa del Genio liegt die *Casa dello Scheletro* (2). Das Haus hat seinen Namen von einem *Skelett*, das man während der Grabungen 1830 im Obergeschoß gefunden hat. Es muß sich um ein kleines *Bürgerhaus* gehandelt haben; dafür sprechen die engen Räume und das Fehlen eines Gartens. Das Licht fällt nur sehr spärlich in die Zimmer. Man geht durch den Mittelraum links in das Triclinium; dort befindet sich ein kleines Nymphäum mit zwei Wasserbecken.

Man verläßt das Haus und den Decumanus Inferior. An der Kreuzung mit dem Cardo IV liegt das *Haus mit der hölzernen Scheidewand* (*Casa del tramezzo di legno*; 3). Das zweistöckige Gebäude hat eines der schönsten Atrien von Herculaneum. An seiner linken Seite zwei Cubiculae mit hölzernen Bettstellen. Das große, durch beide Geschosse durchgehende Tablinum wurde offensichtlich später durch eine hölzerne Scheidewand (it. = tramezzo) geteilt. Die Türen mit schönen Bronzebeschlägen in Form eines Schiffshecks (zum Aufhängen von Öllampen).

Nach dem Verlassen des Hauses betritt man gegenüber die *Thermen* (*Terme del Foro*; 4). Die überwölbten Räume sind nur spärlich erleuchtet. Das römische Bad gliedert sich in einen Auskleideraum *(apodyterium),* ein Kaltbad *(frigidarium),* einen mäßig erwärmten Raum *(tepidarium)* und ein Warmbad *(caldarium).* Die Heizung erfolgte über doppelten Boden und Wände. Man betritt die Anlage über Cardo III, Nr. 1. Nach dem Eingang ein großer Hof für gymnastische Übungen *(palaestra).* Kurz vorher links ein Zugang zum Apodyterium mit zwei Reinigungsbecken *(labrum).* Nach links erreicht man das Frigidarium. Beachtenswert das Mosaik auf dem Fußboden: Triton mit Steuerruder und Fruchtkorb, von Delphinen begleitet. Im Nachbarraum das Caldarium mit einer Apsis in der Südwand. Wenn man sich wieder dem Ausgang am Cardo IV, Nr. 7, zuwendet, hinausgeht und die Anlage durch die unmittelbar daneben liegende Tür (Nr. 8) erneut betritt, gelangt man in das *Frauenbad,* das nach demselben Schema aufgebaut ist – es fehlt lediglich das Frigidarium. Im kleinen Apodyterium ein Mosaikfußboden mit Tritonen und Delphinen, Muränen und Polypen. Im Tepidarium eine Sitzbank und ein geometrisches Fußbodenmosaik.

An der Ecke Cardo IV/Decumanus Inferior liegt die *Casa Sannitica* (5) – *das samnitische Haus* (Zugang: Cardo II, Nr. 1). Das Atrium scheint im Stil der florentinischen Frührenaissance erbaut zu sein. Im Obergeschoß fällt ein Säulenumgang mit ionischen Kapitellen auf. Die Räume sind mit Ornamenten versehen – u. a. ein ›Raub der Europa‹ inmitten feiner Architekturmalereien.

Ein paar Schritte weiter nordwärts gelangt man zur *Casa del Mobile Carbonizzato* (6) – dem *Haus mit den verkohlten Möbeln.* Es stammt sicherlich aus vorrömischer Zeit. In den Räumen kann man noch prächtige geschnitzte Möbel und Haushaltsgegenstände sehen. Auf der Hofwand die Darstellung eines Tempels.

Das Nachbarhaus trägt den Namen *Casa del Nettuno e Anfitrite* (7; Corso IV, Nr. 5–6). Die Vorderwand des vorspringenden Obergeschosses ist nicht mehr vorhanden, so daß man in die Wohnräume hineinsehen kann. Im Erdgeschoß rechts vom Eingang ein Laden *(Taberna).* Es scheint gerade von seinen Besitzern verlassen worden zu sein: Hausrat, stehende oder liegende Amphoren sowie ein Herd und ein Ausguß zeugen noch von der unvorhergesehenen Katastrophe. Im Atrium steht ein schön gestaltetes Nymphäum. Auf der Hofwand, die dem Eingang gegenüberliegt – man geht also gerade darauf zu – erscheint unter einer Aedicula das *Mosaik mit Neptun und Amphitrite,* von dem das Haus seinen Namen hat.

Auf dem Cardo IV geht man nordwärts zum Decumanus Maximus. Dort, in der Insula V, Nr. 15–16, die *Casa del Bicentenario* (8). Das *Haus der Zweihundertjahrfeier* – so genannt, weil es 1938, zweihundert Jahre nach Beginn der ersten Ausgrabungen, freigelegt wurde. Im Tablinum kann man einen sehr schönen Marmorfußboden sehen und ausgezeichnete mythologische Bilder (Daidalos und Pasiphae, Mars und Venus). Das ausgedehnte Atrium spricht für ein Patrizierhaus. Im Obergeschoß findet sich in einem kleinen Domestikenzimmer ein Kreuzgebilde und darunter ein Schrank (Altar?). Wahrscheinlich handelte es sich hier um eine *geheime christliche Gebetsstätte.*

Man begibt sich in den Cardo V und geht bis zum Decumanus Inferior. Dort an der Ecke die *Bäckerei* (9, *Pistinum*). Man kann noch den Ofen, Mühlen und Amphoren für Getreide sehen.

Zurück zum Decumanus Inferior biegt man links in den Cardo IV. Nach einigen Schritten rechts die *Casa a Graticcio* – ein mehrstöckiges *Mietshaus aus Holzfachwerk* (Graticcio) – wahrscheinlich für Familien aus dem Mittelstand. Daneben ein Haus aus vorrömischer Zeit – *Casa dell'Erma di bronzo/Haus mit dem Bronze-Hermes.* Schräg gegenüber das große *Haus mit dem mosaikgeschmückten Atrium*

Herculaneum: Häuser an Cardo IV, Ansicht von Nordosten

(Insula IV, 1–2) – *Casa dell'Atrio a mosaico* (10). Es handelt sich hier um eine Villa direkt am Meer, sie gehört also zu den Herrschaftshäusern der Stadt. Herrschaftlich ist auch die Anlage. Man betritt das Atrium durch einen Eingangskorridor mit Seitenräumen. Die Böden sind mit schwarz-weißem Mosaik ausgelegt. Hinter dem Atrium befindet sich ein dreischiffiges Tablinum – die Mitte ist erhöht, die Seitenteile sind niedriger und schmaler. Der anschließende Garten wird von einem hübschen Portikus mit Fenstern gesäumt. Östlich der Gartenterrasse liegen vier kleine Schlafzimmer und in der Mitte zwischen ihnen eine rechteckige Exedra (Nische mit erhöhten Sitzplätzen) mit herrlichen Wandmalereien (Bestrafung Dirkes durch Amphion und Zethus – vgl. zu diesem Mythos, S. 84 – Diana im Bade).

Herculaneum: ›Neptun und Amphitrite‹

Das Nachbarhaus, *Casa dei Cervi* (11), das *Haus der Hirsche*, ist das größte in Herculaneum (vgl. S. 152). Auch hier handelt es sich um ein Herrschaftshaus mit ähnlichen Ausmaßen wie das Nachbargebäude. Die Anlage besteht aus drei Teilen – einem nördlichen Wohntrakt, einem großen Garten in der Mitte und einem südlichen Wohntrakt mit Aussichtsterrasse. Das Atrium diente als Vestibül – von ihm aus konnte man alle Wohnräume bequem erreichen. In der Eingangsachse hinter dem Atrium das Tablinum – hier als Empfangssaal genutzt mit einem Bodenbelag aus Marmor. Wandmalereien auf schwarzem Grund. Von hier aus gelangt man in den Garten mit Marmortischen und Skulpturen. Im Speisesaal befinden sich zwei Skulpturengruppen, die von Hunden gehetzte Hirsche (cervi) zeigen. Im benachbarten Raum ein schöner Satyr mit einem Weinschlauch. Vom Peristyl geht ein Raum ab, in dem ein trunkener, wasserlassender Herakles steht.

Gegenüber am Cardo V liegt die schöne *Casa della Gemma* und dahinter Reste einer unterirdischen Badeanlage – *Terme suburbane* (12). Sie sind reich mit Marmor- und Stuckverzierungen ausgestattet.

Auf dem Cardo V kommt man links der Casa Gemma an der *Casa del Rilievo di Telefo* vorbei. In einem kleinen Raum sind auf einem Flachrelief die Mythen von Orest und Telephos, dem Sohn des Herakles, dargestellt. Weiter in nördlicher Richtung gelangt man zur *Palaestra* (14), einer bemerkenswerten Anlage mit schönen Säulengängen. Im Mittelsaal eine Apsis mit Überresten eines Marmorfußbodens. Die Anlage diente öffentlichen sportlichen Veranstaltungen.

Außerhalb der Ausgrabungszone liegt das *antike Theater* aus der Zeit des Augustus, das 2000 Zuschauer fassen konnte (Corso Ercolano 119 – die Ausgrabungen sind noch nicht beendet).

Herculaneum: Suburbane Thermen, Atrium 159

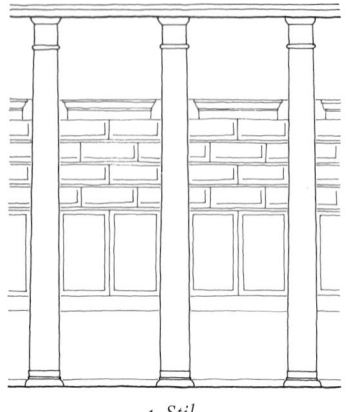

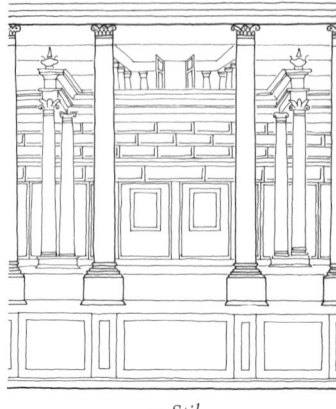

1. Stil   *2. Stil*

Die Entwicklung der Pompejanischen Wandmalerei

Die pompejanische Wandmalerei hat sich vom 2. Jh. v. Chr. bis zum Ausbruch des Vesuvs im Jahre 79 n. Chr. entwickelt. Diesen Zeitraum von ca. 300 Jahren teilt man in *4 Phasen* ein. Diese 4 Stilphasen zeigen eine deutliche *Tendenz von der reinen Dekoration zur illusionistischen Architekturmalerei.* Obgleich die Dekorationselemente bis zum Schluß nicht ausgeblieben sind, kann man doch beobachten, daß mit differenzierter Raumdarstellung sich auch die Ornamente verändert haben. Was anfangs nur bunter Wandverputz war, wurde später zum erzählenden Wandbild.

Der erste Stil

Der sogenannte *Inkrustationsstil* (Inkrustation = Verkleidung von Wänden mit farbigen Platten) forderte eigentlich noch keine künstlerische, sondern mehr handwerkliche Tätigkeit. Die Sockelgesimse, die Quadern und das Gebälk wurden – vereinfacht gesagt – verschiedenfarbig angestrichen. Diese oftmals sehr lebhaften Farben, Ocker, Blau, Pompejanischrot und Schwarz, haben auch heute kaum etwas von ihrer Intensität verloren. Der Aufriß der Wände ist wie folgt zu charakterisieren: Auf die Sockelzone folgt ein Bereich mit hochformatigen Quadern; darüber kleinere in horizontaler Richtung. Der Wandaufbau wird schließlich von einem glatten Wandstück abgeschlossen.

Der zweite Stil

Gegen Ende der Republik (ca. 80–20 v. Chr.) wurde dieser Stil vom sogenannten *architektonischen Stil* abgelöst. Die Malereien in der Villa dei Misteri (Pompeji – vgl. S. 173 und Abb. 174), im Haus der Livia auf dem Palatin (Rom) und im Säulenhaus der Villa Farnesina (Rom) sind Hauptbeispiele dieses Stils. Die Wände sind völlig glatt gehalten, obwohl der Eindruck des Vor- und Zurückspringens von architektonischen Gliederungselementen hervorgerufen wird. Die ersten *scheinarchitektonischen Malereien* beschränken sich zunächst auf die rahmenden Teile der Wandbilder: Pilaster, Gesimse und Friese werfen illusionistische Schatten und wirken daher vollplastisch. Ferner

3. Stil   4. Stil

dienten die Scheingesimse und Balustraden auch der räumlichen Tiefen-
wirkung für die Aktionen der dargestellten Figuren: Die mythologischen
Szenen spielen gewissermaßen auf einer Bühne (vgl. die Darstellungen in der
Villa dei Misteri), so daß Überschneidungen und somit eine größere
Aktionsfreiheit für die Figuren gewährleistet waren. Im Gegensatz zu den
Figurengruppen in Pompeji, die schon weitgehend entflochten sind, prägen
Isokephalie (Köpfe der friesartig aufgereihten Personen auf einer Höhe) und
kleine kompakte Gruppen diesen pompejanischen Stil. Wie die Skizze Nr. 2
zeigt, wird die Wand vertikal und horizontal gegliedert – aber so, daß ein
Scheinraum entsteht. Die Verbindung der vertikalen und horizontalen Teile
der vorderen Architektur mit der scheinbar weiter zurückliegenden erfolgt
durch Schrägen, die Gesimse darstellen. Diese Schrägen können schon als
Fluchtlinien gedeutet werden, obgleich sie nicht in einem Punkt zusammenlaufen (Fluchtpunkt), sondern auf verschiedene Punkte einer Mittelachse.
Der Betrachter wird also von jeweils einem Wandteil mit in diesen Scheinraum einbezogen, wenn er den entsprechenden Standpunkt (in der Mitte des
Raumes) eingenommen hat (vgl. die Casa delle Nozze d'Argento, S. 170).

Der dritte Stil

Der dritte pompejanische Stile beginnt ungefähr im Jahre 14 n. Chr. mit dem
Regierungsantritt des Kaisers Tiberius und endet nicht ganz 50 Jahre später
mit dem verheerenden Erdbeben im Jahre 63 n. Chr. Man kann sagen, daß in
dieser Stilphase zum ersten Mal eine *Wendung vom Statischen zum Dynamischen* erfolgt. Das gilt nicht so sehr für die Figuren, die schon sehr früh Bewegung zeigen, sondern für die Architektur. Die Wand wird nun malerisch so
behandelt, daß sie nicht mehr als Wand erscheint, sondern vielfache Durchblicke auf die Häuser, in Gärten und auf das Meer bietet. Oftmals wird auf der
Wand die Architektur des Hauses wiederholt und idealistisch verklärt.

Die im zweiten Stil noch kompakt auftretenden Architekturmalereien wirken nun zart, fast zerbrechlich. Auch der Bildaufbau mit szenischen Darstellungen wirkt gekonnter. Die Gruppen sind entflochten – das Prinzip der
Isokephalie ist weitgehend aufgehoben. Auch die tiefenräumliche Dimen-

Beispiel für eine Wandgestaltung des 3. Stils

sion wird glaubhafter gestaltet. Man kann schon *mehrere Bildebenen* unterscheiden, so daß die Möglichkeit der szenischen Verteilung von Handlungs-
teilen gegeben ist.

Der vierte Stil

Dieser letzte pompejanische Stil währte nur sechzehn Jahre (63–79 n. Chr.).
Man kann ihn den *ornamentalen Stil* nennen. Die Phantastik ornamentaler
Verzierungen und Verflechtungen wird am eindringlichsten im ›Goldenen
Haus des Nero‹ in Rom und im ›Haus der Vettier‹ (vgl. S. 171) in Pompeji
anschaulich. Die ornamentalen Muster dehnen sich nun über die gesamte
Wandfläche aus und lösen sich schrittweise von der Architektur – ja konzen-
trieren sich zuweilen selbst zu einer Art Ornament-Architektur. Die Figuren
haben ihren landschaftlichen oder architektonischen Illusionsraum verlassen
und bewegen sich jetzt innerhalb der Ornamentik – es sei denn, sie agieren
innerhalb rahmenbegrenzter Bildflächen, die wie aufgehängt im Flechtwerk
der Ornamentik wirken.

Der Illusionsraum und die Verteilung der Figuren in ihm tauchten dann erst
wieder zu Beginn des 15. Jh. in der florentinischen Frührenaissance auf.
Antike Schriften – unter ihnen die von Vitruv – haben auf die Art der *perspek-
tivischen Malerei* aufmerksam gemacht. Die schon im 15. Jh. gefundenen
Ornamente in der ›Casa di Nero‹ sowie den ›Perspektiväumen‹ sorgten für
eine Abkehr von der mittelalterlichen Malerei und eine Hinwendung zur
Illusionskunst der Renaissance, die im Barock gipfelte und erst wieder von
Cézanne überwunden wurde.

28 Pompeji

Geschichte

Von den *Oskern* gegründet, stand Pompeji im 6. und 5. Jh. v. Chr. unter dem wechselnden Einfluß von *Etruskern* und *Griechen*. Um 425 wurde die Stadt von den *Samniten* besetzt. Sie trugen zur Errichtung der gegenwärtigen Anlage wesentlich bei. Nachdem sich Pompeji immer wieder gegen Rom wehren mußte, trat es schließlich im Jahre 290 v. Chr. an seine Seite. Später wurde es zum Rang einer *römischen Kolonie* unter dem Namen *Colonia Veneria Cornelia Pompei* erhoben. Die Stadt wurde bald bekannt als Lieblingstreffpunkt der römischen Aristokratie.

Im Jahre *63 n. Chr.* verwüstete ein *Erdbeben* die Stadt. Man war mit dem Wiederaufbau noch längst nicht fertig, als 16 Jahre später, am *24. August 79* ein gewaltiger *Ausbruch des Vesuv* die Menschen während ihrer Alltagsverrichtungen überraschte. Innerhalb eines kurzen Zeitraumes verschwand die Stadt unter einer Schicht von Steinteilchen (Lapilli) und Asche, die schnell 7–8 m Höhe erreichte. Plinius d.J., der sich damals bei seinem Onkel, dem Flottenkommandanten, in Misenum aufhielt, beobachtete das Geschehen aus der Nähe.

Pompeji: Säulengang des Forums

Luftaufnahme von Pompeji

Die meisten Bewohner wurden auf der Flucht unter Aschenregen begraben. Manche flüchteten entsetzt in ihre Kellerräume, wo sie an den heißen Dampfwolken erstickten; andere wurden während der Arbeit überrascht und so für fast 2 Jahrtausende festgehalten.

Im 16. Jh. entdeckte der Architekt D. Fontana Ruinenreste von Pompeji. Erst 1748 begann man mit den *Ausgrabungen,* die *seit 1860* ständig fortgesetzt werden. Wie in Herculaneum ist man auch in Pompeji darum bemüht, Kunst und Kultur, die Lebensumstände und -bedingungen der Menschen von damals wieder vor Augen zu führen. Bis heute hat man etwa drei Fünftel des gesamten Stadtgebietes freigelegt. Die noch unerforschten Viertel liegen im Norden und Nordosten der Stadt.

Rundgang

Das Antiquarium (1)

In das Ausgrabungsgelände gelangt man durch die *Porta Marina*, den Haupteingang, am Westabhang des Hügels unweit der Bahnlinie von Neapel. Gleich nach dem Eingang rechts das *Antiquarium* – ein kleines *Museum*, das man unbedingt besuchen sollte, da es einen guten Überblick über die Geschichte Pompejis bietet:

Im ersten Saal rechts lernt man Pompeji zur *vorsamnitischen Zeit* kennen. Es werden Gegenstände aus den Nekropolen des Sarno-Tals, die aus dem 9.–7. Jh. v. Chr. stammen, gezeigt. Ferner sind Terrakottaarbeiten vom Dorischen und vom Apollon-Tempel gefunden worden. Man teilt diese Arbeiten in drei Perioden ein: 6.–5. Jh. v. Chr.; 4. Jhr. v. Chr.; 3.–2. Jh. v. Chr. Im zweiten Saal sind verschiedene Kapitellformen und Skulpturen, darunter eine Sphinx aus

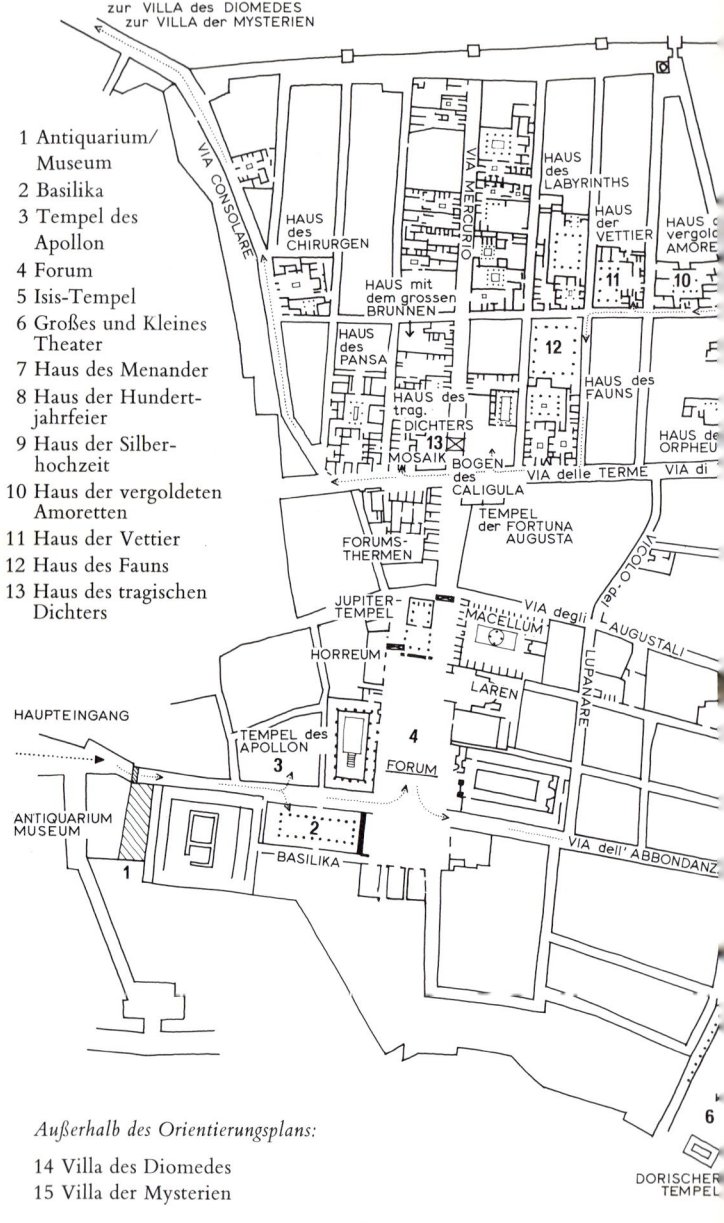

zur VILLA des DIOMEDES
zur VILLA der MYSTERIEN

1 Antiquarium/
Museum
2 Basilika
3 Tempel des
Apollon
4 Forum
5 Isis-Tempel
6 Großes und Kleines
Theater
7 Haus des Menander
8 Haus der Hundert-
jahrfeier
9 Haus der Silber-
hochzeit
10 Haus der vergoldeten
Amoretten
11 Haus der Vettier
12 Haus des Fauns
13 Haus des tragischen
Dichters

VIA CONSOLARE

HAUS
des
CHIRURGEN

HAUS mit
dem grossen
BRUNNEN

HAUS
des
PANSA

HAUS des
trag.
DICHTERS

13

MOSAIK

VIA MERCURIO

HAUS
des
LABYRINTHS

HAUS
der
VETTIER

HAUS des
vergold.
AMORE

11

10

12

HAUS des
FAUNS

HAUS des
ORPHEU

BOGEN
des
CALIGULA

VIA delle TERME

VIA di

TEMPEL
der FORTUNA
AUGUSTA

FORUMS-
THERMEN

JUPITER-
TEMPEL

HORREUM

MACELLUM

LAREN

VIA degli

L'AUGUSTALI

LUPANARE

HAUPTEINGANG

ANTIQUARIUM
MUSEUM

TEMPEL des
APOLLON

3

FORUM

4

1

2

BASILIKA

VIA dell' ABBONDANZ

6

DORISCHER
TEMPEL

Außerhalb des Orientierungsplans:

14 Villa des Diomedes
15 Villa der Mysterien

HAUS der
SILBERHOCHZEIT

9

S des
KETTS

ZENTRALE
THERMEN

8

HAUS der
HUNDERTJAHRFEIER

NEUE   AUSGRABUNGEN

VIA STABIANA

SIS-
EMPEL
5

Grosses und
Kleines THEATER

HAUS des
MENANDER

7

GLADIA-
TOREN-
PLATZ

samnitischer Zeit ausgestellt. Im mittleren Saal steht die *Statue des Livius* aus der Mysterien-Villa sowie verschiedene Bildnisse. Im Saal 3 wird das *römische Pompeji* präsentiert: Es sind zahlreiche Gipsabdrücke von Menschen und Hunden zu sehen. Der Gips wurde bei den Ausgrabungsarbeiten in Hohlformen gegossen, die die verwesten Leiber in der harten Schlammschicht hinterlassen hatten. Vasen, Skulpturen, Statuetten und Gebrauchsgegenstände vervollständigen den Einblick in den *pompejanischen Alltag.* Dieser ist ebenfalls (vielleicht sogar noch besser, zumindest nicht so dramatisch) im Saal 4 zu studieren: Neben dem Modell einer ländlichen Villa sind Arbeits- und Hausgeräte sowie mechanische Geräte und Stoffe zu sehen. Im Ausgangssaal ein Gipsabdruck von einem Maultiertreiber, der vom Vulkanausbruch überrascht worden war.

Basilika (2)

Man verläßt das Museum und stößt nach wenigen Metern auf der Via Marina rechts auf die *Basilika.* 28 Säulen teilen das Bauwerk in drei Schiffe. An den Wänden ionische Halbsäulen, darüber korinthische. Die gemauerten Säulen legen eine Überdachung des Baues nahe. Darauf deutet auch das Obergeschoß, durch dessen Fenster die Basilika ihr Licht erhielt. Der wahrscheinlich aus frührömischer Zeit stammende Bau (ca. 120 v. Chr.) wurde beim Erdbeben von 63 schwer beschädigt. Die Grabungsfunde deuten darauf hin, daß mit dem Wiederaufbau im Jahre 79 noch nicht begonnen worden war.

Gegenüber der Basilika, auf der anderen Seite der Via Marina, liegt das *Apollon-Heiligtum* (3). Man nimmt an, daß die Anlage aus samnitischer Zeit stammt, also etwa aus dem 4.–3. Jh. v. Chr. In den Regierungsjahren von Nero ist sie aber stark verändert worden. Im inneren Bezirk stand eine zweigeschossige Halle von 48 Tuffsäulen (Teile des Untergeschosses sind wieder aufgebaut). Auf die Zeit Neros deuten der Verputz an Säulen und Gebälk sowie korinthisierende Kapitellformen. Im inneren Tempelbezirk (Cella) befanden sich früher das Standbild des Apollo und der ihm geweihte Omphalos (Nabel der Welt – Sinnbild des Gottes).

Die Via Marina mündet in das *Forum* (4), einen weiträumigen Platz, der von öffentlichen Gebäuden und Säulenreihen umgeben ist. Dieses politische und kulturelle Zentrum der Stadt ist von sämtlichen wieder errichteten römischen Foren das am besten erhaltene. Gegenüber dem Apollon-Tempel steht das Gebäude der *Eumachia* (Schutzherrin der Tuchmacher) – Verkaufshalle der Wäscher und Tuchhändler. Es schließen sich links der *Tempel des Vespasian,* ein *Larenheiligtum* und der *Fischmarkt* (Macellum) an. Gegenüber, an der nördlichen Stirnseite des Forums, der *Jupiter-Tempel* (ca. 150 v. Chr.) mit

Pompeji: Tempel des Apollon

schönen korinthischen Säulen in der Vorhalle. Auf der gegenüberliegenden Stirnseite – man geht am Speicher (horrea), am Apollon-
Tempel (3) und an der Basilika (2) vorbei – stehen drei Magistrats-
bauten. An den Bauwerken stehen zahlreiche Sockel. Auf ihnen
standen Bronze- oder Marmorstatuen berühmter Bürger Pompejis.

Man verläßt das Forum und biegt rechts vom Gebäude der Eumachia – in der
Achse der Via Marina – in die *Via dell'Abbondanza* ein. Gegenüber dem Sei-
teneingang des Gebäudes ein Brunnen mit der Büste der *Concordia Augusta.*
Man geht weiter bis zur Via Stabiana, in die man rechts einbiegt; nach wenigen Metern wieder rechts und man steht vor dem Isis-Tempel.

Isis-Tempel (5)

Dieser aus vorrömischer Zeit stammende Bau wurde nach dem Erdbeben von 63 vollständig erneuert (Malereien im Nationalmuseum
von Neapel). In der Südostecke des Peristyls (Säulenhalle) gelangt
man zu einem unterirdischen Behälter, der geheiligtes Wasser
enthielt. Neben dem Tempel eine Palaestra mit schöner dorischer
Säulenhalle.

Hinter dieser Anlage erheben sich die Ränge des *Theaters* (6) aus hellenistischer Zeit. Es konnte etwa 5000 Besucher aufnehmen. In der Orchestra waren Wasserspiele eingebaut. Daneben das kleinere *Odeum* für etwa 900 Zuschauer, das ca. 80 v. Chr. erbaut wurde. Auf der anderen Seite des Theaters das *Forum triangulare,* in das man durch eine Eingangshalle mit ionischen Säulen gelangt. Auf dem Platz ein *dorischer Tempel* aus dem 6. Jh. v. Chr., der dem Herakles, später, in römischer Zeit, der Minerva geweiht war.

Man verläßt nun diesen Bezirk über die Via del Tempio d'Iside, die Via Stabiana und die Via dell'Anfiteatro, die in die Via Meridionale mündet. Links das Haus mit dem *Kryptoportikus.* Dieser liegt hinter dem Atrium unterhalb des Parks. Am Gewölbe sind noch Überreste der Stuckverkleidung zu sehen. Im Westflügel Räume mit Wandmalereien aus dem 2. Jh.

Auf der anderen Straßenseite das *Haus des Menander* (7), so genannt wegen eines hier gefundenen Bildnisses des griechischen Dichters Menander. Links vom reich verzierten Atrium eine Exedra mit Szenen aus dem Trojanischen Krieg. Ferner die Darstellung des Todes von Laokoon und seinen Söhnen. Im westlichen Teil des Hauses befanden sich Bäder, von denen nur noch das Caldarium erhalten ist.

Man befindet sich hier im Gebiet der *Nuovi Scavi* (neue Grabungen), in denen man den Alltag Pompejis wieder aufleben lassen will. Die gefundenen Kunst- und Kulturdenkmäler wandern nicht in die Museen, sondern werden an Ort und Stelle restauriert und bewahrt. Allerdings ist zur Zeit noch nicht allzuviel von den Grabungsfunden zu sehen; doch ist es lohnend, ein paar hundert Meter die Via dell'Abbondanza in Richtung Nordosten zu gehen.

Man wendet sich nun wieder zurück zur Via Stabiana. Links an der Ecke Via dell'Abbondanza die *Stabiana-Thermen* – die bedeutendsten und besterhaltenen der ganzen Stadt. Den Thermen gegenüber das *Haus des Cornelius Rufus* mit einem schönen Marmorimpluvium im Atrium (Sammelbecken für Regenwasser). Man folgt der Via Stabiana bis zum *Haus des Marcus Lucretius* (5; hinter dem Tablinum Malereien aus den letzten Tagen von Pompeji). Dort biegt man rechts ein und gelangt am Ende der Straße zur

Casa del Centenario (Haus der Jahrhundertfeier; 8): Es wurde genau 1800 Jahre nach dem Vesuvausbruch ausgegraben. Dieses Gebäude hat sich ausgezeichnet erhalten. Es enthält zwei Atrien und ein anschließendes großes Peristyl. In der Mitte des Parks ein Schwimmbecken mit einer schönen Bronzefigur: Satyr mit Schlauch. Im Westteil Baderäume und Zimmer mit Wandmalereien.

Man geht weiter zur Via di Nola vor und gelangt zum *Haus der Silbernen Hochzeit (Casa delle Nozze d'Argento*; 9), so genannt, weil im Jahre seiner Ausgrabung das italienische Königspaar seine Silberne Hochzeit feierte (1938). Es ist eines der reichsten Häuser Pompejis. Im Inneren ziert es ein überaus prächtiges viersäuliges Atrium. In den angrenzenden Räumen sind schöne Dekorationsmalereien des zweiten Stils zu sehen (vgl. S. 140).

Pompeji: Casa dei Vetti, Beispiel eines aristokratischen Peristylhauses, Blick in den Garten

Auf der nach diesem Haus genannten Gasse geht man vor und biegt links ein in die Via del Vesuvio. Dort gleich links der Eingang zum *Haus des Bankiers Cäcilius Jucundus* – ein prachtvoller, reich verzierter Wohnsitz. Von dort wieder zurück zur Kreuzung. Links gegenüber die

Casa degli Amorini dorati (10) – das *Haus der vergoldeten Amoretten.* In seinem Garten finden sich zahlreiche Marmorskulpturen. In der anschließenden südlichen Säulenhalle Marmorreliefs. Die umliegenden Räume zeigen interessante mythologische Stücke und schließlich jene Darstellungen, von denen das Haus seinen Namen hat: Mit Blattgold unterlegte Glasscheiben zeigen eingravierte Amoretten.

Neben dem Haus der vergoldeten Amoretten das *Haus der Vettier* (*Casa dei Vetti*; 11). Die Besitzer waren zwei Kaufleute, die offensichtlich in den letzten Jahren vor dem Vesuvausbruch zu großem Reichtum gekommen waren. Das vermitteln jedenfalls Anlage und Ausgestaltung des Hauses. Das Dach wurde restauriert, um die kostbaren Malereien zu schützen. Besonders interessant sind die phantastischen Architekturmalereien in den Räumen um das Atrium und

Pompeji: Casa del Fauno

Peristyl: Unter einem Fries mit Fischen und anderen Seetieren und mythologischen Szenen die verlassene Ariadne. Ferner eine Darstellung Leanders, der zu Hero durch den Hellespont schwimmt. Im benachbarten weißen Raum die Darstellung eines jugendlichen Zeus und Ledas mit dem Schwan. In den anderen Räumen sieht man an den Wänden Satyrn, Nymphen, Opferdiener und -dienerinnen.

Von hier führt der Vicolo dei Vetti zur Via della Fortuna. Nach wenigen Schritten rechts das *Haus des Fauns* (*Casa del Fauno*; 12). Es ist das stattlichste von Pompeji. Die hier gefundenen Gemälde, Mosaiken und jener *bronzene Faun* sind leider im Nationalmuseum von Neapel. In dem großen ionischen Säulenperistyl hat man übrigens das berühmte *Alexandermosaik* entdeckt (vgl. Nr. 13, S. 89). Trotz dieser Übersiedlung kann man noch ausgezeichnete Eindrücke von der Wandmalerei gewinnen: An den Wänden des Atriums Stuckquaderreliefs des 1. Stils. Im Tablinum ein Bodenbelag aus weißem Mosaik mit einem schwarz-weißen Rautenmuster. Mosaikbilder und Stilleben in den Speisezimmern neben dem Tablinum. Im Triclinium die Darstellung eines weinbekränzten Knaben, auf einem Panther reitend – den Genius des Herkules vorstellend.

Man geht auf die Via della Fortuna weiter in Richtung Westen, erkennt rechts den *Ehrenbogen für Caligula* und gelangt zum *Haus des tragischen Dichters (Casa del poeta tragico;* 13).

In Bulwers Roman ›Die letzten Tage von Pompeji‹ ist es das Haus der Hauptperson Glaukos. Hier auch das berühmte Bodenmosaik mit dem angeketteten Hund und der Inschrift *Cave canem* (Habe acht vor dem Hund). Viele der in diesem Gebäude entdeckten Wandbilder befinden sich im Nationalmuseum in Neapel (Nr. 13, S. 90).

Man geht nun auf der *Via delle Terme* zur westlich angrenzenden *Via Consolare* und stößt auf die *Porta Ercolanese,* eine dreitorige Anlage mit Torhof aus römischer Zeit. Es folgt die Gräberstraße *(Via dei Sepolcri)* mit Grabmalen links und rechts und einem kleinen Rundtempel auf hohem Sockel (links). Hinter den Grabnischen Villen mit Tavernen und Läden. Am Ende der Straße auf der linken Seite die

Villa des Diomedes (14). Eine Treppe führt zum Eingang, der von zwei Säulen gerahmt wird. Um das Atrium sind Einzelbäder, ein Schlafzimmer und ein Vorzimmer angeordnet. Vom Tablinum gelangt man in einen Garten mit Springbrunnen und Laube. Unter dem Portikus des Gartens ein Kryptoportikus.

Die Villa dei Misteri (15)

Man verläßt die Ausgrabungszone hinter der Diomedes-Villa und begibt sich nach rechts in den *Viale alla Villa dei Misteri.* An seinem Ende die Mysterienvilla.

Die Villa stammt aus dem 3. Jh. v. Chr. und beschreibt einen ausgedehnten quadratischen Grundriß. Sie verkörpert den Typus des Patrizierhauses. Es war Mittelpunkt eines bedeutenden *landwirtschaftlichen Unternehmens,* das zuletzt einem freigelassenen Sklaven namens *Istacidius Josinus* gehörte (Inschrift!).

Vom Cubiculum gelangt man in den *großen Mysteriensaal mit einzigartigen antiken Malereien,* die durchaus mit denen der Hochrenaissance zu vergleichen sind (vgl. Abb. S. 161). Die Deutung der Fresken, 29 Gestalten, teils Götter, teils Menschen darstellend, ist noch nicht gelungen. Offensichtlich ist die *Einweihung in die Mysterien des Dionysos und der Ariadne* dargestellt (Maiuri). Der Hauptfries beginnt an der Nebentür der Nordwand und verläuft über die Ostwand bis zu einem großen Fenster der Südwand. Dionysos und Ariadne thronen in der Mitte der Rückwand. An der nördlichen Seite der Eingangstür erkennt man eine reichgekleidete Frau neben einer jüngeren, sitzenden, der ein nackter Knabe aus einer Schriftrolle das Ritual der Einweihung vorliest. Es folgt eine Schwangere mit einer

Opferplatte. Sie wendet sich nach rechts zu einer Gruppe von drei Frauen. Es folgen ein zur Leier singender Silen und ein kleiner jugendlicher Pan, auf einer Rohrflöte blasend, und eine Paniske (Panweibchen). Auf der Ostwand neben Dionysos sitzt ein halbnackter alter Silen und reicht einem sich vorbeugenden Jüngling ein Gefäß zum Trunke dar. Hinter ihm ein Jüngling mit einer Maske. Neben Ariadne kniet ein junges Mädchen vor einem verhüllten, in der Getreideschwinge stehenden Phallus. Am Ende des Frieses flieht das Mädchen. Sie möchte der Gerte des geflügelten Dämons entgehen. Doch ohne Auspeitschung (Südwand) keine Enthüllung und damit Einweihung in die Mysterien! Den Schluß bildet ein Mädchen, das neben einer nackten Tänzerin steht – hier handelt es sich wahrscheinlich um den rituellen Dankes- oder Erfüllungstanz. In der Nordwestecke des Zimmers ist die Herrin des Hauses und ihr gegenüber in der Südwestecke zwischen Tür und Fenster ihre Tochter dargestellt.

Pompeji: Freskenfolge in der Villa dei Misteri

Diese Folge läßt nun eine dionysische und eine orphische Deutung
zu. Die *dionysische Deutung* geht von den zu Beginn des 2. Jh. v. Chr.
bedeutenden Mysterienkulten zu Ehren des Gottes Dionysos aus.
Silen, Pan und Paniske stellen den Hofstaat des Gottes dar. Obige
Beschreibung stellt die einzelnen Phasen der Einweihungszeremo-
nien dar.
Die *orphische Deutung* geht vom orphischen *Zagreus-Mythos* aus:
Zagreus, Sohn des Zeus, wurde als erster Dionysos angesehen – nach
seinem Tode zeugte Zeus mit Semele den zweiten, den eigentlichen
Dionysos. Die orphischen Mysterien feiern nun die Auferstehung
des Dionysos. Demnach soll die Geburt des Zagreus durch das Sau-
gen des Zickleins angedeutet werden. Das göttliche Paar stellt Dionysos und Persephone, Mutter des Zagreus dar. Die Einzuweihende,
den Phallus enthüllend, wird von Telete, Tochter des Dionysos
gegeißelt. Sie erleidet den zagreischen Tod und feiert ihre Auferstehung im dionysischen Tanz.

Fresko aus der Villa Oplontis

29 Torre Annunziata

Die 1319 gegründete *Annunziata-Kapelle* und ein *Sarazenenturm* aus dem
15. Jh. gaben der Stadt ihren Namen. Sie entstand auf antiken Mauern. Jüngste
Ausgrabungen haben gezeigt, daß es sich um das aus der *Tabula Peutingeriana*
bekannte *Oplontis* handeln muß. Es wurde ebenfalls vom Vesuvausbruch zerstört. Heute ist man überzeugt, daß Oplontis keine Stadt war, sondern eine
Aneinanderreihung prunkvoller Villen entlang der Straße von Neapel über
Herculaneum nach Stabiae und weiter nach Surrentum, dem heutigen Sorrent. Eine heute weitgehend freigelegte Villa aus dem 1. Jh. v. Chr. ist mit
herrlichen Malereien versehen, die z.T. hochinteressante und perspektivisch
durchdachte Architekturdarstellungen aufweisen. Ferner kann man noch
sehr gut erhaltene mehrflügelige Holztüren mit bronzenen Beschlägen und
Scharnieren sehen. Man vermutet, daß die Villa, die fast schon die Ausmaße
eines Palastes zeigt, zuletzt Poppaea, der Gemahlin Kaiser Neros, gehörte.

30 Stabiae

Lage: Am Ende der Autobahn Richtung Sorrent biegt eine Straße (Hinweis-schild) zur archäologischen Zone links ab. Man kann auch mit der Ferrovia Circumvesuviana nach Castellammare di Stabia fahren und von dort den Autobus Nr. 1 nehmen.

Geschichte: Stabiae war in samnitischer Zeit ein wichtiger Handelshafen. Während der Samniterkriege und in der politischen Auseinandersetzung mit Rom (Bundesgenossenkrieg) wurden der Hafen zum Kriegshafen ausgebaut und die Stadt befestigt. Nachdem sie römisch geworden war und ihre Be-deutung als Festung verloren hatte, wandelte sich die Stadt, vom Klima begünstigt, ein einen Kur- und Badeort. 79 n. Chr. erlitt sie dasselbe Schick-sal wie Pompeji und die anderen Vesuvstädte.

Die Villa di S. Marco und die Villa d'Arianna sind imposante Zeugnisse der Kaiserzeit.

Die *Villa B (Villa di San Marco)* läßt sich als ein städtisches Sanatorium cha-rakterisieren. Die Wohntrakte sind mit einer aufwendigen Badeanlage ver-sehen. Der zum Meer geöffnete Portikus war mit dem zentralen Gartenperi-styl durch eine Rampe an der vorderen Terrasse verbunden. Im Atrium die mächtige Figur eines sitzenden Zentauren. Neben dem Atrium ein recht-eckiger Raum mit einem Larenheiligtum.

Die *Villa A (Villa d'Arianna)* ist ebenfalls mit Thermenanlagen versehen. Neben zwei kleinen Ruheräumen öffnet sich das geräumige Triclinium mit einer Darstellung des Mythos von Ganymed und einem Bild von Ariadne und Dionysos.

Das *Antikenmuseum (Antiquarium Stabiano)* befindet sich in der Stadt, Via Marco Mario 2. Es beherbergt kleine bemerkenswerte Fresken und Skulptu-ren. Hier eine Auswahl:

Raum 1: Zwei große Bilder, ›Ödipus befragt die Sphinx‹, Landschaft mit Architekturen. *Raum 2:* An den Wänden Basreliefs aus der Villa Petravo. *Raum 3:* Eine gemalte Himmelskugel mit den Jahreszeiten und ein Triumph des Bacchus. *Raum 7:* Villanova-Vasen und Keramik aus der Nekropole von S. Maria delle Grazie. *Raum 8:* Sarkophag mit Musen, Apoll und Minerva.

Castellammare di Stabia: Gartenperistyl der Villa di San Marco   177

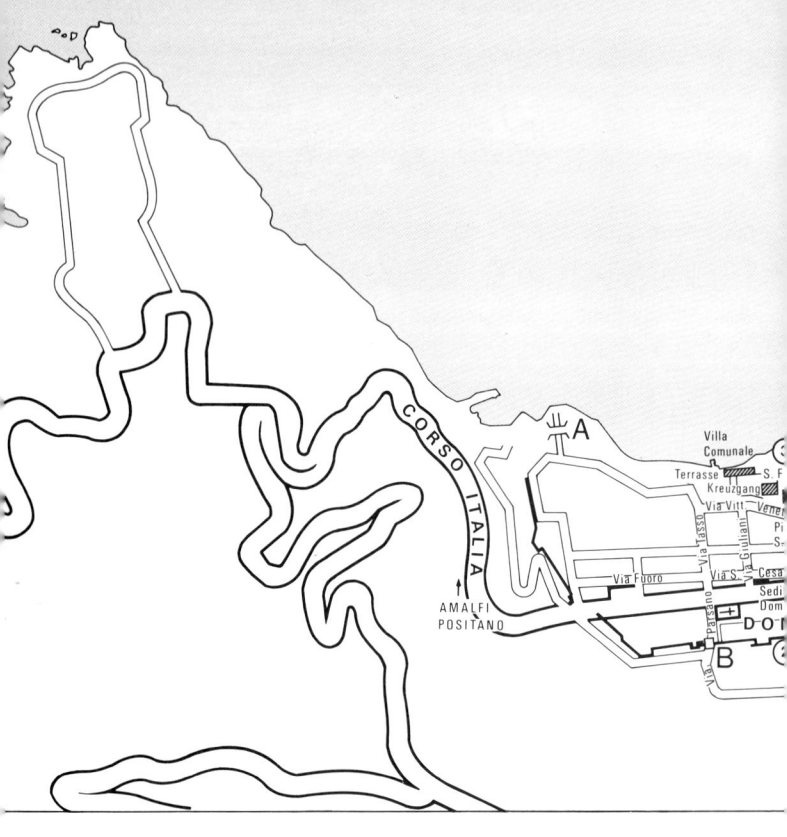

3I   Sorrent

Geschichte: Ursprünglich wurde Sorrent von den Pelasgern (Volksstamm aus Thessalien) und später von den Griechen besiedelt. In römischer Zeit – die Stadt erstreckte sich von der Halbinsel bis zum Sarno-Fluß – standen in *Surrentum* Arenen, ein Forum, Thermen und Tempel. Augustus und Marc Aurel haben sich diese Stadt als Lieblingsaufenthalt gewählt. Im Mittelalter mußte die Stadt gegen die Goten, Byzantiner, Langobarden, Sarazenen und Amalfitaner kämpfen, um ihre Unabhängigkeit zu bewahren. Im 12. Jh. gehörte sie zum Normannenreich und teilte seit dieser Zeit das Schicksal des Königreiches Neapel. 1544 wurde *Torquato Tasso,* der Dichter des ›Befreiten Jerusalem‹, hier geboren. Berühmte Reisende haben sich in dieser Stadt aufgehalten: Goethe hat sich hier zu seinem Schauspiel ›Torquato Tasso‹ inspirieren lassen und Richard Wagner fand Quellen für seinen ›Parsifal‹; Nietzsche verbrachte den Winter 1876/77 in Sorrent und traf hier zum letzten Mal Richard Wagner. Auch heute halten sich Dichter und Künstler gern in Sorrent auf, um in der geistigen Nähe von Goethe oder Wagner zu sein.

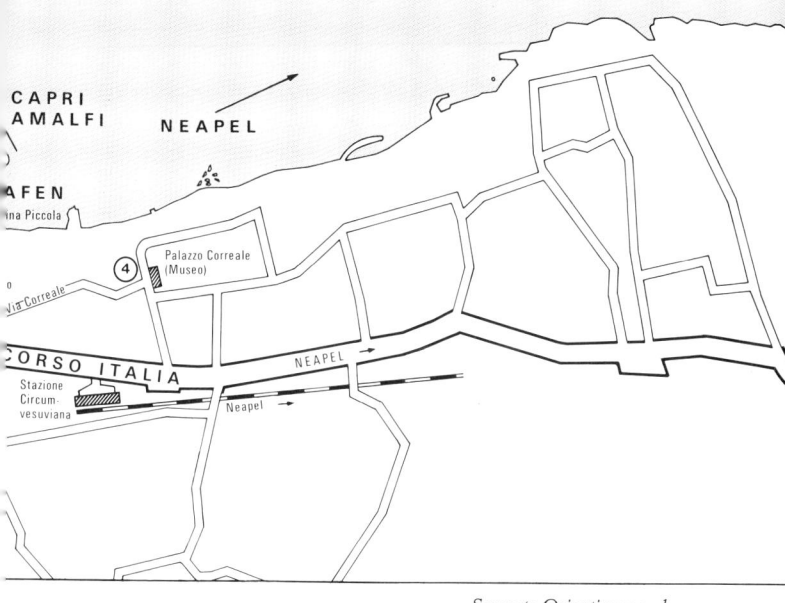

CAPRI
AMALFI

NEAPEL

AFEN

ina Piccola

④ Palazzo Correale
(Museo)

Via Correale

CORSO ITALIA   NEAPEL

Stazione
Circum-
vesuviana   Neapel

Sorrent: Orientierungsplan

Rundgang: Man beginnt die Besichtigung der Hauptsehenswürdigkeiten
von der *Piazza Tasso* (1). Auf sie führt von beiden Seiten die Haupt- und
Durchgangsstraße, der *Corso d'Italia* (von Neapel zur amalfitanischen
Küste); die Eisenbahnstation liegt in unmittelbarer Nähe. Auf dem Platz stehen das Tasso-Denkmal von G. Gali aus dem Jahre 1870 und eine Statue des
hl. Antonius – des Schutzpatrons der Stadt.
An der zum Meer gelegenen Stirnseite des Platzes führt eine kleine Straße
hinunter zur Marina Piccola, wo Schiffe nach Neapel, Capri und Amalfi/
Salerno ablegen. Man folgt dem Corso d'Italia Richtung Stadtzentrum und
biegt in die Via Giuliani rechts ein; dort die *Sedile Dominova* – eine Loggia aus
dem 15. Jh. mit einer Kuppel aus dem 17. Jh. Dieser heute in Neapel vollständig verschwundene Bautypus diente den mittelalterlichen Stadträten (sedita)
als Versammlungsgebäude. Ein unter der quadratischen Halle liegender Saal
war für geheime Beratungen bestimmt. Gegenüber – also auf der linken
Seite des Corso – der Dom.

179

Dom Santi Filippo e Giacomo (2)

Man nimmt an, daß der Dom an Stelle eines älteren Vorgängerbaus im 15. Jh. errichtet wurde. Darauf deutet der ins 11. oder 12. Jh. zu datierende Bogendurchgang im Untergeschoß des Campanile. Der Durchgang wird von 4 antiken Säulen flankiert. Die Eingangsfassade, im neugotischen Stil gehalten, entstand zwischen 1913 und 1926.

Bei diesem Bau handelt es sich um eine *dreischiffige Pfeilerbasilika*. Ein Bischofsthron unter einem Marmorbaldachin aus antikem Spolien-material (Gebäudefragmente) datiert von 1573 (im Mittelschiff links). Das Chorgestühl weist schöne Intarsienarbeiten auf. Im rech-ten Seitenschiff sind Fragmente von Chorschrankenplatten aus Mar-mor (11. oder 12. Jh.) aufgestellt – ebenfalls ein Hinweis auf den schon erwähnten Vorgängerbau.

Zurück zur *Piazza Tasso* (1), biegt man in die Via di Maio ein und gelangt auf die Piazza S. Antonio mit einer von Solari 1879 errichteten Statue des hl. Antonius. Zur Rechten die Kirche *Sant' Antonio* – die älteste der Stadt. Die Krypta ist wahrscheinlich aus einer früheren Coemeterialbasilika (Katakom-benanlage) hervorgegangen. Die Kirche selbst stammt aus dem 17. Jh.; man nimmt einen Vorgängerbau aus der Normannenzeit an (12. Jh.). Links im Hintergrund des Platzes *S. M. delle Grazie* aus dem 17. Jh., kurz dahinter S. Francesco.

San Franceso (3)

Das seit dem 8. Jh. bestehende Benediktinerkloster wurde im 15. Jh. von den Franziskanern übernommen. Der angrenzende Park *(Villa Comunale)* bildete den Klostergarten. Besonders sehenswert ist der *Kreuzgang* des Franziskanerkonvents. Die gekreuzten Spitzbogenar-kaden auf Säulchen und Achteckpfeilern stammen aus dem Trecento (14. Jh.) und sind mit denen von Amalfi und Ravello zu vergleichen, ihnen aber nicht ganz ebenbürtig. Die Eckpfeiler sind bis auf einen mit antiken Säulen zur Verstärkung der Architektur versehen.

Wenn man an der Fassade von S. Francesco entlang Richtung Meer geht, kommt man zu einer *Terrasse,* von der man einen herrlichen Rundblick ge-nießen kann: Man erkennt die Inseln Ischia und Procida sowie Neapel und den Vesuv. Unterhalb die Marina Grande und anschließend rechts die Marina Piccola (Hafen). Man wendet sich zur Piazza Tasso (1) zurück und biegt in die Via Correale ein, an deren Ende sich der *Palazzo Correale di Terranova* aus dem 18. Jh. erhebt. In ihm ist das Museo Correale untergebracht.

Museo Correale (4)

Im Erdgeschoß ist eine archäologische Sammlung mit griechischen, römischen und byzantinischen Marmorarbeiten ausgestellt. Beson-ders sehenswert ist der Sockel einer Statue aus der Zeit des Augustus

Panorama von Sorrent mit Blick auf den Vesuv

(Base d'Augusto). In den oberen Stockwerken Möbel, Uhren, Krippenfiguren und neapolitanisches Porzellan aus dem 17. und 18. Jh. Es schließen sich Gemälde aus der neapolitanischen Schule des 17. Jh. an; ferner vereinzelt Gemälde aus dem 19. Jh.

Das antike Surrentum

Im Norden am Fußweg zur Marina Grande ein *griechisches Stadttor* (A) aus dem 5. Jh. v. Chr. Das Straßennetz zwischen Piazzale Parsano und Piazza Tasso bilden 5 Decumani und 7 Cardines – Hinweise auf die antike Anlage. Hinter dem Dom, am Ende der Via Parsano, sind Reste eines *römischen Bogens* zu sehen (B). Jenseits des Bogens verläuft die *Stadtumwallung* aus dem 16. Jh., die den ehemaligen römischen Mauern folgt.

32 Positano

Einer der malerischsten Orte an der Costiera amalfitana. Als Lieblingsaufenthalt von Malern und Dichtern hat er Berühmtheit erlangt (Stefan Andres). Der Name Positano wird aus folgender Legende abgeleitet: Ein aus Byzanz kommendes Schiff war auf dem Wege nach Neapel. An Bord befand sich ein *Muttergottesbild,* das vor Positano zu sprechen begann: »Posa!« (Setze mich nieder!), und die Seeleute setzten es nieder (Positano). Heute wird es noch immer in der *Hauptkirche* mit der schönen Majolikakuppel verehrt. Neben der Kirche ein Glockenturm mit einem Relief in der Art der Wikinger, das einen fischschwänzigen Drachen darstellt – wahrscheinlich handelt es sich

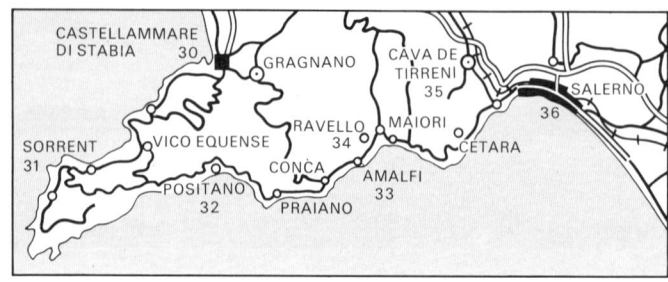

Die amalfitanische Küste

um eine langobardische Arbeit. Der Platz vor der Kirche ist nach Flavio Gioia benannt, dem Erfinder des Kompasses. Etwas oberhalb der Straße, die von Sorrent nach Salerno führt und Positano im oberen Teil durchquert, steht die weithin sichtbare Kuppelkirche *Chiesa Nuova.* Vom Strand aus ist sie über viele Treppen zu erreichen, die immer wieder herrliche Durchblicke auf das Meer, die weißen, fast orientalisch anmutenden Häuser und den Monte S. Angelo bieten – ein unvergeßliches Panorama und eines der schönsten in ganz Italien.

33   Amalfi

Die *Küstenstraße* – eine anmutigere läßt sich wahrscheinlich nicht finden – wendet sich um jeden Felsen herum und vermittelt immer wieder aufs neue prachtvolle Ein- und Ausblicke auf die Küstendörfer und das Meer. Man kommt an *Vettica Maggiore,* einem kleinen Seebad vorbei, erreicht nach einem Tunnel das *Capo Sottile,* fährt durch das Fischerdorf *Praiano,* überquert auf einem Viadukt den *Vallone di Furore* und erreicht die *Grotta di Smeralda.* Sie kann mit dem Ruderboot besichtigt werden. Nach dem *Capo Conca* und weiteren Kurven ein einzigartiger Blick auf Amalfi.

Geschichte: Im Mittelalter zählte Amalfi über 50 000 Einwohner und war neben Genua und Pisa eine *mächtige Seerepublik.* Nach seinem Sieg über die Sarazenen baute Amalfi seine Handelsbeziehungen mit dem Orient aus. 1135 und 1137 wurde die Stadt von den Pisanern erobert und verlor von diesem Zeitpunkt an ständig an Bedeutung.

Auch in Amalfi gibt es eine *Piazza Flavio Gioia* – ebenfalls mit einem Denkmal versehen. (Positano und Amalfi streiten um das Vorrecht, Geburtsort des Kompaßerfinders zu sein). Man biegt links in die Stadt ein und gelangt auf den *Domplatz* mit einem hübschen barocken *Andreas-Brunnen.* Eine mächtige *Freitreppe* führt hinauf zum *Dom,* der im 11. Jh. errichtet, 1203 umgebaut und 1731 im Barockstil erneuert wurde. Die etwas plump-farbige Fassade datiert von 1890. In der Mitte, unter dem Atrium, eine *Bronzetür,* die im 11. Jh. in Konstantinopel gegossen wurde. Der *Campanile* mit romanischem

Amalfi: Dom mit Freitreppe und Campanile

183

Unterbau weist im oberen Teil schöne arabisch-normannische Formen auf. Im Inneren fallen am Hochaltar zwei Ambonen mit zarten Mosaikverzierungen aus dem 12. und 13. Jh. auf. Die aus dem 13. Jh. stammende *Krypta* (Zugang von der 4. Kapelle rechts) ist im 18. Jh. erneuert worden. Im Altar die Reliquien des Apostels Andreas.

An der linken Domseite befindet sich der Zugang zum *Chiostro del Paradiso*. In dem 1266/68 angelegten und später in einen Friedhof umgewandelten Kreuzgang mit Zwillingssäulen und schönen gotischen Arkaden sind Sarkophage aus der Römerzeit und dem Mittelalter aufgestellt.

Im *Rathaus* (Corso Roma, am Strand entlang führend) ein kleines Museum mit den berühmten *Tavole Amalfitane,* den Seegesetzen der amalfitanischen Republik, aus dem 13. Jh.

Auf einem Spaziergang sollte man auch die *Valle dei Mulini* kennenlernen – eine malerische Schlucht mit Mühlen und Wasserfällen.

34 Ravello

Von Amalfi sollte man unbedingt einen Ausflug nach Ravello unternehmen. Die Straße führt über *Atrani* (dem nächsten Ort nach Amalfi Richtung Salerno) in vielen Windungen durch das *Tal des Dragone.* Die Berghänge sind mit kleinen Dörfern besetzt, deren Häuser ins Tal zu stürzen drohen. Ravello liegt auf einem schmalen Sattel, dessen hoher Felsen (374 m hoch) würdevoll aus dem Meer ragt.

Geschichte: Ravello wurde wahrscheinlich von Römern gegründet, die sich vor den anrückenden Goten hierher flüchteten. Die Stadt erlangte bald im Kampf gegen die Sarazenen an Bedeutung und erreichte ihre höchste Blütezeit im 10.–13. Jh. Sie zählte damals 36000 Einwohner und unterhielt rege Handelsbeziehungen zum Orient und zu Sizilien – ein Grund für die Einführung des arabisch-normannischen Baustils auch in dieser Stadt. Nach der Eroberung durch die Normannen verlor die Stadt an Bedeutung.

Am Beginn des Ortes sieht man links die Kirche *Santa Maria a Gradillo* aus dem 12. Jh. Sie ist dreischiffig mit apsidalem Abschluß. Neben ihr ein normannischer Campanile. In der Nähe die Ruine eines Schlosses.

Der Dom

In der Stadtmitte, an der *Piazza Vescovado* (Ravello war von 1086 bis 1818 Bischofssitz) der *Dom,* der dem hl. Pantaleon geweiht ist. Der Ende des 11. Jh. begonnene Bau wurde im 18. Jh. schlecht erneuert. Glücklicherweise entfernt man heute wieder die störenden barocken Elemente. In der schlichten Fassade ein Marmorportal mit einzigartigen *Bronzetorflügeln* des apulischen Meisters *Barisano da Trani.* Er hat sie 1179 im Auftrag des ravellesischen Patriziers Sergio Muscettola geschaffen. Die Modeln für die Gußformen wurden auch an seinen Bronzetüren zu Trani und Monreale verwendet. In 54 Feldern werden Szenen aus der Leidensgeschichte Christi sowie Gladiatoren,

Bronzetüren von Barisano da Trani (1179)

Bogenschützen, Akrobaten und Sirenen dargestellt. Eine Herkules-
figur weist entsprechend der heidnisch-christlichen Antithetik, auf
die Glaubensstärke Christi.

Die *Domkanzel* stammt ebenfalls von einem apulischen Meister:
Nikolaus aus Foggia. Neben dem Mosaikschmuck, dessen heraldische
Vogeldarstellungen wahrscheinlich von einem sizilianischen Künstler stammen, stehen eindrucksvolle Marmorskulpturen – eine Ecclesia, Büsten eines lachenden Mannes und einer Frau sowie die Kanzel
tragenden Löwen. Auf dem *Ambo* (Lesepult = Vorstufe der Kanzel)
zwei Reliefs von 1130 mit Jonas und dem Walfisch.

Links vom Dom eine Treppe, die zur Via *San Giovanni del Toro* und schließlich zur gleichnamigen Kirche führt. Der dreischiffige Bau wurde 1065 errichtet und im 18. Jh. restauriert. Innen antike Säulen und ein Ambo aus dem
12. Jh. mit vier Säulen, Mosaik- und Freskendekorationen. In der Krypta
Freskenreste aus dem 14. Jh.

Villa Rufolo

In der Nähe des Domes – auf der Piazza Vescovado – der Zugang zur
Villa Rufolo. Der Palast wurde zwischen 1270 und 1280 erbaut. Im
Hof fallen wieder die sich überkreuzenden Bogenstellungen auf –
dieses normannische Motiv ist schon vom Kreuzgang des Amalfitaner Doms bekannt (vgl. Nr. 33). Es wiederholt sich an der Wand des
dritten Stockwerkes und kehrt auch an der Außenwand der Kapelle
wieder. Durch einen wunderschönen Garten, in dem Richard
Wagner sich in Klingsors Zaubergarten (›Parsifal‹) versetzt sah,
gelangt man zur Terrassenanlage, die einen herrlichen Blick über die
amalfitanische Küste bis zum Capo d'Orso bietet.

Blick von der Villa Rufolo auf Küste und Gebirge

Cava dei Tirreni: Kreuzgang

Villa Cimbrone

Zur Villa gelangt man über die von der Piazza Vescovado abgehenden Via S. Francesco, kommt an der Kirche *S. Francesco,* mit einem Atrium aus dem 14. Jh. und einem romanischen Kreuzgang, vorbei und gelangt zur Villa Cimbrone. Ernest William Beckett hat die Villa 1904 ganz im mittelalterlichen Stil errichten lassen. Diese Kopie der Villa Rufolo ist nur wegen ihrer Terrasse und dem herrlichen Ausblick, den man von dort genießen kann, sehenswert. Man folgt einer von Zypressen und Buchsbäumen gesäumten Allee zum *Belvedere Cimbrone.* Die Balustrade ist mit vielen römischen Herrscherbüsten geschmückt.

35 Cava dei Tirreni

Lage: Auf der Küstenstraße nach Salerno über Vietri sul Mare geht kurz vor Salerno eine Straße ab nach Cava dei Tirreni. 3–4 km gegen Südwesten liegt das *Kloster zur Hl. Dreifaltigkeit* oder *Abbazia della Cava.*

Die Abtei wurde zu Beginn des 11. Jh. gegründet und im 18. Jh. erneuert. Die Abteikirche stammt aus dem 18. Jh. Im Inneren fällt ein schöner Ambo (Lesepult) aus dem 12. Jh. auf. Vom rechten Querschiff gelangt man in eine Grotte, in der der hl. Alferius lebte.

Links neben der Kirchenfassade führt ein kleiner Gang zum *Kloster.* Im Kapitelsaal ein schöner Majolikafußboden aus dem 18. Jh.; Chorgestühl mit interessanten Intarsien aus dem 16. Jh. Im anschließenden *Kreuzgang* von 1280 mittelalterliche Skulpturen und römische Sarkophage. In der *Krypta* (Treppe vom Kreuzgang) Säulen und Pfeiler von römischen Bauwerken aus dem 3. Jh. Neben Fresken aus dem 14. Jh. Reste eines lombardischen Friedhofes (12. Jh.). In der *Cappella della Natività* Basreliefs von Tino da Camaino (14. Jh.). Im angrenzenden Museum stehen römische Altertümer neben Skulpturen von Tino da Camaino.

36 Salerno

Geschichte: Spuren einer ersten Besiedlung lassen sich bis ins 5. Jh. v. Chr. zurückdatieren. Es handelt sich dabei um Gegenstände, die in der benachbarten Nekropole S. Nicola delle Fratte gefunden wurden. Römisch wurde das Gebiet 194 v. Chr. Im Mittelalter erlebte die Stadt eine einzigartige Blütezeit. Berühmt wurde sie durch ihre *medizinische Schule,* die vom 11. bis zum 13. Jh. in ganz Europa bekannt war. Die möglicherweise von Benediktinern gegründete Schule hat einen Gesundheitskodex herausgegeben, der lange Zeit das › Brevier‹ der Medizin gewesen ist. Zur Zeit Robert Guiscards war Salerno lange die Hauptstadt des Normannenreiches. Unter ihm und dem Erzbischof Alfanus I. wurde der Dom erbaut.

Dom

Lage: Die Hauptstraße der Stadt ist der Corso Vittorio Emanuele – eine Parallelstraße zur Uferpromenade. Er mündet in die Via dei Mercanti. Von dort rechts in die Via del Duomo.

Der im 11. Jh. errichtete Dom wurde von Papst Gregor VII. geweiht, im 18. Jh. umgebaut und nach dem Zweiten Weltkrieg stark restauriert. Vor der Innenfassade ein rechteckiges Atrium mit einem Portal aus dem 11. Jh. und einem Portikus, der von antiken Säulen getragen wird. Das Mittelportal ist mit einer Bronzetür versehen, die in Konstantinopel gegossen wurde (11. Jh.).

Das prachtvolle Innere ist dreischiffig. In die Pfeiler sind antike Säulen eingelassen. Drei halbkreisförmige Apsiden schließen den Innenraum ab. In der Portallünette ein Mosaik, den Evangelisten Matthäus darstellend, aus dem 13. Jh. Beim Chor zwei Ambonen und ein Osterleuchter aus dem 12. Jh. Im rechten Querschiff Sarkophage aus der Römerzeit und dem Mittelalter. Unter dem Altar der rechten Apsis (Kreuzfahrerkapelle – die Kreuzfahrer ließen hier ihre Waffen segnen) das *Grab Papst Gregors VII.* Im Chor schöner Marmorfußboden

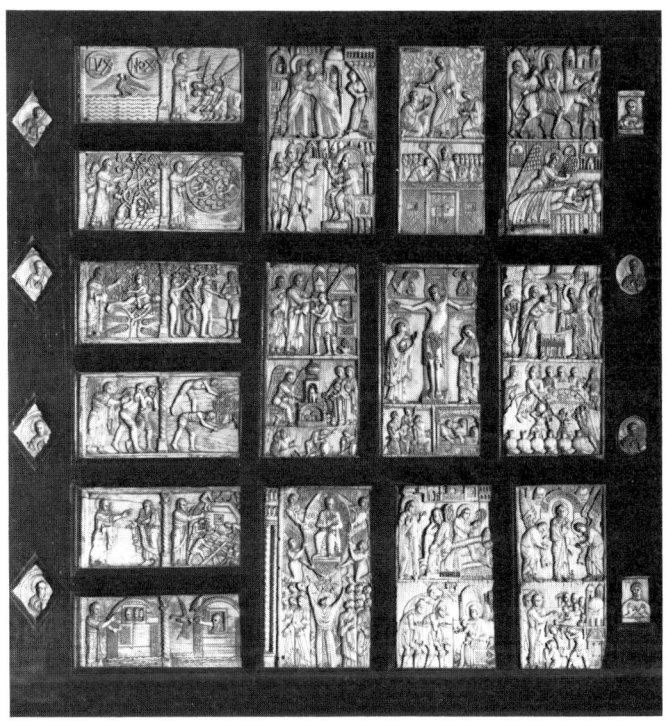

Salerno: Altarvorsatz aus Elfenbein (linker Flügel)

und in der linken Apsis ein Mosaik aus dem 11. Jh. neben Fresken von Solimena. Im linken Querschiff über dem Grabmal des Erzbischofs (Pila, 15. Jh.) eine ›Himmelfahrt Mariä‹ von Luca Giordano. Von hier gelangt man zur Sakristei und zum Dommuseum.

Dom-Museum: Hier sind u. a. ein edelsteinbesetztes Kreuz Guiscards und eine mit Bildern geschmückte Rolle der Osterverkündigung (sog. Exultetrolle) aus dem 13. Jh. zu sehen. Aus der Anjou-Zeit dürfte das Pfeilergrabmal der Königin Margarethe, der Gattin Karls III. († 1412) stammen. Am bedeutendsten aber ist ein *Altarvorsatz* – eine prachtvolle *Elfenbeinarbeit* aus dem 12. Jh. mit 54 Basreliefs, die Geschichten aus dem Alten und Neuen Testament erzählen. Einige Gemälde von Caravaggio, L. Giordano und Vaccaro sind ebenfalls ausgestellt. – Das Museum wird zur Zeit umgebaut; deshalb sind einige Räume nicht zugänglich.

Gasthaus
und Parkplatz

37 Paestum

Lage: Man verläßt Salerno in Richtung Battipaglia, das man links liegen läßt, und fährt weiter nach Süden in Richtung Paestum (Str. Nr. 18). Kurz vor der archäologischen Zone gelangt man über den Ponte alla Scala, die Brücke über den Selefluß. Dort erheben sich die Ruinen des Heiligtums der Hera Argiva (510 v. Chr.). Hier hat, Strabon und Plinius zufolge, Jason, Führer der Argonauten, einen der Hera Argiva geweihten Tempel errichten lassen. Man hat dort u. a. den Fries des archaischen Thesauros gefunden (6. Jh. v. Chr.), der im Museum von Paestum fast vollständig wieder aufgebaut wurde. Die Straße Nr. 18 führt direkt an der archäologischen Zone von Paestum vorbei.

Geschichte: Man kann die Gründung der Stadt durch Achäer aus Sybaris in das 7. Jh. datieren, worauf die Funde frühkorinthischer Vasenfragmente deuten. Die Stadt wurde zu Ehren des Meeresgottes *Poseidonia* genannt. Sie wurde im 4. Jh. v. Chr. von den Lukaniern besetzt und nahm den Namen *Paistom* an. Dann gewannen die Römer an Einfluß und errichteten 273 in der Stadt eine Kolonie Paestum. Im Mittelalter hielt sich dort eine kleine Christengemeinde, die sich im Ceres-Tempel eine Kirche einrichtete. Nach dem Sarazenen-

sturm im 11. Jh. verschwand die Stadt in den Sümpfen und wurde erst wieder im 18. Jh. entdeckt.

1787 stand Goethe vor den Tempeln: »Der erste Eindruck konnte nur Erstaunen erregen. Ich befand mich in einer völlig fremden Welt ... Doch nahm ich mich bald zusammen ... gedachte der Zeit, deren Geist solche Bauart gemäß fand, ... und in weniger als einer Stunde fühlte ich mich befreundet, ja ich pries den Genius, daß er mich diese so wohl erhaltenen Reste mit Augen sehen ließ, da sich von ihnen durch Abbildung kein Begriff geben läßt. Denn ... nur wenn man sich um sie her, durch sie durch bewegt, teilt man ihnen das eigentliche Leben mit.« (Ital. Reise, 2. Teil).

Rundgang

Nach dem Eingang bei der *Porta di Giustizia* (1) geht man geradeaus auf die *Basilika* (2), den ältesten Tempel von Paestum, zu. Als man den Bau (6. Jh. v. Chr.) entdeckte, vermutete man in seinen Resten eine ehemalige weltliche Anlage, weswegen man ihm den Namen Basilika gab. Inzwischen neigt man aber dazu, ihn ebenfalls als *Tempel der Hera* anzusehen. Die sich nach oben verjüngenden Säulen und die tellerförmigen Kapitelle weisen auf den archaischen Stil. Die Cella war in zwei Schiffe durch eine Reihe von sieben Säulen getrennt (heute stehen noch drei davon). Hier wurde die Gottheit verehrt. Im hinteren Teil kann man eine kleine Abtrennung im Grundriß erkennen; hier muß es sich um die Schatzkammer gehandelt haben. An der Ostseite des zweireihigen Gebälks kann man noch die Reste des verschwundenen Triglyphenfrieses erkennen (Triglyphe: senkrecht verlaufender Dreistab, der die Relieffelder des Frieses voneinander trennt). Gegenüber der südlichen Stirnseite des Tempels Reste eines Opferaltars in rechteckiger Form aus großen Kalksteinblöcken.

Poseidon- oder Hera-Tempel (3): Gegenüber steht der schönste und am besten erhaltene griechische Tempel – der *Poseidon-Tempel*. Neuere Forschungen haben ergeben, daß er der *argivischen Hera* geweiht war; er wird daher heute meist als *Hera-Tempel II* bezeichnet. Mit den umliegenden ehemaligen Sakralbauten, die nur noch in Grundrissen überliefert sind, und der sog. Basilika, bzw. Hera-Tempel I., dürfte es sich bei diesem Bezirk wohl um ein *Heraion* gehandelt haben. Daß beide Tempel, die sog. Basilika und der Hera- bzw. Poseidon-Tempel, einen sakralen Grundgedanken angehören, darauf deutet ein ›Kunstgriff‹ der antiken Architekten: Sie haben die Fundamente ein wenig über den Boden hochgeführt und abgeschrägt, so daß die Tempel auf einem Podest stehen: Die beiden Haupttempel kamen so im flachen Gelände besser zur Geltung. Auf ein Heraion deuten aber in allererster Linie die reichen Funde an Terrakotten-Figürchen der Hera und des Paares Hera–Zeus sowie archaische Inschriften mit dem Namen der Hera.

Auch der Heratempel ist, wie die sogenannte Basilika, ein *dorischer Tempel,* aber im Gegensatz zu dieser weit besser erhalten. Gebälk und Giebel sind noch gut sichtbar. Der um 450 v. Chr. entstandene Bau weist gegenüber dem älteren architektonische Verbesserungen auf: Die Frontsäulen sind etwas stärker als die der Langseiten. Bei den Ecksäulen ist aus ästhetischen Gründen der außen überstehende Teil abgetragen worden und die Deckplatte etwas nach innen gerückt. So entsteht – ähnlich wie beim Parthenontempel in Athen – der Eindruck der Verjüngung der Baumasse nach oben.

Die Tempel in Paestum sind licht; das liegt an den nicht wieder aufgebauten Cellawänden. Die Cellawand, wie man am Grundriß noch nachvollziehen kann, ist in drei Bereiche geteilt: Zwei Reihen von je

Die drei Tempel von Paestum

zwei Pfeilern und sieben Säulen, auf denen noch einmal kleinere Säulen stehen, gliedern den Innenraum. An einigen Säulen und an den Wänden des Pronaos (innerer Vortempel, hier östlich gelegen) kann man noch Spuren von Stuckarbeiten sehen, mit denen der gesamte Tempel geschmückt war. Man kann als ziemlich sicher annehmen, daß der Tempel (wie die übrigen auch) bemalt war – Funde im Museum deuten darauf hin (vgl. S. 196). So war wohl der Oberbau in Schwarz, einem dunklen Rot und Blau gehalten, während die Säulen weiß gewesen sein sollen – eine eigenartige Vorstellung, daß die dunklen, schwer und massig wirkenden Tempelteile auf lichten Säulen ruhten. Überhaupt will die *Polychromie antiker Tempel* heute nicht so recht einleuchten. Das liegt aber sicherlich nicht an der Erforschung des Altertums, sondern an der kassizistischen Vorstellung vom antiken Tempel. Winckelmanns ›Edle Einfalt – stille Größe‹ war an der marmorweißen Antike orientiert – und diese hat schließlich auch unseren Geschmack geprägt. Doch schon im 19. Jh. hat Gottfried Semper darauf aufmerksam gemacht, daß eine Tempelbemalung nicht abwegig sei, da er Farbreste an Säulen und Gebälk gefunden habe. Und so haben sich später Archäologen nicht ohne

Paestum: sog. ›Basilika‹ und ›Poseidon‹-Tempel (Hera-Tempel I und II)

Skepsis gefragt, ob Goethe entsetzt gewesen wäre, wenn er erfahren hätte, daß die Tempel wie farbenprächtige Gemälde in der Sonne geprangt haben?

Wenn man vom Heratempel weiter in nördlicher Richtung geht, stößt man, bevor das *Forum* (4) erreicht ist, auf weitere Gebäude, von denen allerdings nur noch Grundrisse zeugen – das *Macellum* (5), mit Spuren eines hellenistischen Tempels, und das *Rathaus* (6).

Man hat jetzt den Hera-Bezirk verlassen und steht auf dem *Forum* (4), der ehemaligen griechischen *Agora*. An drei Seiten verlief eine dorische Säulenhalle. Am östlichen Ende sind noch Mauerreste ehemaliger Läden zu sehen (7). Gegenüber ein *Buleuterion* (Sitzungsgebäude) mit acht Sitzstufen. Der Bau entstand wohl im 3. Jh. v. Chr. Daneben ein italischer Podiumtempel (*Friedenstempel*; 9), der wohl als das Capitolium der Stadt im 2. Jh. v. Chr. errichtet wurde. Weiter im Westen die *Palaestra* (10; griech. Sportzentrum), in der Mitte sich ein großes Schwimmbecken mit einem rundum geführten gedeckten Gang befindet. Man wendet sich wieder zurück Richtung Osten und gelangt zum *Amphitheater* (11) aus römischer Zeit. Der Zuschauerraum ist fast vollständig erhalten; er faßte 2000 Personen. Ein Tunnel diente als Durchgang für wilde Tiere. Vom Amphitheater überquert man den großen Platz in nordwestlicher Richtung und gelangt zu einem Mauerring, in dessen Zentrum ein flaches Häuschen aufragt. Dieses unterirdische ›Sacellum‹ (12), ein Scheingrab, wurde erst 1954 entdeckt. Es enthielt 8 kostbare, mit tadellos erhaltenem Honig gefüllte Bronzevasen und eine attische schwarzfigurige Terrakotta-Amphora. Wahrscheinlich handelt es sich hierbei um ein den Unterweltgöttern geweihtes Totenmahl.

Athena- oder Ceres-Tempel (13): In geringer Entfernung steht der sog. *Ceres-Tempel* aus dem späten 6. Jh. v. Chr. In seiner Nähe hat man einige Ceres-Statuen gefunden – daher der Name. Jüngsten Ausgrabungen zufolge vertritt man aber nunmehr die Ansicht, daß der *Tempel dem Kult der Athena* geweiht war. Auch er ist im dorischen Stil gehalten, doch sind seine Proportionen sanfter und zurückhaltender. Die Säulen sind viel schlanker als die der anderen Tempel. Sie bilden einen Säulenkranz mit archaischen Tellerkapitellen. Über dem mit Triglyphen und Metopen (Träger der Reliefs) versehenen Fries der Gebälkzone folgt eine Profilschicht und darüber ein hoch aufragender Dreiecksgiebel. Ihr Niveau liegt ziemlich hoch – etwa $^1/_2$ m über dem Boden des inneren Vortempels (Pronaos), von dem man zwei Stufen hinuntersteigen muß, um auf den gepflasterten Umgang zu gelangen. Im Innenraum fallen drei Schächte auf – wahrscheinlich handelt es sich hierbei um christliche Gräber aus dem Mittelalter, da zu dieser Zeit der Tempel als Kirche benutzt wurde.

Die griechische Architektur wartet in Paestum mit Sonderformen auf, die dem Mutterland fremd geblieben sind. So kann man beim Athena-Tempel z.B. eine Vermischung von dorischen und ionischen Elementen beobachten (ionische Kapitelle im Museum) – letztere im Pronaos und erstere im Säulenkranz. Im Gebälk dringen ebenfalls ionische Zierformen ein, und das bei anderen dorischen Tempeln auftretende Horizontalgeison (untere Giebelkante) fällt weg. Daraus eine spätere Datierung abzuleiten, wäre sicherlich falsch – viel eher darf man den Einfluß des ionischen Milet annehmen, mit dem die Mutterstadt Sybaris rege Handelsbeziehungen pflegte.

Paestum: ›Herakles und die Kerkopen‹

Museum (15)

Um zum Museum zu gelangen, begibt man sich zum nördlichen Ausgang (14). Dort steht die *Porta aurea (1)* eines der vier Stadttore in der Stadtmauer. Die ältesten Teile stammen aus dem 6. Jh. (beim Eingangstor, der Porta della Giustizia), die übrigen aus lukanischer und römischer Zeit. Rings um die Mauer verlief ein Wehrgraben, über den Brücken führten. Schöne Bruchstücke davon sind noch bei der Porta aurea erhalten.

Im Erdgeschoß des Museums wird man mit den Funden aus dem Heiligtum an der Selemündung bekannt gemacht. Zunächst sieht man 6 *Metopen* (Träger szenischer Darstellungen am Gesims des Tempels) vom Heraion. Sie werden ins letzte Jahrzehnt des 6. Jh. v. Chr. datiert. Man erkennt Bogenschützen, tanzende Mädchen, aber auch Szenen aus der Mythologie: die Strafe des Sisyphus und, besonders dramatisch, den Freitod des Ajax. Neben einer Fülle von Architektur- und Skulpturfragmenten finden sich in den übrigen Räumen weitere Metopen aus dem Heraion mit vorwiegend mythologischen Schilderungen. Besonders interessant sind die Darstellungen zur Herkulessage. Im Innern des großen Mittelsaales findet man Funde aus Paestum: Eine hohe *Tonstatue* eines sitzenden Gottes, wahrscheinlich *Zeus* darstellend. Schön bemalte Amphoren aus lukanischer Zeit und die berühmten *Bronzevasen* aus dem unterirdischen Sacellum (vgl. S. 194 Nr. 12). Sie sind mit Tieren, Händen und ornamentalen Darstellungen verziert.

Neben den Metopen aus dem Heraion zählen die 1968 entdeckten *Fresken* aus einem altgriechischen Grab zu den interessantesten Stücken. *Die fünf Grabplatten rechnet man inzwischen zu den berühmtesten Zeugnissen der antiken Malerei.* In fünf Szenen wird der Lebenszyklus symbolisiert: Einem bacchantischen Trinkgelage, mit Spielern und Liebenden – einer schwingt den Kelch, wohl um den Diener zu rufen – steht ein ruhiges, fast sanftes Totenmahl gegenüber. Ferner erkennt man einen Epheben neben einem Tisch, auf dem eine Amphore steht. Auf einer weiteren Platte schreitet dieser junge Mann einem Greis voran und einem Flötenspieler nach – der Weg ins Totenreich beginnt. Auf der letzten Platte – es handelt sich um die denkwürdigste – springt ein jugendlicher Schwimmer in den See. Die Szene soll wohl den Tod als Sprung vom Leben ins Jenseits versinnbildlichen. Diese Darstellung gab dem Grab den Namen – das *Grab des Tauchers* (ca. 480 v. Chr.). Die Malereien aus den lukanischen Grabstätten stammen aus der 2. Hälfte des 4. Jh. v. Chr. Die Formen sind etwas differenzierter und reicher ornamentiert. Auffallend die Brutalität mancher Kampfszenen und, im Gegensatz dazu, die fast lyrische Stimmung einer Fahrt in die Unterwelt.

Paestum: ›Grab des Tauchers‹

3 8 Benevent

Lage: Die Stadt liegt auf einem 135 m hohen Hügel am Zusammenfluß von
Sabato und Calore. Der Hügel erhebt sich inmitten einer weiten Mulde, die
umgeben ist von Bergen, die im Norden und Nordwesten steil und mächtig
aufragen, im Süden und Südosten sanft und weich gewellt verlaufen.

Geschichte: Bronze- und Keramikfunde aus dem 8. und 7. Jh. v. Chr. lassen
hier eine erste samnitische Siedlung vermuten. Einer Münze aus dem 4. Jh.
v. Chr. zufolge wurde der Ort ›Malies‹ (lat: Maluentum) genannt. Er entwickelte sich zur *Hauptstadt des Samnitischen Reiches.* Nachdem die Römer im
Jahre 275 v. Chr. Pyrrhus besiegt und damit die Samniter vertrieben hatten,
gründeten sie wenige Jahre später eine Kolonie, die sie nach dem ›guten Ausgang‹ (›bonus eventus‹) der Schlacht ›Beneventum‹ nannten. Später hatte
Benevent eine wichtige wirtschaftliche und politische Stellung an der Via
Appia, da es den Warentransport von Brindisi nach Rom zu sichern galt.
Im 6. Jh. war Benevent zwischen Goten (Totila) und oströmischen Heeren (Beli-
sar) heiß umkämpft. Gegen Ende des Jahrhunderts fiel die Stadt in die Hände
der Langobarden, die hier ihr berühmtes Herzogtum gründeten, das seine
Herrschaft bald über ganz Mittelitalien ausdehnte. Mit Landolfus V. (1014–
1033) löste sich die langobardische Herrschaft allmählich auf. Dann wurde
Benevent zum Streitobjekt zwischen den Normannen und dem Papst. Benevent wurde schließlich dem Kirchenstaat eingegliedert und blieb, abgesehen
von zwei Unterbrechungen, bis 1860 päpstliche Enklave im Königreich
Neapel. Im 13. Jh. kam Benevent unter die Herrschaft Friedrichs II. von
Hohenstaufen, und zu Beginn des 19. Jh. machte Napoleon seinen Außen-
minister Talleyrand zum Fürsten von Benevent.

Ein Rundgang, der am Domplatz beginnt (gegenüber zwei große bewachte
Parkplätze), soll mit den bedeutendsten Denkmälern der Stadt bekanntma-
chen.

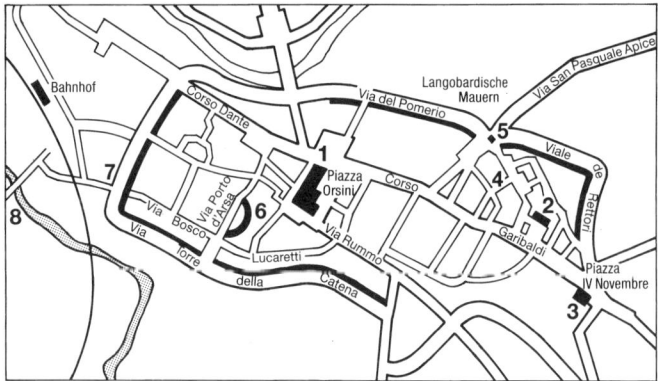

Benevento: Orientierungsplan

1 Dom – 2 Santa Sofia/Museo del Sannio – 3 Rocca dei Rettori/Il Castello –
4 Historisches Viertel – 5 Trajansbogen – 6 Römisches Theater – 7 Porta
d'Arsa – 8 Leprosenbrücke

198

Fassade und Campanile des Doms

Der Dom (1)

Lage: Etwas zurückversetzt vom Corso Garibaldi an der Piazza Cardinal Pacca.

Geschichte: Urkunden zufolge ist der Dom schon im 8. Jh. nachgewiesen. Ein Jahrhundert später wurde er erweitert, nachdem Fürst Sico die Reliquien des hl. Januarius aus Neapel geraubt hatte. Zwischen 1124 und 1129 entstand ein romanischer Neubau, 50 Jahre später der Campanile, in dessen Wände Halbfiguren von römischen Gräbern eingefügt wurden. Bei einem schweren Bombenangriff 1943 wurde auch der Dom in Mitleidenschaft gezogen und dessen berühmte Bronzetüren zum größten Teil zerstört (Reste im Museo del Sannio).

Die drei großartigen Eingangsportale der romanischen Westfassade (pisanischer Typus) zeigen normannisches Flechtwerk mit Tierdarstellungen. Oberhalb der Blendarkaden erhebt sich eine Art Säulengeschoß mit kannelierten Säulen, die in korinthische Kapitelle münden. Auffallend die mächtigen Konsolen mit Tier- und Menschendarstellungen. Neben den erwähnten Spolien (antike Fragmente) am Campanile ist auch ein zum Opfer geschmücktes Wildschwein zu sehen. Es ist das Wappentier der Stadt und bezieht sich auf die ehemalige römische Stadt, die an dieser Stelle eine Opferstätte gehabt haben soll. Das Innere ist nach dem 2. Weltkrieg vollständig erneuert worden: Fünf Schiffe werden durch Säulen voneinander getrennt. Den Triumphbogen schmückt ein Mosaik mit der Jungfrau Maria und den Päpsten Pius IX. und Pius XII.

Die benachbarte *Biblioteca Capitolare* (geöffnet: 10.30–13.30 Uhr) ist reich an bedeutenden illustrierten Handschriften des frühen Mittelalters.

Santa Sofia – Museo del Sannio (2)

Lage: Von der Piazza Orsini gelangt man auf den Corso Garibaldi, dem man nun in die Stadt hinauf folgt. Nach 10 Minuten hat man die Piazza Matteotti erreicht, an deren linker Seite die Kirche Santa Sofia steht.

Geschichte: Die Kirche wurde vom Langobardenherzog Arechius II. im Jahre 762 gegründet. Reste dieses Baus sind nur noch am Portal sowie in der Apsis erhalten. Im 12. Jh. erfolgte eine Erweiterung, die besonders den Kreuzgang betraf. Ein erneuter Umbau erfolgte im Barock, der glücklicherweise 1953 teilweise wieder rückgängig gemacht wurde, so daß sich die Kirche heute größtenteils in ihrer romanischen und frühchristlichen Gestalt präsentiert. Nur die Westfassade, deren Eingang von einem antikisierenden Triumphbogen betont wird, zeigt noch barocke Züge.

Santa Sofia, eine der interessantesten Kirchenkonstruktionen des Mittelalters, weist einen Zentralraum mit seitlich sternförmig ausgezackten Nischen und einem dreiapsidalen Chorschluß auf. Im Inneren überraschen Freskenreste aus dem 9. Jh. im byzantinischen Stil. Teilweise sind Szenen aus der Zacharias-Geschichte und Evangelisten auszumachen.

Der *Kreuzgang* mit romanischen Doppelsäulen wartet mit einer Sehenswürdigkeit auf: Die grotesken Fabelwesen in verschlungenen Ranken der Kapitelle sind durchaus mit ähnlichen romanischen Schmuckkapitellen von Monreale zu vergleichen; ebenso die Darstellungen der Monate mit den entsprechenden Arbeiten, wie Ernte oder Weinlese usw.

Santa Sofia

Kreuzgang: Kapitell mit Fabelwesen

Museum (*geöffnet:* tgl. außer Mo 9–13 Uhr): Es ist im Kreuzgang und den angrenzenden Gebäuden untergebracht. Die Antiken-Sammlung enthält viele ägyptische (von den Römern und später von Napoleon importierte) Stücke sowie Keramik- und Bronzefunde aus samnitischer Zeit. Ferner sind klassische und hellenistische gewerbliche Gegenstände und Skulpturen ausgestellt sowie die schon erwähnten Reste der Bronzetür des Doms und Fragmente vom römischen Triumphbogen.

Auf dem Platz vor der Kirchenfassade sollte man noch einen Blick auf den schönen *Brunnen* mit einem ägyptischen Obelisk und vier Löwen werfen, der auf Anordnung Talleyrands hier aufgestellt wurde. Der romanische *Campanile* gegenüber wurde 1703 erneuert. – Wendet man sich wieder dem Corso zu, so sieht man gleich rechts das *Teatro Comunale Vittorio Emanuele III.*, ein vornehmes, im klassizistischen Stil von Pasquale Francesconi zwischen 1851 und 1862 erbautes Theater.

Rocca dei Rettori *(Il Castello)* (3)

Lage: Wenn man den Corso Garibaldi weiter geht (mit dem Theater im Rücken und Santa Sofia linker Hand), gelangt man zum Palazzo del Governo aus dem späten 19. Jh. (rechts) und zur Piazza IV Novembre. Auf der rechten Seite erhebt sich das mächtige Kastell am höchsten Punkt der Stadt (191 m).

Das Kastell wurde als Teil der Stadtbefestigung unter der Regierung von Guglielmo de Balaeto im Jahre 1321 erbaut. Es steht auf Resten einer Burg aus dem 8. Jh., in der die Langobardenherzöge residierten. Nach der Herrschaft der Normannen, als Benevent Enklave des Kirchenstaates wurde, zogen die päpstlichen Rektoren in die Burg (daher der Name ›Rocca dei Rettori‹). Gegen Ende des 16. Jh. wurden Teile des Kastells als Gefängnis umgebaut. Als solches fungierte es bis zum Ende der ›päpstlichen Zeit‹ im Jahre 1860. Im Gebäude ist heute die *historische Abteilung des Museo del Sannio (geöffnet:* tgl. außer Mo 9–13 Uhr) untergebracht. An der Ostseite des Kastells wurde ein römisches Tor ausgegraben, das möglicherweise zu einem militärischen Gebäudekomplex gehörte, auf dem später die Langobarden ihre Stadtbefestigung errichteten.

Historisches Viertel (4): Man wende sich wieder zurück zum Corso Garibaldi und biege die dritte kleine Straße (schräg gegenüber von S. Bartolomeo) nach dem Theater rechts (Via Bartolomeo Camerario) ein, die in die langobardische Altstadt von Benevent führt. In diesem malerischen Viertel gelangt man zunächst zum *Palazzo Campano–Torre* aus dem 18. Jh. mit einem sehr schönen Innenhof und spielerischen Treppenaufgängen. Die Gasse mündet in die Piazza Piano di Corte, wo man das Regierungszentrum der langobardischen Herzöge vermutet hat. In manchen Gebäuden finden sich noch mittelalterliche Mauerreste und antike Spolien. An der rechten Stirnseite des Platzes erhebt sich der *Palazzo Carissimo* aus dem 17. Jh. mit einem wehrhaften, leicht ausgestellten Untergeschoß. Man wende sich wieder um und biege links in eine kleine Gasse ein, die hinunter führt zum antiken Trajansbogen.

Trajansbogen (5): Der Bogen, einer der am besten erhaltenen antiken Triumphbögen, befindet sich an einem Seitenausgang der Stadt, der zum Calore-Tal führt. Eine Verlängerung der Straße würde direkt in Foggia münden. Möglicherweise markiert der Bogen eine neue Römerstraße, die Via Trajana, die Trajan als ›Parallelstraße‹ zur Via Appia im Jahre 109 in Auftrag gegeben hatte. Die auf beiden Seiten identische Inschrift lautet (nach Kirsten): »Dem Kaiser Nerva Traianus, dem Sohn des vergöttlichten Nerva, immer besten Augustus, Sieger über Germanen und Daker, dem Hohenpriester, im 18. Jahr seiner tribunicischen Gewalt, nach seiner 7. Ausrufung zum Feldherren, nach seinem 6. Konsulat, dem Vater des Vaterlandes, dem tapfersten Ersten stifteten (den Bogen) Senat und Volk von Rom.« Auf den einzelnen Feldern sind die Taten, vorwiegend die Kriegstaten, Trajans dargestellt. Die Reliefs im Bogen schildern dagegen Ereignisse in Benevent: Begrüßung durch die Beneventaner sowie Weihrauch- und Stieropfer.

Nun kann man die Straße hinauf in die Stadt spazieren, doch sollte man nicht versäumen, sich immer wieder umzudrehen, um den grandiosen Anblick des antiken Bogens mit der dahinter sich ausbreitenden Stadt- und Landschaftskulisse zu genießen.

Trajansbogen

Römisches Theater (6; *geöffnet:* 9 Uhr bis Sonnenuntergang; in den Sommermonaten Theateraufführungen): Von der Piazza Orsini gelangt man in die Via Rummo, geht rechts um den Chor des Domes und erblickt rechts oben den *Arco del Sacramento,* einen römischen Bogen, der offensichtlich zum alten Forum gehörte, mit einer anschließenden archäologischen Zone. Man folgt dann links der Via Carlo und gelangt zum römischen Theater, das im Jahre 126 (Bauinschrift) entstanden ist. Von der Fassade, konstruiert aus 25 Bögen im tuscischen Stil, ist ein beträchtlicher Teil erhalten geblieben. Neben dem ehemaligen Haupteingang, gewissermaßen in die Fassade hinein, wurde eine Kirche gebaut, die mit der römischen Architektur eine merkwürdige Allianz eingegangen ist. Der Eingang befindet sich heute seitlich an der Schmalseite des Bühnengebäudes. Man steht dann unvermittelt auf der Bühne gegenüber der Or-

Römisches Theater

chestra. Das Bühnengebäude selbst reichte wohl über zwei oder drei Stockwerke und ist etwa mit dem in Aspendos (Südtürkei) zu vergleichen, dessen Bühnenwand aber monumentaler gestaltet ist. Seitlich der Orchestra sind Treppenaufgänge zu sehen, die zu den Rängen führen. Man vermutet, daß der obere Rang erst später, während der Regierungszeit Caracallas (Ende 2. Jh.), angefügt wurde. Zehntausend Besucher fanden Platz im Theater.

Porta d'Arsa (7) und Leprosenbrücke (8): Die Via Port d'Arsa führt zum gleichnamigen Stadttor. Es stammt aus langobardischer Zeit und ist eines der vielen Stadttore der langobardischen Befestigungsmauern. Diese teilweise noch sehr gut erhaltenen Mauerreste mit Türmen und Toren kann man, mit Unterbrechungen, um die gesamte Stadt verfolgen. Das an dieser Stelle verlaufende Teilstück bricht im Südosten an der Via Porta Rufina ab. – Gegenüber der Porta d'Arsa (in Verlängerung der Via Porta d'Arsa) führt eine kleine Straße unter dem Eisenbahndamm hindurch zum Sabato mit der antiken Brücke, von der noch fünf Bögen erhalten sind. Über sie verläuft die Via Appia. Nach einem Aussätzigen-Spital des Mittelalters wurde diese Brücke ›Ponte Leproso‹ genannt.

39 Insel Capri

In der Altsteinzeit war Capri noch keine Insel, sondern hing mit der Halbinsel von Sorrent zusammen. Funde aus dieser Zeit (in der Grotta dei Felci, oberhalb der Marina Piccola) sollen das belegen. Auf die Urbevölkerung folgten die Griechen – wahrscheinlich zur Zeit der Besiedlung von Cumae (vgl. S. 20). Berühmt wurde Capri aber erst in römischer Zeit. Auf der Rückkehr vom Feldzug gegen Kleopatra im Jahre 29 v. Chr. landete Caesar Octavian, der spätere Kaiser Augustus, auf Capri. Bald darauf machte er es zur kaiserlichen Domäne. Sueton schildert ausführlich die Aufenthalte des Kaisers. Nach Augustus' Tod übernahm Tiberius die Macht. Auf der Flucht vor Umsturz und mörderischen Zugriffen verließ er Rom, ging nach Capri und regierte von dort aus. Nach dem Ende des Römischen Reiches wurde Capri bedeutungslos. Erst im 19. Jh., als August Kopisch die Blaue Grotte entdeckt hatte, wurde das Zeitalter des Tourismus auf Capri eingeleitet. Capri wurde als romantische Sehnsuchtslandschaft entdeckt. Hans Christian Andersen schrieb in seinem Roman ›Der Improvisator‹ über die Blaue Grotte. Überhaupt haben Dichter diese Insel immer wieder gefeiert: Platen, Rilke, Däubler, Bergengruen und der Engländer Norman Douglas, dessen ›Sirenenland‹ zu den schönsten Capri-Büchern zählt.

An der *Marina Grande* angekommen, benutzte man die Zahnradbahn (Funicolare) oder das Auto hinauf nach *Capri-Stadt* zur *Piazza Umberto I.* Hier ist der Mittelpunkt des capresischen Lebens. Die kuppelreiche Kirche *Santo Stefano* steht oberhalb der großen

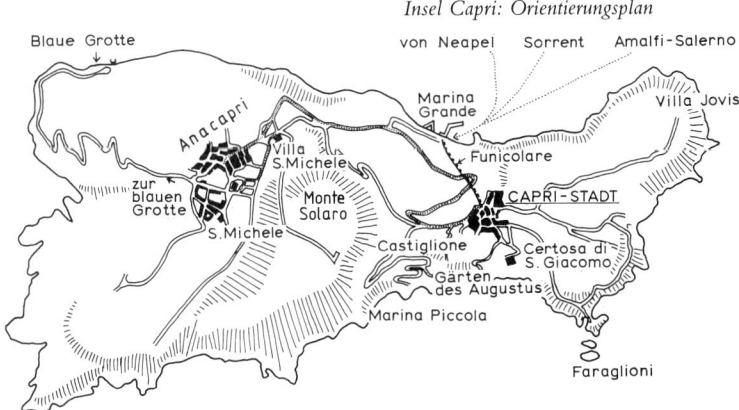

Insel Capri: Orientierungsplan

Capri mit Certosa di San Giacomo und Faraglioni

Treppe. Sie ist im Jahre 1697 im orientalischen Barockstil erbaut worden. Der Marmorfußboden ist antik. Ebenfalls am Platz der *Palazzo Cerio* aus dem 14. Jh.

Wenn man der *Via delle Botteghe* folgt und bald links einbiegt, gelangt man zur kleinen Kirche *Sant' Anna*. Es handelt sich hier um eine Basilika im Miniaturformat, mit antiken Säulenstümpfen und schönen Spolienkapitellen. Drei Halbrundapsiden bilden das Presbyterium. Man vermutet, daß die Kirche im 11. oder 12. Jh. gebaut wurde. Freskenreste stammen aus dem 14. Jh.

Man sollte sich Zeit nehmen und durch das malerische Viertel rund um die Piazza Umberto schlendern. Irgendwann kann man sich dann auf den Weg zur Certosa di S. Giacomo machen.

Certosa di San Giacomo: Man sucht die Via V. Emanuele auf und folgt ihr bis zur Via F. Serena. Von dort gelangt man zum *Kartäuserkloster St. Jahobus.* Es wurde zwischen 1371 und 1374 unter J. Arcucci, Graf von Minervo und Altamura, errichtet. Nach mehreren Zerstörungen wurde es in seiner ursprünglichen Form wiederaufgebaut. Eine Freitreppe führt zu einem zinnengekrönten Turm und zum Kirchenportal. Im Inneren sind Reste von Wandmalereien aus dem 17. und 18. Jh. zu sehen. Im Kloster ein zierlicher Kreuzgang mit Arkaden auf schlanken Säulen. Es schließt sich der *große Kreuzgang* mit umliegenden Mönchszellen an. Vom *Belvedere* ein schöner Blick auf das Meer.

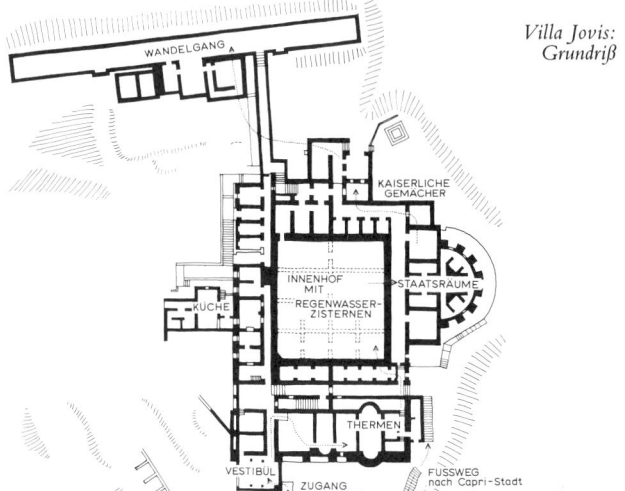

WANDELGANG

KAISERLICHE
GEMACHER

INNENHOF
MIT
REGENWASSER-
ZISTERNEN

STAATSRÄUME

KÜCHE

THERMEN

VESTIBÜL

ZUGANG
von Capri-Stadt

FUSSWEG
nach Capri-Stadt

Zu den *Gärten des Augustus* gelangt man vom Kloster auf einem
malerischen Weg. Gegenüber der Anhöhe des Castiglione weitet
sich der Augustuspark aus. Dieser geschichtlich wenig bietende Ort
wartet mit einem der schönsten Ausblicke auf: Der Blick schweift
über die umliegenden Hügel zur Marina Piccola und den majestä-
tisch aus dem Meer ragenden *Faraglioni-Felsen.*

Zur *Villa Jovis* gelangt man wieder von der Piazza Umberto I. (Fußweg ca. 1
Std.). Man folgt der Via Botteghe und der Via Fuorlovada, deren Verlängerung die Via Croce ist. Nachdem man links abgebogen ist, kommt man zur
kleinen Kirche *San Michele* und folgt von dort der Via Tiberio. Bald steht
man auf dem *Monte Tiberio* und vor den Ruinen der Villa Jovis.

Tiberius hat hier eine seiner Lustvillen errichten lassen. Vom Vestibül gelangt
man in die Thermenanlage und von dort in einen Innenhof, der ein System
von Regenwasserzisternen (aus dem Fels gehauen) enthält. Rechts schließen
sich die Staatsräume an und gegenüber die Küche – getrennt durch Vorrats-
kammern vom Hof. Die Gemächer des Kaisers vermutet man im Nordtrakt.
Weiter im Norden an der Kante des Felsens zieht sich ein Wandelgang entlang mit einer phantastischen Aussicht auf den Golf.

Anacapri: Von der Piazza Umberto I. fahren in kurzen Abständen Busse
nach Anacapri, einer malerischen Ortschaft, in 286 m Höhe auf einer Hoch-
ebene gelegen. In der Ortsmitte neben der Hauptstraße im Hintergrund
eines kleinen Platzes die *Kirche San Michele.* Der Architekt des 1719 errichteten Baues war vielleicht A. Vaccaro. Im Inneren überrascht ein prachtvoller
Majolikafußboden (Chiaiese, 1761). Ein kleiner Spaziergang führt zur *Villa
San Michele,* dem berühmten, von dem schwedischen Arzt und Schriftsteller
Axel Munthe (›Das Buch von S. Michele‹) erbauten Palast. Er beherbergt
Kuriosa und Kunstwerke.

Geschichte: Noch vor der Besiedlung von Cumae (S. 122) landeten in der stillen Bucht von S. Montano an der nordwestlichen Spitze der Insel in der 1. Hälfte des 8. Jh. griechische Einwanderer aus Euböa. Hier wurde also die *erste griechische Siedlung in Italien* gegründet. Die Vulkanausbrüche und Erdbeben, die die Insel immer wieder erschütterten und verwüsteten, schrieben sie dem Giganten Typhon zu. Zeus soll ihn besiegt und unter der Insel gefangen gehalten haben. Zeugnisse der griechischen und römischen Zeit sind bislang nur spärlich gefunden worden. Unter der Lava des Hafens vermutet man Reste eines griechischen Städtchens. Der immer wieder ausbrechende Montagnone soll diese und auch spätere römische Siedlungen mit seinen Lavamassen verschlungen haben. Während der Herrschaft der spanischen Vizekönige begann die Insel sich wieder zu bevölkern. Es entstanden die Küstenstädte Casamicciola, Lacco Ameno und Forio. Im 19. Jh. gewannen die *Heilquellen* immer rascher an Bedeutung. So wurde die Insel in ganz Europa bekannt. Jean Paul, der nie auf Ischia war, hat im 4. Buch des ›Titan‹ eine köstliche Reisebeschreibung von Ischia gegeben.

Porto d'Ischia: Von Neapel oder Pozzuoli kommend, landet man in dem kreisrunden, 1854 angelegten Hafen. *Ischia Porto* ist mit dem benachbarten *Ischia Ponte* die Hauptstadt der Insel. Wenn man der Via Roma nach links folgt, gelangt man in das *Inselmuseum* mit vielen lokalen Ausgrabungsgegenständen und verschiedenen sonstigen Kunstobjekten.

Neben dem Museum die Kirche *San Pietro* aus dem 18. Jh. – wahrscheinlich aus der Schule Fugas. Der Bau zeigt die Form eines

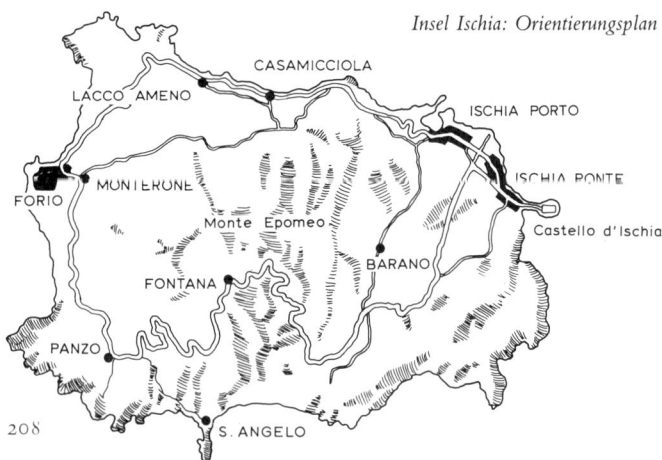

Insel Ischia: Orientierungsplan

Ischia: Forio mit Monte Epomeo

gestreckten Ovals mit zwei Nebenkapellen an den Seitenwänden. An der östlichen Schmalseite schließt sich ein langer Chorarm mit flacher Rundapsis an. Die Kuppelwölbung, von 6 Fensterstichkappen angeschnitten, setzt unmittelbar über dem Hauptgesims an.

Der *Corso Vittoria Colonna* führt neben dem Pinienhain am Strand nach Ischia Ponte. *Dort der Ponte Aragonese*, eine von Alphons von Aragon 1438 errichtete Brücke, der den Ort mit der kleinen Felsinsel verbindet. Dort soll sich die erste Siedlung der Insel befunden haben. Hinter der Brücke gelangt man zur alten *Kathedrale.* Sie soll 1301 gegründet und 1809 teilweise eingestürzt sein. Hier hat sich Ferrante d'Avalos mit Vittoria Colonna 1509 trauen lassen. In der Krypta der dreischiffigen Basilika sind noch Fresken aus dem 14. Jh. erhalten.

An Ruinen der Kirche *Santa Maria Immacolata*, denen eines Klosters und der kleinen Kirche *San Pietro a Pantanello* vorbei gelangt man zum *Kastell.* Der 100 m aus dem Meer ragende Fels versprach einen sicheren Schutz vor den Überfällen der Sarazenen. Eine englische Flotte hat 1809 den größten Teil der Gebäude in Trümmer gelegt. Seitdem ist der Berghang verlassen. Das über quadratischem Grundriß errichtete Kastell soll aus dem 15. Jh. stammen. Die Überlieferung des Ortes reicht bis ins 11. Jh. zurück – die ältesten architektonischen Überreste stammen aus dem 14. Jh.

Beim Stadtausgang Richtung Casamicciola kann man mit einer Seilbahn auf den *Montagnone* fahren – einen Hügel von 255 m Höhe, der eine prächtige Aussicht bietet.

Das Kastell von Ischia mit den Ruinen der alten Kathedrale und der Festung

Der größere Nachbarort von Porto d'Ischia ist *Casamicciola*, ein Thermal-und Seebad sowie Luftkurort, inmitten einer zauberhaften Landschaft am Fuße des Monte Epomeo gelegen. Das Örtchen hat leider seine Kunstdenkmäler während des furchtbaren Erdbebens im 19. Jh. verloren.

Von Casamicciola fährt man weiter durch eine wunderschöne Landschaft Richtung Forio nach *Lacco Ameno*. Dieses Inselstädtchen blickt auf die längste Geschichte zurück. Das griechische ›Lakkos‹ (Zisterne) hat dem Städtchen den Namen gegeben. Im 19. Jh. hat man ›Ameno‹ (Locus amoenus – lieblicher Ort) hinzugefügt. Hier hat man alte Grabstelen aus dem 8. Jh. v. Chr. gefunden. In römischer Zeit fand sich wohl schon eine frühe Christusgemeinde zum Kult der hl. Restituta zusammen (vgl. zur Restituta-Legende S. 20).

Dieser Heiligen ist auch die Hauptkirche des Ortes geweiht. Ihre heutige Gestalt erhielt sie aber im 19. und 20. Jh. Die Fassade stammt von 1910. In der ersten Kapelle rechts eine Madonna del Carmine aus dem 16. Jh. – wahrscheinlich eine toskanische Arbeit. Rechts daneben der Zugang zur alten, 1304 gegründeten *Restituta-Kapelle*. Unter dieser Kapelle entdeckte man Spuren einer Coemeterial kirche des 4. oder 5. Jh. (Zugang durch einen Korridor rechts).

Die Straße von Lacco Ameno nach *Forio* durchquert die Lava des Zaro-Stromes. Forio ist ein kleiner Marktflecken von 7000 Einwohnern. An der Strandbucht liegt der *Konvent von San Francesco di Paola*, um 1800 erbaut, mit einem klassizistischen Campanile. Leider sind die Umgebung und das Städtchen selbst durch die jüngsten Bautätigkeiten verschandelt worden. Im Zentrum kann man allerdings noch durch Gassen schlendern, um den ›Inselstil‹ der Profanbauten zu studieren. Die offensichtlich morgenländisch inspirierte Architektur erklärt sich kaum aus der direkten Berührung mit Arabern (die auf der Insel nur sporadisch auftauchten), sondern hauptsächlich aus den natürlichen Bedingungen südmittelmeerischer Küstenstriche: Der blendend weiße Kalkputz dient als Schutz vor der großen Mittagshitze – das Licht wird reflektiert, also zurückgeworfen. Auf den Flachdächern sammelt sich das Regenwasser und wird in eine Kellerzisterne abgeleitet.

Forios Wahrzeichen ist der *Torrione,* ein runder zinnenbekrönter Wachtturm aus dem 15. Jh. Die Hauptkirche des Ortes, *Madonna di Loreto,* steht auf dem Corso Umberto I. Sie wurde im 14. Jh. von Fischern aus Ancona gegründet, im 16. Jh. umgebaut und im 18. Jh. neu dekoriert. Von den Burgenpalästen des 16.–18. Jh. haben sich im Viertel um den Torrione beachtliche Überreste erhalten.

Von Forio fährt man weiter – nun ins Landesinnere über Battaglia nach *Panza.* Von diesem in 155 m Höhe gelegenen Ort geht es wieder abwärts nach *Sant'Angelo,* einem kleinen Fischerdorf am Meer. Hier kann man noch das ursprüngliche Leben der Fischer beobachten und lohnende Bootsausflüge zum Strand von *Maronti* unternehmen. Man sollte auch in das *Tal von Carascura* fahren, wo aus einem Felsen eine Thermalquelle von über 100 °C entspringt.

Von S. Angelo fährt man über *Serrara Fontana* in vielen Kehren nach *Barano.* Unterwegs kann man den Monte Epomeo (788 m) besteigen (ca. 1 Std.). Barano, in 212 m Höhe gelegen, wird von Weingärten umkränzt. Der Ort ist die Heimat des Nolrezzata, einem uralten Kriegstanz, der noch heute bei Volksfesten aufgeführt wird.

Von Barono sind es dann nur noch wenige Kilometer bis Porto d'Ischia.

41 Insel Procida

Procida bildet den Rest von vier halb ins Meer versunkenen Kratern. Auf *Vivara,* einer westlich vorgelagerten Halbinsel sind Reste einer bronzezeitlichen Kultur gefunden worden. Griechen haben die Insel dann besiedelt, aber keine nennenswerten Spuren hinterlassen.

Eine erste Fischersiedlung wurde in einer Bucht im Süden der Insel gegründet – *Corricella;* von der Schiffahrtslinie unberührt, bietet sie heute noch das Bild einer neapolitanischen Marina im Urzustand. Man glaubt, in einer phantastischen Höhlenstadt zu wandeln. Die kubischen Häuser, Terrassen und Treppen aus porösem Tuff vereinigen sich zu einem manchmal gespenstisch anmutenden Ambiente.

Der alte Fischerhafen der Insel Procida

Der Haupthafen *Marina Grande (Marina di San Cattolico)* liegt an der Nordküste. Im 17. Jh. entstanden, bietet der Ort besonders liebliche Perspektiven. An der Marina Grande steht die kleine Kuppelkirche der *Madonna della Pietà* aus dem 17. Jh.

Die *Terra Musata* (über die Via Castello zu erreichen) ist von den Bewohnern größtenteils verlassen. In der Nähe steht auch die Hauptkirche der Insel – *San Michele* – eine dreischiffige Pfeilerbasilika aus dem 18. Jh. an Stelle eines Vorgängerbaus aus dem 13. Jh. Der unweit gelegene Baronalpalast, 1563 erbaut, dient heute als Zuchthaus. Schließlich wären noch die Ruinen der verlassenen Benediktinerkirche, *Santa Margherita Nuova*, auf der südlichen *Punta dei Monaci* zu erwähnen.

E. ERLÄUTERUNGEN ZU DEN KUNSTHISTORISCHEN FACHAUSDRÜCKEN UND VÖLKERNAMEN

Achäer: Altgriechischer Volksstamm in Thessalien und auf der Peloponnes (Achaia). Bei Homer als Bezeichnung aller Griechen, die nach Troja gezogen sind.

Ädicula (lat. = Häuschen): Architektonische Rahmung von Portalen, Fenstern, Reliefs oder Gemälden.

Agora: Marktplatz im alten Griechenland, auf dem auch Volksversammlungen stattfanden.

Ambo: Niedriges Lesepult, kanzelartig um mehrere Stufen erhöht. Der Ambo steht häufig vor den Chorschranken. Aus ihm hat sich dann später die Kanzel entwickelt.

Amorette: Kleiner Engel (von ›amor‹).

Amphora (griech.): Zweihenkeliges, bauchiges Vorratsgefäß.

Apodyterium (griech.): Auskleidezimmer im Bad.

Apotheose: Vergöttlichung eines Menschen.

Apsis (griech. = Bogenrundung): Östlicher Abschluß des Chores, eine Altarnische über ursprünglich halbrundem, später auch polygonalem Grundriß bildend.

Arabesken (it. arabesco, rabesco): Aus der Kunst des Islam stammende Ornamentik, bestehend aus Blatt- und Rankenwerk, in das häufig Masken und Putten eingefügt sind.

Architrav: Waagrechter Steinbalken über Säulen, Pfeilern oder Pilastern in der antiken Architektur; wiederverwendet hauptsächlich in der Kunst der Renaissance und des Barock sowie in der klassizistischen Architektur.

Archivolte: Rahmenleiste an der Stirnseite eines Bogens oder in einer Bogenlaibung.

Argonauten: Helden der griechischen Sage, die unter Jason auf dem Schiff ›Argo‹ nach Kolchis fuhren, um das ›Goldene Vlies‹ zu rauben.

Arkade (lat. arcus = Bogen): Bogen bzw. Bogenreihe über Säulen oder Pfeilern.

Assunta: Darstellung der in den Himmel aufgenommenen Maria.

Atrium: Offener Hauptraum des römischen Hauses. Vorhof einer Basilika mit Säulenhallen, auch ›Paradies‹ genannt, meistens mit einem Brunnen in der Mitte.

Attika: Brüstungsartige Aufmauerung über dem Hauptgesims eines Hauses, oft verziert oder mit Skulpturen versehen.

Baldachingrab: Ein aus Holz, kostbarem Stein oder Marmor gefertigter Prunkhimmel über einem Grab. Später entwickelte sich daraus ein Grabgehäuse, in dem Figuren stehen.

Basilika (griech. = Königshalle): Die römische Basilika war häufig Markt- und Gerichtshalle. Es handelte sich um eine flachgedeckte Säulenhalle mit drei oder fünf längsgerichteten Schiffen. Zur Mitte hin erhöhten sich die Schiffe, so daß über den Seitenschiffwänden eine Lichtzone (Lichtgaden) durch eingebrochene Fenster geschaffen wurde. In zahlreichen Abwandlungen wurde die Basilika zum wichtigsten Kirchentypus.

Basis: Der meist profilierte und verzierte Fuß einer Säule oder eines Pfeilers.

Basreliefs: Flachrelief. Die Figuren oder Ornamente treten nur wenig hervor.

Buleuterion (griech.): Rathaus.

Caldarium (lat.): Der beheizte Raum im römischen Bad.

Carceri: Kerkerarchitektur. Als feststehender Begriff bei Piranesi eine Radierfolge bezeichnend.

Cardo (griech.): Wendepunkt, von dem aus in Nord-Süd-Richtung angelegte Straßen verliefen.

Cella: Innerer, meist geschlossener Raum eines Tempels.

Compluvium: Dachöffnung, durch die das Regenwasser ins Atrium fällt.

Cubiculum: Schlafraum im altrömischen Wohnhaus.

Decumanus (lat., griech.): Die in West-Ost-Richtung gezogenen Grenzlinien auf Äckern. Später haben sich daraus Straßenzüge entwickelt.

Dreipaß: Eine aus Dreiviertelkreisen zusammengesetzte gotische Maßwerkfigur.

Dromos (griech.): Wettläufe bei öffentlichen Spielen, die auf die erste Feier der eleusinischen Mysterien zurückgehen.

Ephebe: Seit dem 4. Jh. v. Chr. in vielen griechischen Staaten Bezeichnung für den militärisch ausgebildeten Jüngling von 18 – 20 Jahren.

Etrusker (lat. Tusci, griech. Tyrrhenoi): Ein nichtindogermanisches Volk, das wahrscheinlich dem mediterranen Bevölkerungsbereich entstammt. 1000 v. Chr. eroberten die Etrusker das spätere Etrurien (von der Po-Ebene bis nach Campanien). Höhepunkt ihrer Kultur im 6. und 5. Jh. v. Chr. Endgültige Vernichtung durch Sulla (1. Jh. v. Chr.).

Exedra (griech.): Nach einer Seite hin offener Raum mit Sitzbänken.

Fama (röm.): Tochter der Erdgöttin, Personifikation des Gerüchts.

Flavier: Römisches Kaiserhaus, dem Vespasian (69 – 79), Titus (79 – 81) und Domitian (81 – 96) angehörten. Herkunft wahrscheinlich aus dem Sabinerland.

Fries: Gliedernder und schmückender Wandstreifen in der Architektur; beim antiken Tempel Teil des Gebälks als waagrecht über den Säulen laufender Steg, durch Metopen und Triglyphen gegliedert oder verziert.

Frigidarium (lat.): Der Kühlraum im römischen Bad.

Gesims: Aus der Mauer hervortretender Streifen, der die waagrechten Abschnitte eines Baus bezeichnet oder abschließt und die senkrechte Gliederung zusammenfaßt.

Goten: Ostgermanisches Volk, ursprünglich aus Schweden (Gotland), im 2. Jh. n. Chr. an der unteren Weichsel seßhaft. Beutezüge auf dem Balkan und in Kleinasien. Später Trennung in Ost- und Westgoten. Die Ostgoten siedelten sich etwa 350 in Südrußland an und wurden im 5. Jh. von den Hunnen unterworfen. Die Westgoten zogen gegen Ende des 4. Jh. über den Balkan nach Italien, später nach Spanien. Dort wurden sie im 8. Jh. von den Arabern unterworfen.

Groteske (ital. grottesco): Ornament aus dünnem Rankenwerk mit phantastischen Menschen- und Tiergestalten. In Grotten römischer Gebäude im 15. Jh. wiederentdeckt.

Hellenismus: Von J. G. Droysen geprägter und seit 1836 bekannter Begriff für die Spätzeit der Antike von Alexander d. Gr. bis Augustus (›Vom Griechentum zum Christentum hinüberführend‹).

Heraion: Kultstätte der Hera, Gemahlin des Zeus. Als in ihrem Kult gebräuchliches Opfertier gilt die Kuh.

Ikonographie (griech. = Bildbeschreibung): Kunde vom Sinn bildlicher Darstellungen, bes. solcher, die der christlichen Kunst angehören.

Impluvium (lat.): Sammelbecken für Regenwasser unterhalb des *Compluviums* im Atrium des römischen Hauses.

Inkrustationstil: Bekleiden von Mauern und Wänden mit Steinplatten (z. B. Marmor); farbige Einlegearbeiten in Stein.

Intarsie: Einlegearbeiten zur Verzierung. Material: Holz, Stein, Elfenbein und andere Werkstoffe. Höhepunkt der Technik im 16. und 17. Jh.

Isokephalie (griech.): Die Häupter einer Figurengruppe befinden sich ›friesartig aufgereiht‹ in gleicher Höhe (Malerei oder Relief).

Italiker: Indogermanische Stämme, die gegen Ende des 2. Jtsd. v. Chr. über die Alpen nach Mittel- und Unteritalien eingewandert sind.

Kamaldulenser: Zweig des Benediktinerordens, 1012 in Camaldoli (bei Arezzo) vom hl. Romuald gegründet.

Kämpfer: Abschließende Platte eines Pfeilers oder einer Säule, die als Auflage für Bogen oder Gewölbe dient.

Kanneliert: Ausgekehlte Säule mit senkrecht verlaufenden Rillen (Kannelüren).

Kartusche: Aus dem Wappenfeld entwickelte (barocke) Flächendekoration, bei der die Betonung weniger auf dem Feld als auf der Rahmung liegt.

Kaskaden: Stufenförmiger, oft auch künstlich angelegter Wasserfall.

Kassettendecke: Flache oder gewölbte Decke mit gleichmäßig verteilten Feldern, die vertieft und häufig auch verziert sind. Ihre Wandungen können auch profiliert sein.

Katakomben: Altchristliche unterirdische Begräbnisstätten (2.–4. Jh.). Gänge mit vielen Abzweigungen, oftmals in verschiedenen Stockwerken, in deren Wände Grabnischen eingelassen sind, zuweilen auch größere Kammern mit Wandmalereien.

Kanontafel: Liste der kirchlich anerkannten biblischen Schriften oder das Kernstück der Messe in der katholischen Liturgie (auf Tafeln verzeichnet).

Kolonnade: Säulengang mit horizontal abschließendem Gebälk als selbständiges Bauwerk oder an Gebäuden.

Kolossalordnung: Säulen- oder Pilasterordnung (vgl. Pilaster), die auf mehrere, meist zwei Geschosse einer Fassade übergreift. Herkunft aus der venezianischen Baukunst des Palladio (Anregungen von Michelangelo).

Kompositkapitell: Ein aus mehreren Elementen zusammengesetztes Kapitell, z. B. ionisch und korinthisch, also mit Voluten und Blattwerk.

Konsole: Ein aus der Mauer hervortretender Stein (winkelartig und häufig verziert) mit tragender und abstützender Funktion, z. B. unterhalb des abschließenden Gesimses eines Palastes.

Konvex: Nach außen sphärisch gewölbt. *Konkav*: Nach innen sphärisch gewölbt.

Kosmaten (auch Cosmaten): Mitglieder einer Gruppe von Künstlern in Rom (12.–14. Jh.), so genannt, weil ihre Vornamen meistens ›Cosmas‹ lauteten. Für ihre Arbeiten (Fußböden, Kanzeln, Altäre) verwandten sie gern aus farbigem Glasfluß und Marmor gebildeten Schmuck, der orientalischen Einschlag aufweist. Die besondere Art ihrer Zierkunst wird ›Cosmatenarbeit‹ genannt.

Kreuzrippengewölbe: Bei der Durchdringung von zwei Tonnen entstehen

Grate, die in der Spitze des Gewölbes zusammenlaufen. Diese Grate werden verstärkt durch Wülste oder Rippen.

Krypta: Unterkirche, die aus dem unter dem Hochaltar der Kirche angelegten Grab eines Märtyrers entwickelt wurde.

Labrum: Flaches Becken für kaltes Wasser im Heißbad der Thermen.

Langobarden/Lombarden: Westgermanisches Volk aus Skandinavien. Im 5. Jh. vom Unterelbegebiet über Böhmen und Niederösterreich nach Norditalien ziehend. Um 570 gründeten die Langobarden ein Reich, das von Pavia bis Benevent reichte. Es wurde 747 von Karl d. Großen vernichtet und größtenteils dem Frankenreich eingegliedert.

Lanzettfenster: Feingliedrige, schmale Maßwerkfenster in gotischen Kathedralen.

Lapilli: Bei Vulkanausbrüchen ausgeschleuderte Gesteinsstückchen.

Laren: Hausgötter der alten Römer.

Lichtgaden: Die über den Seitenschiffen aufragende Fensterzone des Mittelschiffes. Vgl. *Basilika*.

Loggia: Überwölbte Bogenhalle, die von Pfeilern oder Säulen getragen wird. Loggien können freistehen oder Gebäuden vorgelagert sein.

Lukanier: Von den Samniten abstammendes ital. Volk in Süditalien.

Lunette: Halbkreisförmiges Feld über Türen und Fenstern, das oft mit Malereien, Skulpturen oder Reliefschmuck ausgefüllt ist.

Macellum: Ein meist mit Säulenhallen umgebener Markt mit zentralem Rund- oder Achteckbau für den Verkauf von Lebensmitteln und anderen Waren.

Metopen: Bildfelder am Gebälk griechischer Tempel, die durch Triglyphen gegliedert werden.

Mezzanin: Zwischen- oder Halbgeschoß, meist zwischen dem Erdgeschoß und dem 1. Obergeschoß oder unterhalb des Daches. Seit dem Palastbau der Renaissance bekannt.

Muldengewölbe: Ein über quadratischem Grundriß errichtetes Tonnengewölbe wird zweimal diagonal aufgeteilt (im Halbkreisquerschnitt). Es entstehen zwei Wangenstücke (sphärische Dreiecke). Wenn man 4 Wangenstücke zusammensetzt, entsteht das Klostergewölbe. Werden beim Klostergewölbe zwei gegenüberliegende Wangen gedehnt, so entsteht eine Firstlinie. Man spricht hier von einem Muldengewölbe.

Normannen: Wikinger, Bewohner Skandinaviens. Im frühen Mittelalter Seefahrer und Eroberer, die auf ihren Fahrten die Küsten Europas bis in das Mittelmeer heimsuchten. Im 11. Jh. eroberten sie England. Die Reiche in Unteritalien und Sizilien wurden unter dem Normannenkönig Roger II. 1130 zur ›Monarchia Sicula‹ vereinigt.

Nymphäum: Privater oder öffentlicher Prunkbrunnen in Gärten und Villen.

Obelisk: Hoher, rechteckiger, nach oben sich verjüngender Steinpfeiler, der mit pyramidaler Spitze endet. Im Alten Ägypten war der Obelisk Kultsymbol, in der Renaissance Zierglied der Architektur.

Oculus (lat. = Auge): Rundfenster.

Oktogon: Achteckiger Grundriß, meist für Zentralbauten (Baptisterien oder Grabmäler) verwendet. Auch Kuppelringe können die Form eines Oktogons aufweisen.

Oratorium: Gebetsraum.

Osker: Indogermanischer Volksstamm in Mittelitalien, den Samniten verwandt. Die Osker gingen, nachdem sie im 4.Jh. v. Chr. weitgehend hellenisiert waren, später im Römertum auf.

Palaestra (griech.): Ursprünglich Ringplatz, dann für jede Art von Sportanlage verwendet. Seit dem 4. Jh. v. Chr. gleichbedeutend mit ›Gymnasium‹.

Pelasger: Bei Homer Bezeichnung für das Volk in Thessalien, das sich später über ganz Griechenland verbreitete. Möglicherweise die vorindogermanische Bevölkerung in der Ägäis.

Peristyl (griech): Eine den Hof umgebende Säulenhalle.

Pilaster: Flach vor die Fassade geblendete Gliederungspfeiler mit Basis und Kapitell (antike Herkunft).

Piscinum: Taufbecken in einem Baptisterium.

Pleureur (franz.): Gruppe, die einen Verstorbenen beweint. Häufig als Assistenzfiguren an oder auf Grabmälern.

Polygon: Vieleck. Häufig Bezeichnung für den Chorabschluß gotischer Kirchen (Sechs- bis Zwölfeck).

Portikus: Mit Säulen oder Pfeilern versehener Vorbau einer Fassade (als Portal dienend). *Kryptoportikus*: Portikus im Innern eines römischen Hauses (häufig im Keller). *Pfeilerportikus*: Architrav und Gebälk ruhen auf Pfeilern.

Presbyterium: Chorraum, ursprünglich mit Sitzen für Geistliche und Presbyter (Vorsteher einer Ortsgemeinde).

Pronaos: Offene Vorhalle des griech. Tempels.

Punier: Alte römische Bezeichnung für die Karthager (Nordafrika).

Risalit (ital. risalto = Vorsprung): Der Gebäudeteil, der aus der Hauptfluchtlinie hervortritt, ohne die Symmetrie aufzuheben.

Rustikaportal: Portal aus schweren, groben Quadern zusammengesetzt.

Rustikaquader: Grobe unbehauene Steine, meistens für die Untergeschosse größerer Paläste verwendet.

Sacellum (lat.): Kleines Heiligtum.

Samniten: Italischer Volksstamm, der im 5. Jh. v. Chr. Kampanien eroberte. In den Kriegen 343 – 341 und 326 – 304 kämpften sie erfolgreich gegen die Römer, im dritten Samniterkrieg (298 – 290) wurden sie zusammen mit ihren Verbündeten (Sabiner, Umbrer, Lukaner, Etrusker, Gallier) geschlagen und 82 v. Chr. von Sulla unterworfen.

Sarazenen: Mittelalterliche Bezeichnung für Muslime oder Araber. Die Sarazenen verunsicherten besonders zur Zeit der Staufer Neapel und die amalfitanische Küste. Sie wurden von Friedrich II. bezwungen und in Lucera angesiedelt.

Satyr: Alter Fruchtbarkeitsdämon und derb lüsterner Naturdämon mit Pferdeohren, Pferdeschwanz und Hufen. Begleiter des Dionysos.

Segmentgiebel: Giebel mit einem halbkreisförmigen (Segment) Abschluß.

Sibylle: Weissagende Frau im Altertum. Am bekanntesten war die von Cumae, der man die im kapitolinischen Jupitertempel in Rom aufbewahrten ›Sibyllinischen Bücher‹ zuschrieb. Diese wurden in Zeiten der Not auf Beschluß des Senats befragt.

Silen: Mischwesen aus Pferd und Mensch in der griech. Mythologie. Begleiter des Dionysos.

Sockelgesims: Der unterste, etwas vorspringende Teil einer Mauer oder eines Gebäudes, der durch einen waagrechten Streifen abgeschlossen wird.

Sparrendach: Schrägstehende, paarweise aneinanderstoßende Balken bei der

Dachkonstruktion. Zwei zusammengehörige Sparren bilden mit den Dachbalken ein Dreieck. Die Sparren tragen die Dachlatten, auf denen die Dachziegel befestigt sind.

Spolien: Bezeichnungen für Teile eines Bauwerks, die aus anderen Bauten stammen.

Stichkappen: Sollen in einem tonnengewölbten Raum hohe Fenster angebracht werden, so werden an der Stelle, wo die Tonne auf die Wand stößt, kleine dreieckförmige Tonnenstreifen herausgenommen. Es entstehen Stichkappen, die dann die Form von Arkaden haben.

Strebebögen: Strebebögen gewähren eine sichere Dreiecksverbindung zwischen Horizontale und Vertikale. In dieser Weise wurden in der Gotik Wände und Gewölbe von außen abgestützt.

Tabernae (lat.): Läden, Werkstätten oder selbständige Bauten (Schuppen, Scheunen zur Aufbewahrung von landwirtschaftlichen Geräten oder Produkten) mit zur Straße hin geöffneten ebenerdigen Räumen.

Tablinum (lat.): Repräsentativer Empfangsraum im römischen Haus.

Tambour: Eine Kuppel ruht auf einem meist zylindrischen, oft mit Fenstern versehenen Zwischenteil, der Trommel oder dem Tambour. Der Tambour vermittelt also zwischen dem Quadrat der Vierung und dem Rund des unteren Kuppelringes.

Tepidarium (lat.): Lauwarmer Raum im römischen Bad.

Terrakotta: Gebrannte, unglasierte Tonerde als Material für Skulpturen.

Tondo: Gemälde oder Relief von kreisrundem Format in der Mitte des 15. Jh.; in Florenz besonders für Madonnendarstellungen. Auch als Bezeichnung für kleine Rundbogenfenster.

Triclinium (lat.): Liegebank oder Liegebänke, die u-förmig aneinandergestellt werden können. Häufig in Räumen für Festessen.

Triglyphe (griech. = Dreischlitz): Zierstück mit drei durch Stege voneinander abgesetzten senkrechten Rinnen; meistens über dem Architrav im Wechsel mit Metopen.

Triptychon: Dreiflügeliger Altar.

Triton: Griech. Meergott, Sohn des Poseidon und der Amphitrite, ein Naturdämon, halb Mensch halb Fisch, der von Herakles überwunden wird.

Trompen (franz. Jagdhorn): Sphärisches Dreieck zwischen zwei rechtwinkelig zusammenstoßenden Mauern.

Tumba: Ein über dem Grab sich erhebender rechteckiger Unterbau, der die Grabplatte trägt.

Tympanon: Spitz zulaufendes Bogenfeld über dem Türsturz (waagrechter Balken als Portal- oder Türabschluß) eines meist gotischen oder romanischen Portals.

Vedute: Stadtansicht

Vierung: Raum vor dem Chor, der in der Durchdringung von Quer- und Längsschiff entsteht.

Voluten: Schneckenförmig gewundene Verzierung an Baugliedern und Möbeln. Ursprünglich Teil des ionischen Kapitells.

Zahnschnittgesims: Ornamentfries, der sich aus kleinen Quadraten oder Sechsecken zusammensetzt und unterhalb eines Gesimses verläuft.

Zwickel: Dreiseitig begrenztes Flächenstück, wie es sich z. B. zwischen einem Bogen und seiner rechteckigen Umrahmung beiderseits ergibt: Bogenzwickel.

218

F. ÖFFNUNGSZEITEN DER MUSEEN, GALERIEN UND ARCHÄOLOGISCHEN ZONEN

Die Öffnungszeiten der ital. Museen, Sammlungen und archäolog. Zonen sind ständigem Wechsel unterworfen. Im Sommer haben manche Abteilungen wegen Personalmangel geschlossen. Wir empfehlen daher, sich vor jedem Besuch nach den genauen Öffnungszeiten zu erkundigen. – Kirchen und Klöster sind in der Regel in ganz Italien zwischen 12 Uhr und 16 Uhr, im Sommer oft bis 17 Uhr, geschlossen.

Neapel

Museo Archeologico Nazionale (Plan 13, S. 180): Piazza Museo (Via Enrico Pessina). Geöffnet: tgl. 9–19 Uhr, So und Fei 9–13 Uhr; Okt. bis Juni tgl. 9–14 Uhr, So und Fei 9–13 Uhr.

Museo Nazionale di Capodimonte (Plan 14, S. 93): Parco di Capodimonte. Geöffnet: Di – Sa 9–19 Uhr, So und Fei 9–13 Uhr, Mo 9–14 Uhr; Okt. bis Juni tgl. 9–14 Uhr, So und Fei 9–13 Uhr.

Palazzo Reale (Appartamento Storico) (Plan 15, S. 105): Piazza del Plebiscito. Geöffnet: Di – Sa 9–14 Uhr, So und Fei 9–13 Uhr, Mo 9–14 Uhr.

Museo Nazionale di San Martino (Plan 16, S. 108): Auf dem Hügel von Sant' Elmo (Vomero). Geöffnet: tgl. 9–19 Uhr, So und Fei 9–13 Uhr, Mo 9–14 Uhr; Okt. bis Juni tgl. 9–14 Uhr, So und Fei 9–13 Uhr.

Villa Floridiana – Museo Nazionale della Ceramica ›Duca di Martina‹. (Plan 17, S. 112): Vomero, Via Cimarosa. Geöffnet: Di – Sa 9–14 Uhr, So und Fei 9–13 Uhr, Mo geschlossen.

Palazzo Cuomo – Museo Civico Filangieri (Plan 18, S. 113): Via Duomo, Geöffnet tgl. 9–14 Uhr, So und Fei 9–13 Uhr.

Teatro San Carlo (Plan 7, S. 71): Via San Carlo. Geöffnet: tgl. 9–12 Uhr.

Cappella Sansevero (Plan 4, S. 42): Via Francesca de Sanctis, nahe der Piazza S. Domenico Maggiore. Geöffnet: tgl. 10–13.30 Uhr, So und Fei 11–13.30 Uhr.

Aquarium – Fresken von Marées (Plan 11, S. 77): Villa Comunale. Geöffnet: Mo – Fr 9–14 Uhr, Sa, So geschlossen.

Phlegräische Felder (Plan 21, S. 118)

La Solfatara (S. 119): Geöffnet: tgl. von 7 Uhr bis Sonnenuntergang.

Pozzuoli (S. 120): Amphitheater: bis auf weiteres geschlossen.

Cumae (S. 125): Archäologische Zone. Geöffnet: Di – So 9 Uhr bis eine Stunde vor Sonnenuntergang, Mo geschlossen.

Bacoli: Sepolcro d'Agrippina (S. 127), Priscina Mirabilis (S. 127), Cento Camarelle (S. 127). Zugang erfrage man beim Kustoden im Castello Aragonese in Baiae.

Baiae (S. 128): Archäologische Zone. Geöffnet: tgl. 9–15 Uhr.

Benevent (Plan 38, S. 198): Museo del Sannio. Geöffnet: tgl. außer Mo 9–13 Uhr. – Römisches Theater. Geöffnet: 9 Uhr bis Sonnenuntergang.

Caserta (Plan 22, S. 130): Schloß. Geöffnet: Mo – Sa 9–14 Uhr, So und Fei 9–13 Uhr.

Capua (Plan 23, S. 137): Museo Campano (S. 140). Geöffnet: Di – Sa 8–13 Uhr, So 8–12 Uhr, Mo und Fei geschlossen.

Herculaneum (Plan 27, S. 153): Archäologische Zone. Geöffnet: tgl. von 9 Uhr bis eine Stunde vor Sonnenuntergang.

Pompeji (Plan 28, S. 163): Archäologische Zone. Geöffnet: Di – So 9–18.30 Uhr, Mo geschlossen. (Sollte ein Feiertag auf einen Montag fallen, so ist an diesem Tag geöffnet, dafür aber am darauffolgenden Dienstag geschlossen.)

Stabiae (Plan 30, S. 177): Die archäologische Zone ist von Juni bis Oktober tgl. von 9 Uhr bis Sonnenuntergang geöffnet.

Sorrent (Plan 31, S. 178): Palazzo Correale (Museo Archeologico). Geöffnet: Mo, Mi – Sa 9.30–12.30 Uhr, 16.30–19.30 Uhr, So nur vormittags, Di geschlossen.

Ravello (Plan 34, S. 184): Villa Rufolo (S. 186). Geöffnet: tgl. 9–13, 14.30–18.30 Uhr. Villa Cimbrone (S. 187). Geöffnet: tgl. von 8 Uhr bis Sonnenuntergang.

Salerno (Plan 36, S. 188): Dommuseum. Geöffnet: tgl. von 9.30–12.30 Uhr, 16–18 Uhr.

Paestum (Plan 37, S. 190): Archäologische Zone. Geöffnet: Von 9 Uhr bis Sonnenuntergang. Museum (S. 194): Geöffnet: tgl. 9–16 Uhr

Capri (Plan 39, S. 205): Certosa di San Giacomo (S. 206). Geöffnet: tgl. 9–13 Uhr und 15 Uhr bis Sonnenuntergang. Villa Jovis (S. 207). Geöffnet: tgl. von 9 Uhr bis Sonnenuntergang. Anacapri, Villa San Michele (S. 207). Geöffnet: tgl. 9–18 Uhr.

G. VORSCHLÄGE FÜR BESICHTIGUNGEN

Neapel

Die folgenden Besichtigungsgänge kann man jeweils an einem Tag absolvieren. Sollte der Aufenthalt in Neapel sehr kurz sein (ein oder zwei Tage), dann wird man auf dem ersten und/oder zweiten Besichtigungsgang schon einen guten Eindruck von der Stadt gewinnen können.

1. Kirchen und Paläste

Piazza del Plebiscito (Nr. 8) – Palazzo Reale (Nr. 15) – Teatro S. Carlo (Nr. 7) – Castel Nuovo (Nr. 7) – Piazza Municipio – Stazione Marittima – Via Depretis – Piazza Bovio (Nr. 5) – Corso Umberto I – Universität – Piazza Nicola Amore – Via del Duomo: Palazzo Cuomo (Museo Civico Filangieri) (Nr. 18) – Dom (Nr. 1) – Via San Biagio dei Librai – S. Domenico Maggiore (Nr. 4) – S. Chiara (Nr. 5) – Il Gesù Nuovo (Nr. 5).

2. Das moderne Neapel und die bedeutendsten Museen

Piazza del Plebiscito (Nr. 8) – Via Roma (Toledo) – Galleria Umberto I (Nr. 7) – Piazzetta Augusto (Funicolare zum Vomero) – Piazza Carità – Palazzo Maddaloni und Palazzo Angri (Nr. 5) – Piazza Dante (Nr. 5) – Port' Alba – Via Pessina – Museo Archeologico Naz. (Nr. 13) – Via S. Teresa degli Scalzi – Katakomben von S. Gennaro (Nr. 19) – Museo Naz. di Capodimonte (Nr. 14) – (Zum Museo di Capodimonte fährt der Autobus Nr. 24: Von der Piazza Vittoria über Via Partenope – Via S. Lucia – Via Vitt. Emanuele – Piazza Municipio – Via Medina – Via Monteoliveto – Piazza Dante – Museo Nazionale – Via S. Teresa – Museo di Capodimonte).

3. Am Golf und über der Stadt

Piazza del Plebiscito (Nr. 8) – Via Cesario Console – Via S. Lucia – Via Partenope – Castel dell' Ovo (Nr. 9) – Villa Comunale – Aquarium mit Fresken von Hans von Marées (Nr. 11) – Ascensione a Chiaia (Nr. 12) – Corso Vitt. Emanuele – Via Tasso – Via Aniello Falcone – Vomero: Villa Floridiana (Museo Naz. della Ceramica (Nr. 17) – Piazza Vanvitelli – Museo Naz. di S. Martino (Nr. 16) – Zum Museo Naz. di S. Martino fährt die Zahnradbahn (Funicolare: S. 108) und der Autobus Nr. 49: Von der Piazza G. Pepe über Stazione Centrale – Corso Umberto I – Via G. Sanfelice – Via Monteoliveto – Piazza Dante – Museo Nazionale – Via Salvatore Rosa – Via M. B. Imbriani – Via Giacinto Gigante – Via Niutta – Piazza Medaglie d' Oro – Piazza degli Artisti – Via Luca Giordano – Via Scarlatti – Via Morghen – Museo S. Martino.

4. Mit dem Autobus zur Mergellina und zum Posillip

›Neapel sehen und sterben!‹ Dieser pathetische Ausruf war sicherlich angesichts des Panoramas vom Posillip geboren worden. Der Autobus Nr. 140 fährt von der Piazza del Gesù (Nr. 5) zum ›Capo Posillipo‹. An folgenden Stationen kann man zusteigen: Via Monteoliveto – Via Medina – Via Verdi – Via S. Brigida – Via S. Lucia – Via Chiatamone – Via Arcoleo – Piazza Vittoria – Riviera di Chiaia – Viale Elena – Via Mergellina (hier kann man die Fahrt unterbrechen, um den Palazzo Donn' Anna – Nr. 5 – zu besuchen) – Via Posillipo.

Besichtigungsfahrten in die Umgebung von Neapel

1. Zu den Phlegräischen Feldern (Nr. 21, S. 118)

Unweit der Piazza Dante im Montesanto-Viertel liegt die ›Stazione Cumana‹. Von hier fahren alle 20 Min. Züge zu den Phlegräischen Feldern (Ferrovia Cumana). Der Name der Bahn täuscht, da sie nicht direkt nach Cumae fährt, sondern in ca. 3 km Entfernung daran vorbei. Trotzdem ist die Fahrt lohnend. Die Kleinbahn untertunnelt in Neapel den Vomero und den Posillip, um bei Bagnoli die Phlegräischen Felder zu erreichen. Sie hält an folgenden Stationen:
Stazione Cumana – Corso Vitt. Emanuele – Fuorigrotta – Campi Flegrei (Mostra) – Agnano Terme – Bagnoli – Terme Patamia p. – *Gerolomini* (Spaziergang zur Solfatara, S. 118) – Capuccini – *Pozzuoli* (S. 119) – *Arco Felice* (Spaziergang zum Averner See und zur Grotta Pace (S. 122). Den Arco Felice wird man in ca. 40 Min. erreichen) – *Lago Lucrino* (S. 122) – *Baiae* (S. 128) – Von hier fahren Busse nach Bacoli (S. 127) und zum Capo Miseno (S. 126) sowie zur Archäologischen Zone von Cumae (S. 123) – *Cuma* (Zur Archäologischen Zone ca. 3 km) – Fusaro – Torregaveta.

2. Nach Caserta (Nr. 22, S. 130) und nach Capua (Nr. 23, S. 137)

Von Neapel (Porta Capuana) fahren zwischen 6.30 und 23.40 alle 20 Min. Autobusse (TPN) auf der Autobahn oder der SS 87 nach Caserta, von dort mehrmals täglich Busse nach Capua (über S. Maria Capua Vetere – Nr. 25). In Capua sollte man ein Taxi nach S. Angelo in Formis (Nr. 24) nehmen.

3. Zum Vesuv und zu den Vesuvvillen (Nr. 26, S. 145)

Die ›Circumvesuviana‹ – eine Art ›Vororts-Metro‹ fährt zu allen Orten am Golf bis nach Sorrent. Abfahrt am Corso Garibaldi 387 unterhalb der Stazione Centrale (Piazza Garibaldi). Die Züge verkehren zwischen 5 und 23 Uhr. Zum Vesuv nimmt man die Circumvesuviana bis ›Ercolano‹ (Herculaneum) und steigt dort um in den Bus, der bis zur Talstation des Sesselliftes fährt. Dieser ist vom 1. April bis zum 30. September (nur bei Windstille) in Betrieb, auch nachts. In den Herbst- und Wintermonaten fahren Bus und Lift nur nach Bedarf.

Um die Vesuvvillen aufzusuchen, steigt man ebenfalls in Ercolano aus. Die drei Orte S. Giorgio a Cremano (S. 146), Portici (S. 146) und Resina (S. 148) gehen ineinander über und sind von der Stazione Ercolano zu Fuß oder mit dem Bus zu erreichen. Der Corso Garibaldi in Portici wird auch vom Filobus Nr. 255 (Oberleitungsbus) von Neapel aus angefahren. Abfahrt: Neapel, Piazza Municipio. Nach Torre del Greco (S. 150) Villen und Torre Annunziata (Nr. 29, ›Oplontis‹) nimmt man ebenfalls die Circumvesuviana.

4. Herculaneum (Plan 27, S. 153), Pompeji (Plan 28, S. 163) und Stabiae (Plan 30, S. 177)

Wegen der Fülle der zu erwartenden Eindrücke sollte man sich für Herculaneum und Pompeji je einen Tag Zeit nehmen. Da das in unmittelbarer Nähe von Pompeji gelegene Stabiae eine verhältnismäßig kleine archäologische Zone aufweist, kann man beide Orte miteinander verbinden.
Neben der Circumvesuviana fährt auch ein Filobus Nr. 253 und 255 nach Herculaneum. Abfahrt: Piazza Municipio. Wenn man die Circumvesuviana nach Pompeji nimmt, steigt man entweder an der Stazione ›Villa dei Misteri‹ (man betritt dann die archäolog. Zone durch den Nebeneingang) oder an der Stazione ›Scavi‹ aus (Haupteingang zur archäolog. Zone).
In Castellammare nimmt man an der ›Stazione Circumvesuviana‹ den Autobus Nr. 1 zu den Ausgrabungen von Stabiae.

5. Nach Sorrent und zur Amalfitanischen Küste (Nr. 31–36, S. 178)

Man sagt, daß die schönste Straße Europas (vielleicht sogar der Welt) von Sorrent über Positano und Amalfi nach Salerno führe. Zweifellos gehört eine Fahrt entlang der amalfitanischen Küste zu den unvergeßlichsten Erlebnissen einer Reise zum Golf von Neapel.
Mehrmals täglich (im Sommer 6 mal) fährt ein Bus von Sorrent (Stazione Circumvesuviana und Piazza Tasso) über Meta, Sant' Agata, Positano, Praiano, Amalfi (1 Std. Aufenthalt) nach Salerno. Die Fahrt dauert $2^3/4$ Stunden, incl. Aufenthalt in Amalfi, so daß man auch in Positano oder Praiano aussteigen und mit dem nächsten Bus (ca. 1 Std. später) weiterfahren kann.
Nach Amalfi, Positano und Salerno fahren Busse (Sita) direkt von Neapel (zwei- bis dreimal täglich, vormittags, mittags und am späten Nachmittag). Abfahrt: Via Pisanelli 3, unweit der Stazione Circumvesuviana.

Täglich 8.30 Uhr mit dem Dampfer der Linie NLG (Navigazione Libera del Golfo) vom Molo Beverello/Napoli nach Capri, Positano und Amalfi. Die Fahrtzeit beträgt $2^1/2$ Stunden. Am Nachmittag um 15.30 fährt dieser Dampfer wieder nach Neapel zurück.

6. Nach Paestum (Nr. 37, S. 190)

Für Paestum sollte man ebenfalls einen ganzen Tag einplanen, da die Anfahrt von Neapel, mit dem Autobus oder dem eigenen PKW, ca. $2^1/2$ bis 3 Stunden dauert. Nach Salerno fährt 7–8 mal täglich ein Autobus (SITA). Abfahrt: Via Pisanelli, in der Nähe der Stazione Circumvesuviana. Die Fahrt geht entweder über Pompeji – Nocera – Vietri oder direkt über die Autostrada nach Salerno.

7. Nach Capri, Ischia und Procida mit dem Vaporetto (Dampfer) oder Aliscafi (Tragflügelboot) (Nr. 39–41)

Zwischen 7 und 20 Uhr fahren 18 mal täglich Tragflügelboote (Aliscafi SNAV) vom Molo Ovest, Via Caracciolo 10, Napoli – Mergellina nach Capri. Die Fahrtzeit beträgt 40 Min.

Der Dampfer (Vaporetto ›Caremar‹: Abfahrt Molo Beverello, Piazza Municipio) verkehrt auf dieser Strecke nur viermal täglich. Die Fahrtzeit beträgt 1 Std. 25 Min.
Nach Ischia fährt das Tragflügelboot ›Alilauro‹ ebenfalls vom Molo Ovest, Mergellina) noch öfter: 21 mal (zurück nur 19 mal!). Fahrtzeit: 40 Min.
Das Tragflügelboot legt auch unter der Firma ›Caremar‹ am Molo Beverello nach Ischia ab, jedoch nur 5 mal täglich. Der Dampfer (›Lauro‹) fährt 11 mal täglich vom Molo Beverello.
Nach Procida kann man mit dem Tragflügelboot und dem Dampfer (beide ›Caremar‹) vom Molo Beverello fahren. Die Fahrzeiten betragen 30 Min. bzw. 55 Min.
Ein Liniendampfer fährt vormittags von Neapel über Procida nach Ischia (Casamicciola) und zurück. Die Fahrt dauert $3^1/_2$ Stunden. Aufenthalt auf Procida 5 Min., in Casamicciola $^1/_2$ Stunde. Abfahrt Molo Beverello (›Caremar‹).

8. Ausflüge von Positano/Amalfi

Besonders reizvoll wird es sein, seinen Standort in Amalfi oder Positano zu wählen. In Tagestouren kann man fast alle im Führer beschriebenen Ortschaften aufsuchen. Mit dem Bus und der Circumvesuviana erreicht man Neapel innerhalb von ca. $2^1/_2$ Stunden. Herculaneum, Pompeji und Stabiae sind ebenfalls günstig mit dieser Bus–Bahn–Kombination zu erreichen. Nach Salerno und Paestum fährt ebenfalls ein Bus (Umsteigen in Salerno).
Umständlicher dürfte es sein, mit öffentlichen Verkehrsmitteln zu den Phlegräischen Feldern oder nach Capua und Caserta zu fahren. Da man allzu oft umsteigen muß, wird die Besichtigungszeit zu knapp sein. Aber die örtlichen Touristik-Agenturen (Informationsteil, S. 225) organisieren in den Sommermonaten täglich Exkursionen zu den interessanten Orten in der näheren und weiteren Umgebung von Neapel.
Ein Amalfi- oder Positano-Aufenthalt wird sicherlich gekrönt durch eine Dampferfahrt entlang der Küste nach Capri. Der Vaporetto (Dampfer) oder das Aliscafi (Tragflügelboot) fahren am frühen Morgen in Amalfi und etwas später in Positano ab. (Der Vaporetto kommt häufig von Salerno). Nach $1^1/_2$ Stunden (das Tragflügelboot ist entsprechend schneller) erreicht man Capri. Am späten Nachmittag fahren die Boote dann wieder zurück, so daß man fast einen ganzen Tag auf Capri verbringen kann.

H. INFORMATIONSTEIL

Allgemeine Reisehinweise

Reisezeit: Am Golf von Neapel ist das ganze Jahr über ›Saison‹. Für kunsthistorische Besichtigungen sollte man die Frühlings- und Herbstmonate dem heißen Sommer vorziehen. Da aber im Sommer fast überall und jederzeit ein erfrischendes Bad möglich ist, kann man auch in den Vormittagsstunden und am frühen Abend kunsthistorische Spaziergänge machen. Die durchschnittlichen Lufttemperaturen liegen in den Sommermonaten zwischen 23 und 29°, in den Frühlings- und Herbstmonaten etwa bei 18°. Im Winter (November bis Februar) kann man mit Temperaturen um 10–13° rechnen. In dieser Zeit fallen die meisten Niederschläge. Die durchschnittlichen Wassertemperaturen (Capri) betragen im April 14°, Mai 18°, Juni 20°, Juli 25°, August 26°, September 23°, Oktober 14°.

Uhrzeit: *Mitteleuropäische Zeit* (MEZ). *Sommerzeit* von Ende März bis Ende September.

Informationsmöglichkeit vor Antritt der Reise: *Staatliches Italienisches Fremdenverkehrsamt – ENIT: In der BRD:* 4000 Düsseldorf, Berliner Allee 26; 6000 Frankfurt, Kaiserstr. 65; 8000 München 2, Goethestraße 20. *In Österreich:* 1010 Wien, Kärntnerring 4. *In der Schweiz:* 8001 Zürich, Uranienstr. 32.

Informationen über Routen und Straßenzustände: *A. C. I. (Automobile Club d' Italia):* Hauptgeschäftsstelle: 00185 Roma, Via Marsala, 8 sowie bei *C.I.T. (Amtliches Italienisches Reisebüro):* 6000 Frankfurt, Am Hauptbahnhof 18; 5000 Köln, Am Hof 28; 8000 München 2, Maximilianstraße 16. – ADAC, 8000 München 2, Sendlinger-Tor-Platz 9.

Ankunft in Neapel mit dem Flugzeug: Internationale Linienflüge bis *Neapel – Capodichino* (meistens über Rom und Mailand). Von folgenden Flughäfen erreichen täglich Passagiermaschinen Neapel: Hamburg (über Mailand), Köln (über Mailand), Düsseldorf (über Mailand), Frankfurt 2 mal tgl. über Mailand), München (über Rom und über Mailand), Stuttgart (über Mailand), Wien (über Rom) und Zürich (2 mal tgl. über Mailand). Der Flughafen in Neapel liegt nur wenige Kilometer außerhalb der Stadt.

Ankunft in Neapel mit der Eisenbahn: *Stazione Centrale* (Piazza Garibaldi). Der Bahnhof besteht aus einem unter- und einem überirdischen Teil. Im Untergeschoß kommen häufig die ›treni rapidi‹ (Schnellzüge) aus Mailand und Rom an (1. Halt Napoli, Mergellina). Napoli – Stazione Centrale ist End- oder Durchgangsbahnhof der internationalen Züge: Gotthard – Chiasso – Mailand – Florenz – Rom – Neapel – Reggio (Cal.); oder: Brenner – Bologna – Florenz – Rom – Neapel – Reggio (Cal.).

Amtliche Bestimmungen und praktische Hinweise

Personaldokumente: Verlangt werden *Reisepaß* oder *Personalausweis*. Bei Kindern unter 16 Jahren ist ein *Kinderausweis* vorzulegen oder die Eintragung im Familienpaß nachzuweisen.

Kraftfahrzeuge: Benötigt werden der *Führerschein* und der *Fahrzeugschein*, das *Nationalitätenzeichen* und ein *Warndreieck*. Die *Internationale Grüne Versi-*

cherungskarte ist unbedingt anzuraten. – *Zu empfehlen* ist der Erwerb der *Carta Carburante Turistica:* Sie wird auf das Fahrzeug ausgestellt und berechtigt zum Bezug von verbilligtem Benzin sowie zur kostenlosen Pannenhilfe (auch Abschleppen) durch den Straßenhilfsdienst des A. C. I. (erhältlich bei den Automobilclubs, bei Banken, Sparkassen und an den Grenzbüros des A. C. I.). *Pannenhilfe:* in ganz Italien Telefon 116.

Mitführen von Tieren *(Hund, Katze):* Erforderlich ist ein amtliches tierärztliches *Gesundheitszeugnis* mit einer Bestätigung der erfolgten Tollwutimpfung. *Impfung:* mindestens 1 Monat vor der Einreise, aber nicht länger zurückliegend als 12 Monate beim Hund und 6 Monate bei der Katze. – Maulkorb und Leine mitführen.

Zollbestimmungen: Über die jeweils gültigen Zollbestimmungen für Ein- und Ausreise geben die Automobilclubs (ADAC) auf besonderen Merkblättern (für ihre Mitglieder kostenlos) Auskunft.

Währung: Währungseinheit ist die *Lira.* 1989 sollen drei Nullen gestrichen werden. Dementsprechend gibt die italienische Regierung neue Scheine und neue Münzen aus: 1 neue Lira = 1000 alte Lira (z. Zt. ca. DM 1,30).

Devisen: Fremdwährungen unterliegen im allgemeinen keiner Beschränkung. Auskünfte über die jeweils gültigen Bestimmungen erteilen die Banken und die Automobilclubs (ADAC). Zu empfehlen sind *Reiseschecks:* American Travellercheques oder Eurocheques.

Geldwechsel und Wechselstuben: Öffnungszeiten der Banken im allgemeinen nur vormittags 9–13.30 Uhr (selten am Nachmittag; viele Banken sind am Montag geschlossen). Eurocheques werden mittlerweile in jeder Bank und in jedem größeren Hotel eingelöst. Wechselstube in der Stazione Centrale und am Flughafen. Vgl. auch Banken (Wechselstuben).

Telefonieren: Postämter (Mo–Fr 8.30–14 Uhr), Hauptpost (0–24 Uhr). – In öffentlichen Telefonzellen *(Gettoni Telefono/Teleselezione)* benötigt man *Telefonmünzen (gettoni).* Man erhält sie entweder in den Telefonzellen selbst oder an *Zeitungskiosken* bzw. in *Tabakläden* (Kennzeichen: T ›Sale e Tabacchi‹ – weiße Schrift auf blauem Grund); ferner erhält man *gettoni* in den mit einer *Wählscheibe* bezeichneten Lokalen.

Briefmarken *(francobolli):* Außer in Postämtern auch erhältlich in Tabakläden (Kennzeichen: T ›Sale e Tabacchi‹ – weiße Schrift auf blauem Grund).

Wichtige Anschriften

Allgemeine touristische Informationen: *ENTE Provinciale per il Turismo di Napoli:* Via Partenope 10/A, Tel. 41 89 88. *ENIT:* Ufficio di Frontiera, Staz. Marittima, Tel. 32 39 77.

Informationsbüros: *EPT* Via Partenope 10/A, Tel. 40 62 89, Aeroporto Capodichino, Tel. 7 80 30 50. *Associazione meridionale fra le Agenzie di Viaggio, Turismo e Navigazione (AMAV):* Via S. Carlo 6, Tel. 40 09 11.

Telefon (nationale und internationale Anschlüsse): Via Depretis 48 (durchgehend geöffnet); Stazione Centrale FF.SS. (durchgehend geöffnet); Aeroporto Capodichino (8–22 Uhr); Galleria Umberto I (8–22 Uhr).

Nützliche Telefonnummern in Neapel: *Notdienst* 7 52 06 96 – *Polizei* 1 12 – *Automobilclub ACI* 42 12 – *Ambulanz* 7 51 31 77 – *Notarzt* 7 43 43 43 – *Ausländerbüro* (Pass) 66 46 47 – *Hafenpolizei* 5 52 29 60 – *Taxiruf* 36 44 44 – *Uhrzeit* 1 61 – *Wettervorhersage* 1 91 – *Auskunft Eisenbahn* 26 46 44 – *Auskunft Post und Telegramm* 5 51 14 56 – *Auskunft Telefon* 1 82.

Bewachte Parkplätze: Piazza Plebiscito (7.30–24.30) – Molo Beverello (durchgehend geöffnet) – Stazione FF SS Mergellina (6–24.30 Uhr) – Piazza Garibaldi (6–1 Uhr).

Autovermietung *(Autonoleggio): AVIS.* Via Partenope 32, Tel. 41 62 43 – *Europcar.* Via Partenope 15, Tel. 40 14 54 – *Hertz.* Via Partenope 29/30, Tel. 40 04 00

Autowerkstätten (ausländische Automarken): *BMW.* Via Mascagni 70, Tel. 64 42 12 – *Citroen.* Via Cannola 28, Tel. 45 04 44 – *Chrysler/Simca.* Via F. Curia 6/10, Tel. 7 41 88 78 – *Ford.* Piazza degli Artisti, Tel. 37 08 22 – *General Motors/Opel.* Via G. Arcoleo 18, Tel. 41 70 04 – *Mercedes.* Piazza Eritrea, Tel. 66 94 05 – *Peugeot.* Via S. Giacomo di Capri, Tel. 24 98 50 – *Renault.* Ponte Casanova 4/14, Tel. 26 97 27 – *Volkswagen/Porsche.* Via Piscarelli 17, Tel. 7 60 52 42 – *Volvo.* Via Orazio 73, Tel. 66 04 89.

Große Kaufhäuser: *Coin,* Via Scarlatti 10, *La Rinascente,* Via Roma 343 – *UPIM,* Via Diaz, Via Foria 42, Viale Augusteo.

Banken (Wechselstuben): *Banca d' Italia,* Via Cervantes – *Banca di Napoli,* Via Roma 177 – *Credito Italiano,* Via Verdi 18/D – *Monte dei Paschi di Siena,* Via Cervantes 55 – *American Express Bank,* Via Medina 43.

Deutschsprachiger Gottesdienst: *Katholisch:* Parco Margherita 26 (Sonntags 10 Uhr, an Festtagen 11 Uhr); *Evangelisch:* Via Carlo Poerio 5 (deutsch und französisch, Sonntags 10 Uhr, an Festtagen 11 Uhr.).

Bibliotheken: *Historisches Archiv,* Via Grande Archivio; *Archiv der Stadt Neapel,* Piazza Grande Archivio; *Biblioteca Nazionale,* Palazzo Reale (Wochentags 9–19.30 Uhr, Samstags 9–13.30 Uhr).

Krankenhäuser (Ospedali): *Ospedale Internazionale,* Via Tasso 38, Tel. 68 22 95; *Ospedale Nato,* Via Nuova Bagnoli, Tel. 7 60 54 00; *Policlinico, Il Facolta di Medicina e Chirurgia – Camaldoli –* Tel. 25 60 22. *Notarzt:* Centro Operativo, Tel. 33 50 32 (kostenloser Dienst!).

Apotheken *(Farmacie)* (mit Nachtdienst): *Maddaloni,* Viale Colli Aminei 249. *Creazzola,* Via Pessina 45. *Alma Salus,* Piazza Dante. *Russo,* Via Duomo 259. *Aquila Reale,* Via Roma 252.

Internationale Apotheken: *Internazionale,* Via Calabritto 6. *Italo-Americano,* Via Depretis 135.

Diplomatische Vertretungen: *Bundesrepublik Deutschland:* Via F. Crispi 69, Tel. 68 33 93. *Österreich:* Corso Umberto I 275, Tel. 33 77 24. *Schweiz:* Via Pergolesi 1, Tel. 66 75 32.

Deutsch-Italienischer-Verein: *(Associazione Italo-Germanica per Napoli e Campania),* Viale degli Oleandri 19, Tel. 7 41 80 16. *Goethe Institut:* Riviera di Chiaia 202, Tel. 41 19 23.

Verkehrsmittel

In Neapel verkehren folgende öffentliche Verkehrsmittel: Straßenbahn (Tram), Oberleitungsbus (Filobus), Autobus (Autobus) und Zahnrad-Seilbahnen (Funicolari)

Straßenbahn/Tram 1: Poggioreale – Bagnoli (Dazio): Poggioreale – Via N. Poggioreale – Corso Garibaldi – Piazza Garibaldi – Via Marina – Via Acton – Aquarium – Via G. Cesare – Stadio San Paolo – Bagnoli.

Oberleitungsbus/Filobus 253: Piazza Municipio – Ercolano Scavi: Piazza Municipio – Via Depretis – Via Marina – Croce del Lagno – Portici – Ercolano Scavi.

Filobus 255: Piazza Municipio – Torre del Greco: Piazza Municipio – Via Depretis – Corso Garibaldi – Portici – Ercolano Scavi – Torre del Greco.

Autobus 15: Tribunali – Mergellina: Via dei Tribunali – Corso Umberto – Piazza Municipio – Corso Vitt. Emanuele – Salita Piedigrotta – Mergellina.

Autobus 24: Piazza Vittoria – Ponte Rossi: Piazza Vittoria – Via Santa Lucia – Piazza Municipio – Museo Archeologico Naz. – Museo Naz. di Capodimonte – Via Ponte Rossi.

Autobus 47: Piazza G. B. Vico – Piazza Vanvitelli: Piazza G. B. Vico – Museo Arch. Naz. – Piazza Medaglie d' Oro – Via Luca Giordano – Vomero.

Autobus 49: Piazza G. Pepe – Vomero – San Martino: Piazza G. Pepe – Museo Arch. Naz. – Via Giacinto Gigante – Via Luca Giordano – Museo Naz. di S. Martino.

Autobus 118: Via Diaz – Mergellina: Via Diaz – Piazza Dante – Museo Arch. Naz. – Corso Vitt. Emanuele – Mergellina.

Autobus 122: Corso Vitt. Emanuele – Piazza Cavour: Corso Vitt. Emanuele – Via Schipa – Aquarium – Via Partenope – Via Medina – Via Monteoliveto – Piazza Cavour.

Autobus 128: Piazza del Plebiscito – Vomero: Piazza del Plebiscito – Via dei Mille – Corso Vitt. Emanuele – Via Tasso – Via Bernini – Via Simone Martini (Vomero).

Autobus 140: Piazza del Gesù – Posillipo: Piazza del Gesù – Via S. Brigida – Via Arcoleo – Via Mergellina – Posillipo Capo.

Autobus 150: Stazione Centrale – Bagnoli: Staz. Centrale – Corso Umberto I – Piazza Vittoria – Aquarium – Via Cattolica – Bagnoli (Dazio).

Autobus 152: Corso Novara – Pozzuoli: Corso Novara – Corso Garibaldi – Via Acton – Piazza Italia – Strada S. Gennaro – Solfatara – Pozzuoli.

Autobus C. A. Circolare: Staz. Centrale – Piazza Carità – Via Medina – Staz. Centrale.

Autobus C. D. Circolare Destra: Staz. Centrale – Corso Garibaldi – Piazza Dante – Corso Umberto I. – Staz. Centrale.

Autobus C. S. Circolare Sinistra: Staz. Centrale – Via Milano – Via Roma – Piazza Bovio – Staz. Centrale.

Funicolare Centrale (Via Toledo, gegenüber Pal. Sinno): Hinauf zur Piazza Fuga – von dort ca. 10 Minuten nach San Martino.

Funicolare Chiaia (Piazza Amedeo): Zur Via Cimarosa. Von dort wenige Minuten zur Villa Floridiana.

Funicolare di Montesanto (Piazza Montesanto, nahe Staz. Cumana): Hinauf zur Via Morghen, ca. 5 Minuten nach San Martino.

Funicolare di Mergellina (Via Mergellina): Zur Via Manzoni mit einem prachtvollen Blick auf die Stadt und den Golf.

Unterkunft

Auswahl einiger Hotels in Neapel

Am Meer:
Excelsior, Via Partenope 48. *Santa Lucia*, Via Partenope 46. *Vesuvio*, Via Partenope 46. *Royal*, Via Partenope 38. *Caracciolo*, Via Caracciolo 11. *Galles*, Via Sannazaro 5. *Miramare*, Via Nazario Sauro 24.

In den westlichen Stadtteilen:
Majestic, Largo Vasto a Chiaia 68. *Britannique*, Corso Vittorio Emanuele 133. *Parkers*, Corso Vittorio Emanuele 135. *Domitiana*, Viale Kennedy 143. *Universo*, Piazza della Carità 13. *Sant 'Elmo*, Via G. Bonito 21.

Im Zentrum:
Ambassadors Palace Hôtel, Via Medina 70. *Mediterraneo*, Via Nuova Fonte di Tappia 25. *Londres e Ambasciatori*, Piazza Municio 64. *Majestic*, Largo Vasto a Chiaia 68. *Oriente*, Via Diaz 44. *Lago Maggiore*, Via del Cerriglio. *Universo*, Piazza Carità 13. *Pinto Storey*, Via G. Martucci 72. *Torino*, Via Agostino Depretis 123. *Bologna*, Via Agostino Depretis 72.

Am Hauptbahnhof (Stazione Centrale):
Nazionale, Via A. Poerio 11. *San Giorgio*, Vico III Duchessa 27. *San Pietro*, Piazza San Pietro ad Aram 18. *Terminus*, Piazza Garibaldi 91. *Cavour*, Piazza Garibaldi 32. *Palace*, Piazza Garibaldi 8. *Bristol*, Piazza Garibaldi 61–63. *Eden*, Corso Novara 9. *Europa*, Corso Meridionale 15. *Washington*, Corso Umberto I 131.

Restaurants

Panorama-Restaurants auf den Hügeln der Stadt:
La Sacrestia, Via Orazio 116. *Al Paradiso*, Via Manzoni. *Belvedere*, Via T. Angelini 51–55. *D'Angelo*, Via A. Falcone 203.

Am Meer:
Bersagliera, Banchina S. Lucia. *Da Ciro*, Borgo Marinaro. *Starita*, Borgo Marinaro. *Zi Teresa*, Banchina S. Lucia. *Ciro a Mergellina*, Via Mergellina 21.

Auf dem Posillip:
Da Giuseppone, Via F. Russo. *Fenestrella*, Via S. Giacomo 25. *Le Terrazze*, Via Posillipo 45. *Villa Antica*, Discesa Coroglio.

Im Zentrum:
Al 53, Piazza Dante. *Al Pappagallo*, Via C. de Cesare 14. *Da Ciro*, Via S. Brigida 71. *Da Gennaro*, Piazza dei Martiri 25–26. *El Cucciolo*, Piazza Concordia 3.

Pizzerien:
Alfredo, Piazza Carità 2. *Brandi,* Via S. Anna di Palazzo 2. *Da Ettore,* Via S. Lucia 56.

Touristische Hinweise für einige Orte in der Umgebung Neapels

Pozzuoli (Phlegräische Felder): *Tourist-Information,* Piazza Matteotti Tel. 8 67 36 36.

Bacoli (Phlegräische Felder): *Tourist-Information,* Via Ercole 2/4.

Caserta: *Tourist-Information (EPT),* Piazza Dante, Tel. 2 11 57.

Herculaneum: *Tourist-Information (EPT),* Via Quattro Orologi, Tel. 7 39 04 06. Zentrale der internationalen archäologischen Studien (A. Maiuri) Tel. 41 89 88.

Pompeji: *Tourist-Information,* Viale dei Teatri, Tel. 8 61 09 13.

Sorrent: *Tourist-Information,* Via L. de Maio, Tel. 8 78 21 04.

Positano: *Tourist-Information,* Via Marina, Tel. 87 50 67.

Amalfi: *Tourist-Information,* Corso Roma, Tel. 97 11 07. *Reisebüro,* Corso Roma 23, Tel. 87 13 00.

Ravello: *Tourist-Information,* Piazza Arcivescovado, Tel. 87 10 14.

Salerno: *Tourist-Information,* Corso Umberto I. 277, Tel. 84 11 48.

Capri: *Tourist-Information,* Sede Pal. Cerio, Tel. 8 37 04 24; Marina Grande, Tel. 8 37 06 34; Piazza Umberto I., Tel. 8 37 06 86; Anacapri Via G. Orlandi, Tel. 8 37 15 24.

Ischia (Ischia Porto): *Tourist-Information,* Scalo Portosalvo, Tel. 99 11 46.

Benevent: *Tourist-Information EPT,* Via N. Sala 31, Tel. 2 19 47. – *Post,* Via Napoli, Tel. 2 14 52. – *Hotels:* President, Via Perasso 1. Italiano, Viale Principe di Napoli 137.

I. LITERATURVERZEICHNIS

E. Bertaux, Santa Maria di Donna Regina, Neapel 1899. – A. Blunt, Neapolitan Baroque and Rococo Architecture. Studies in Architecture, Bd. XV, London 1975. – A. Caffaro, G. Gargano, Costiera Amalfitana, Salerno 1978. – G. Chierici, Il Palazzo Italiano, Milano 1964. – N. Daniele, Paestum. Hypothesen und Wirklichkeit, Genua 1977. – P. Dittmann, Die Treppenhäuser Neapels im Settecento. Anfänge und Entwicklung. Kölner Jb. für Vor- und Frühgeschichte 14. Band 1974. S. 128. – DTV-Atlas zur Baukunst, München 1974. – F. Ferraironi, Il Santuario di Santa Brigida in Napoli, Roma 1931. – F. Ferrajoli, Napoli Monumentale, Napoli 1971. – F. Fichera, Luigi Vanvitelli, Roma 1937. – F. de Filippis, Il Palazzo Reale di Napoli, Napoli 1955. – A. de Franciscis, La Pittura Pompeiana, Forma e Colore 5, Firenze 1965. – S. Di Giacomo, Napoli, Bergamo 1907. – Guida Storico-Artistica del Carmine Maggiore di Napoli, Taranto 1932. – G. L. Hersey, Alfonso II and the Artistic Renewal of Naples, London 1969. – Th. Hetzer, Tizians Bildnisse, in: Vorträge und Aufsätze, Bd. I Leipzig o. J. – E. Kirsten, Süditalienkunde I, Heidelberg 1975. – Th. Kraus, Das römische Weltreich, Propyläen-Kunstgeschichte, Bd. 2, Berlin 1967. – Kruft/Malmanger, Der Triumphbogen Alfonsos in Neapel, o. O., o. J. – E. Peterich, Italien, Bd. II, München 1976⁵. – H. Pichler, Italienische Vulkangebiete II. Slg. Geologischer Führer, Bd. 52, Stuttgart 1970. – Reclams Kunstführer, Italien, Bd. VI: Neapel und Umgebung, Stuttgart 1971. – A. d. Rinaldis, Naples Angevine, Paris o. J. – W. Rolfs, Neapel, Leipzig 1905, 2 Bde. – L. Salerno, Salvatore Rosa, Milano 1975. – Tesori d' Arte Cristiana: Napoli, Certosa di San Martino, Milano 1967. – Touring-Club-Italiano Vol. VII: Campania, Milano 1938.

Werke italienischer Autoren und Bücher zum Umfeld des Neapel-Führers aus dem Artemis & Winkler Verlag

Alberti, Leon Batista, Über das Hauswesen (Dello Famiglia). Übertragen von W. Kraus, mit einem Vorwort von F. Schalk.

Boccaccio, Giovanni, Das Dekameron. Übertragen von K. Witte, mit einem Nachwort von A. Bauer. 27 Kupferstiche von Gravelot, Boucher und Eisen.

Dante Alighieri, Die göttliche Komödie. Übertragen von W. G. Hertz. Mit 48 Tafeln nach Zeichnungen von S. Botticelli sowie einem Nachwort von H. Rheinfelder und Anmerkungen von P. Amelung.

Foscolo, Ugo, Die letzten Briefe des Jacopo Ortis. Übertragen von F. Lautsch und E. Halter. Anmerkungen und Nachwort von H. Helbling.

Goldoni, Carlo, Komödien. Übertragen und mit einem Nachwort von H. Riedt.

Grimal, Pierre, Vergil. Biographie. Aus dem Französischen von E. B. Fuhrmann.

Leopardi, Giacomo, Gesänge/Dialoge und andere Lehrstücke. Zweisprachige Ausgabe. Aus dem Italienischen übersetzt und mit Anmerkungen von H. Helbling und A. Vollenweider, mit einer Zeittafel von R. Steiger und einem Nachwort von H. Rüdiger.

Leopardi, Giacomo, Das Gedankenbuch. Aufzeichnungen eines Skeptikers. Auswahl und Übersetzung von H. Helbling. Mit einem Nachwort sowie einer Zeittafel von A. Vollenweider.

Manzoni, Alessandro, Die Verlobten. Übertragen von E. W. Junker, mit einem Nachwort von C. C. Secchi und einem Essay von U. Eco. 446 Illustrationen der Ausgabe von 1840.

Petronius Arbiter, Satyrikon. Übertragen von C. Fischer, mit einem Nachwort von B. Kytzler, 10 Bildtafeln der Ausgabe von 1694/95.

Staël, Germaine de, Corinna oder Italien. Übertragen von D. Schlegel, überarbeitet mit Anmerkungen, einer Zeittafel und einem Nachwort herausgegeben von A. Kappler.

Sterne, Laurence, Eine empfindsame Reise durch Frankreich und Italien. Übertragen und mit einem Nachwort von S. Schmitz, 12 Illustrationen von T. Johannot.

Tasso, Torquato, Werke und Briefe. Übertragen und eingeleitet von E. Staiger.

Vergil, Bucolica, Georgica, Aeneis. Übertragen von R. A. Schröder, mit einem Nachwort von B. Kytzler.

J. NAMENREGISTER

K. ORTS- UND OBJEKTREGISTER

Wichtige Textstellen *kursiv*, Plan- und Objektnummern **Fettdruck**

a) Register für die Stadt Neapel

b) Register für die Umgebung von Neapel

Abbildungsnachweis

Autor und Verlag danken folgenden Institutionen und Personen für die freundliche Bereitstellung von Aufnahmen und für die Genehmigung zur Reproduktion: Fratelli Alinari, Florenz: S. 22/23, 28, 44, 51, 55 (l. u. r.), 59, 70 (r.), 77, 81, 85, 86, 87, 89, 91, 93, 99, 104, 106, 132, 135, 139, 142, 144, 162, 171, 174/75, 181, 183, 185, 186, 187, 189, 195, 206. – Tim Benton, London: S. 63 (r.), 114. – Bildarchiv Foto Marburg: S. 49. – Prof. Anthony Blunt/ Courtauld Institute of Art, London: S. 56, 65. – Deutsches Archäologisches Institut, Rom: S. 153, 157, 159, 177. – ENIT/Staatliches Italienisches Fremdenverkehrsamt, München: S. 75, 169, 172. – IFA-Bilderteam, München: Farbfoto des Umschlags. – Dr. Hanno-Walter Kruft, Darmstadt: S. 70 (Mitte). – Luftbild Klammet & Aberl, Germering bei München: S. 131, 164/ 65, 193. – Museum Boymans-van Beuningen, Rotterdam: S. 70 (l.). – Helga Neizert-Stursberg, Schwelm: S. 121. – Werner Neumeister, München: S. 117, 209. – Fabrizio und Giulio Parisio, Neapel: S. 35, 39, 41, 50, 54, 61, 76, 107, 111, 122, 125, 129, 149, 158, 194, 196. – Scala Istituto Fotografico Editoriale, Antella (Firenze): S. 10/11. – Soprintendenza Archeologica delle Province di Napoli e Caserta, Neapel· S. 88. – Soprintendenza per i Beni Artistici e Storici della Campania, Neapel: S. 12, 17, 19, 69, 98, 101, 108, 143, 210, 212. – Paul Veysseyre, Saint-Didier-au-Mont d'Or: S. 67, 163, 199, 200, 201, 203, 204.

Den nachstehend genannten Verlagen danken wir für die freundliche Genehmigung zur Übernahme folgender Illustrationen: Verlag Aurel Bongers, Recklinghausen: S. 176 (Alfonso de Franciscis ›Die pompejanische Wandmalerei in der Villa von Oplontis‹, Recklinghausen 1975). – Deutscher Taschenbuch Verlag, München: S. 151 (›dtv-Atlas zur Baukunst‹, Bd. 1, dtv 3020, 3. A. 1979). – Propyläen Verlag, Berlin: S. 152 (Propyläen-Kunstgeschichte Band 2: ›Das römische Weltreich‹, Berlin 1967).

ARTEMIS-CICERONE
Kunst- und Reiseführer

BODENSEE
Deutsches, Österreichisches und Schweizer Ufer

ARTEMIS-CICERONE
Kunst- und Reiseführer

BURGUND

ARTEMIS-CICERONE
Kunst- und Reiseführer

APULIEN

ARTEMIS-CICERONE
Kunst- und Reiseführer

Wissen, wohin die Reise geht!

»Kunstführer sind oft eine Plage für den, der zwar interessiert, aber nicht sachkundig ist. Die Artemis-Cicerone dagegen sind leicht zugänglich: verständliche Terminologie, historische Einordnung, übersichtliche Darstellung.«   Die Zeit

Alle Vorteile der Artemis-Cicerone auf einen Blick:

- Texte und Abbildungen sind einander gegenübergestellt.
- Grundrisse, Schnitte, Rekonstruktionen, Ergänzungskarten, Planausschnitte und Führungslinien ergänzen den Inhalt.
- Mehrfarbige Pläne auf den inneren Buchdeckeln.
- Historische Übersicht und kunstgeschichtliche Entwicklung.
- Daten, Künstlernamen, Maßangaben etc. sind übersichtlich eingefügt.
- Planziffern helfen, das besprochene Objekt auf den Plänen leicht zu finden.
- Öffnungszeiten der Museen und Sammlungen.
- Reise-Informationen: wichtige Anschriften, amtliche Bestimmungen, allgemeine Reisehinweise, Verkehrsmittel, Ärzte, Krankenhäuser, Hotels und Restaurants, Speisen und Getränke.
- Literaturhinweise.

&Artemis & Winkler

Artemis & Winkler Verlag   8000 München 40 Postfach 44 02 54/55   CH-8024 Zürich Postfach

ARTEMIS-CICERONE
Kunst- und Reiseführer

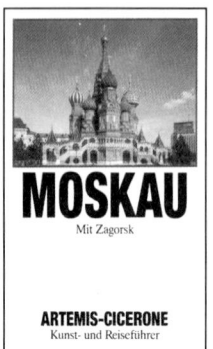

MOSKAU
Mit Zagorsk

ARTEMIS-CICERONE
Kunst- und Reiseführer

NEAPEL
Mit Caserta, Capua, Pompeji, Herculaneum, Benevent, Ischia, Capri und der Küste von Sorrent bis Paestum

ARTEMIS-CICERONE
Kunst- und Reiseführer

ISTANBUL
Mit Bosporus Prinzeninseln · Bursa und Edirne

ARTEMIS-CICERONE
Kunst- und Reiseführer

Die sachkundigen Begleiter auf Kunstreisen

»Diese Reihe besticht durch ihre kurzgefaßte Gründlichkeit – und durch die Schnelligkeit, mit der diese Gründlichkeit abzurufen ist.«
Süddeutscher Rundfunk

»Es ist fast unglaublich, wie auf einem relativ so kleinen Raum so viele informative und wertvolle Angaben mit fast wissenschaftlicher Akribie gemacht werden. Die handlichen und übersichtlich angelegten Führer, die bequem in der Rocktasche mitgenommen werden können, sind ein ausgezeichneter Behelf für jeden kunstgeschichtlich interessierten Reisenden.«
Vereinigung für Studienreisen österreichischer Professoren, Wien

In dieser bewährten Reihe liegen bereits vor:

Ägypten · Amsterdam · Andalusien · Apulien · Athen · Berlin · Dalmatien · Elsaß Florenz · Harz · Holland · Irland · Israel · Kärnten · Köln · Kreta · Ladakh · Leningrad Malta · Marokko · München · New York · Paris · Prag · Rom · Salzburg · Sardinien Schottland · Sizilien · Sri Lanka/Ceylon · Türkei (Süd) · Türkei (West) · Ungarn Venedig · Wien · Zypern

Artemis & Winkler Verlag   8000 München 40 Postfach 44 02 54/55   CH-8024 Zürich Postfach

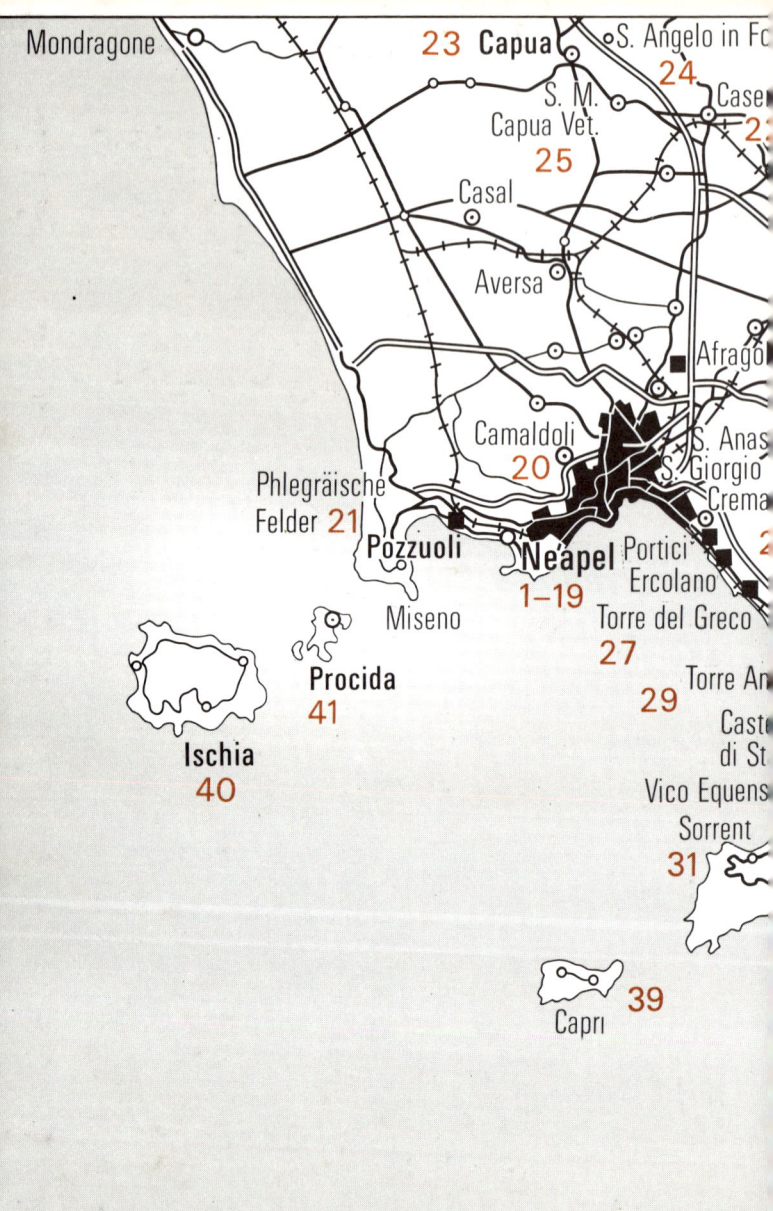